O PODER DE

DIZER NÃO

O PODER DE
DIZER NÃO

UMA NOVA CIÊNCIA SOBRE COMO DIZER **NÃO** QUE O COLOCARÁ NO CONTROLE DE SUA VIDA

Dra. Vanessa Patrick

ALTA BOOKS
GRUPO EDITORIAL
Rio de Janeiro, 2024

O Poder de Dizer Não

Copyright © 2024 STARLIN ALTA EDITORA E CONSULTORIA LTDA.

Alta Life é um selo da editora Alta Books do Grupo Editorial Alta Books (Starlin Alta Editora e Consultoria LTDA.)

Copyright © 2023 Vanessa M. Patrick-Ralhan

ISBN: 978-85-508-2209-9

Translated from original The Power of Saying No Copyright © 2023 by Vanessa M. Patrick-Ralhan. ISBN 9781728251523. This translation is published and sold by Sourcebooks, the owner of all rights to publish and sell the same. PORTUGUESE language edition published by Starlin Alta Editora e Consultoria Ltda, Copyright © 2024 by STARLIN ALTA EDITORA E CONSULTORIA LTDA.

Impresso no Brasil — 1ª Edição, 2024 — Edição revisada conforme o Acordo Ortográfico da Língua Portuguesa de 2009.

```
        Dados Internacionais de Catalogação na Publicação (CIP)
                (Câmara Brasileira do Livro, SP, Brasil)

        Patrick, Vanessa
           O poder de dizer não : uma nova ciência sobre
        como dizer não que o colocará no controle de sua
        vida /Vanessa Patrick ; tradução Alberto Gassul
        Steicher. -- Rio de Janeiro : Alta Books, 2024.

           Título original: The power of saying no.
           ISBN 978-85-508-2209-9

           1. Assertividade (Psicologia) 2. Conduta de
        vida 3. Respeito I. Título.

        24-197608                                    CDD-158.1
              Índices para catálogo sistemático:

           1. Negação : Assertividade : Psicologia    158.1

        Aline Graziele Benitez - Bibliotecária - CRB-1/3129
```

Produção Editorial: Grupo Editorial Alta Books
Diretor Editorial: Anderson Vieira
Vendas Governamentais: Cristiane Mutüs
Gerência Comercial: Claudio Lima
Gerência Marketing: Andréa Guatiello

Produtor Editorial: Thales Silva
Tradução: Alberto Gassul Streicher
Copidesque: Ana Clara Mattoso
Revisão: Ellen Andrade
Diagramação: Rita Motta

Rua Viúva Cláudio, 291 — Bairro Industrial do Jacaré
CEP: 20.970-031 — Rio de Janeiro (RJ)
Tels.: (21) 3278-8069 / 3278-8419
www.altabooks.com.br — altabooks@altabooks.com.br
Ouvidoria: ouvidoria@altabooks.com.br

Para minha filha
ZOE ARIANA

SUMÁRIO

INTRODUÇÃO

Passei meu aniversário de 24 anos em um escritório vazio, encarando um aparelho de fax.

O escritório, caso consiga visualizá-lo, era um espaço grande, retangular e aberto, projetado em tons de branco e cinza com toques avermelhados. No canto inferior esquerdo, nós, os novatos, dividíamos cubículos minúsculos. Afastados do burburinho, o pessoal com mais tempo de casa possuía seus próprios cubículos que ocupavam a área central do lugar. No canto superior direito, exalando orgulho, um espaço cercado por paredes de vidro também garantia a privacidade do aparelho de fax. Eram meados de 1990, e havia pouquíssimo tempo que a economia da Índia tinha sido aberta aos negócios com o mundo. Nessa época, o aparelho de fax era o coração pulsante da agência de publicidade, bombeando informações com uma regularidade rítmica em uma via de mão dupla para nossos clientes multinacionais.

Naquela tarde, nossa equipe de contabilidade tinha uma conferência de rotina por telefone com um cliente. Como eu era a mais nova do time, fazia parte das minhas responsabilidades digitar uma ata da reunião — "as minutas" — e enviá-la por fax para o cliente, que enviaria outro fax para nós quando a recebesse. Tanto a agência quanto o cliente viviam em um mundo em que a tática de "tirar o meu da reta" reinava. Nele, tudo precisava ser documentado por escrito. Eu me adiantei para finalizar o quanto antes aquela que era uma tarefa trivial: digitar as minutas, mostrá-las para a chefe, enviá-las por fax e pronto! Até porque eu tinha uma festa de aniversário planejada para aquela noite, e meus amigos e familiares haviam sido convidados para celebrarem comigo.

Olhava o tempo todo para o relógio, aguardando chegar às 17h, pronta para dar no pé e evitar ficar presa no tráfego intenso do horário de pico em Mumbai. Peguei minha bolsa e estava prestes a sair quando percebi a figura alta e angulosa da minha chefe se inclinando sobre o meu cubículo, uma vez que ela conseguia fazer isso. Ela já ia embora e passou por ali para me perguntar (em um tom casual) se por acaso havíamos recebido por fax o recibo das minutas enviado pelo cliente. Respondi que ainda não. Ela se afastou rumo ao elevador, mas então, retornou. Eu sorri amigavelmente, pensando que ela diria "Curta sua noite" ou "Tenha uma ótima festa", no entanto, o que ela me disse foi "Não vá embora antes de o fax confirmando que o cliente recebeu as minutas chegar."

Fiquei parada em estado de choque, sem conseguir dizer nada. Fraca demais para responder.

As últimas horas da tarde foram passando enquanto eu esperava pelo fax. Mudei de posição para ficar próxima à sala de vidro, olhando através de suas paredes, na expectativa de flagrar o papel branco sendo cuspido pela máquina. De tempos em tempos, eu entrava lá só para conferir se eu não havia piscado e perdido o momento de sua chegada. Perto das 19h, o escritório começou a se esvaziar. Tenho que admitir que eu até pensei em abandonar aquele lugar e ir para casa, mas fiquei aterrorizada com as consequências... Será que minha chefe descobriria? Eu poderia ser demitida? O que meus amigos e familiares diriam se eu perdesse o meu primeiro emprego de verdade?

Telefonei algumas vezes para casa naquela noite. Meus pais, ou alguma das minhas irmãs que acabavam atendendo ao telefone, iam me informando quem já havia chegado e, à medida que a noite se aproximou, eles me atualizaram sobre quais convidados já haviam jantado, ido embora e me desejado um feliz aniversário com um pedido de desculpas por partirem (era uma terça-feira). Então, por volta das 21h30, o fax finalmente chegou. Arranquei o papel da máquina, coloquei-o sobre a mesa da minha chefe e fui para casa.

Bem, esse foi meu aniversário de 24 anos... resumido em sua totalidade em três palavras: "Recebido, muito obrigado."

———

Minha desilusão já passou, mas foi naquele dia que abri meus olhos para a realidade (às vezes) brutal da vida profissional, e especialmente percebi os sacrifícios pessoais (muitas vezes inúteis) que precisamos fazer para sermos "promovidos" de um cubículo compartilhado para um individual. O incidente também provocou em mim uma curiosidade e um profundo desejo de compreensão sobre as maneiras complexas e intrigantes pelas quais as pessoas pensam, sentem e agem.

Como você provavelmente deduziu, depois de um tempo pulei daquele trabalho para outro e então outro e depois outro antes de finalmente decidir fazer doutorado na Universidade do Sul da Califórnia. Recorri ao mundo acadêmico como o peixe recorre à água, e agora me dedico totalmente à vida intelectual como professora na Universidade de Houston. É um trabalho que amo e que acredito piamente ter nascido para concretizar!

Hoje, minha vida está centrada no conhecimento: eu *crio* conhecimento com minhas pesquisas, *compartilho* conhecimento pela licenciatura e pelos meus escritos, *adquiro* conhecimento com minhas extensas leituras e investindo no aprendizado a partir da experiência de outras pessoas. Minha pesquisa ao longo dos anos reflete um foco inabalável no empoderamento e na agência pessoal que remonta àquele fatídico dia em que — admitamos — *fui pega totalmente de surpresa, despojada de poder por uma pessoa que me forçou a perder minha própria festa de aniversário para fazer o que descreverei posteriormente no livro como nada além de um "trabalho idiota".*

Só por escrever isso e reviver aquele momento, já me sinto paralisada. Porém, naquele dia, resolvi nunca mais permitir que algo do tipo acontecesse comigo ou com qualquer pessoa que eu pudesse ajudar.

Faz pouco mais de uma década desde que cunhei o termo "recusa empoderada" em parceria ao meu então aluno de doutorado e agora pesquisador colaborador de longa data, Henrik Hagtvedt. Usamos esse termo em nossos artigos de pesquisa para representar a super-habilidade de dizer não de forma persuasiva e sem gerar reação negativa nas outras pessoas. A recusa empoderada é uma forma de dizer não que começa dentro de você e reflete a sua identidade singular. Neste livro, mergulharemos profundamente no exercício de compreender o que esse termo significa, naquilo que faz com que ele seja uma maneira eficaz de dizer não e na caixa de ferramentas composta por três competências que você precisará desenvolver para comunicar um empoderado não como resposta. Mas, por ora, permita-me apenas dizer que a recusa empoderada supera a dificuldade inerente de dizer não por causa destes três fatores:

> ➤ Reflete sua identidade e dá voz aos seus valores, prioridades e preferências (seu não é sobre você, e não sobre a outra pessoa).
> ➤ Transmite convicção e determinação (você aparenta empoderamento e confiança).
> ➤ É persuasiva e não dá margem para uma resistência (assim, seu relacionamento com a pessoa solicitante permanece seguro e sua reputação, intocável).

Depois que publicamos aqueles primeiros artigos iniciais sobre a pesquisa, usei minha plataforma "Professor + Educador" para compartilhar ideias e insights sobre a recusa empoderada em diversos canais de mídia, em workshops e em conferências. Curiosamente, algo interessante começou a acontecer. As pessoas que acompanhavam minhas aulas e oficinas começaram a querer saber mais. Quando considerei essa demanda sob a perspectiva de uma profissional de marketing (afinal, o marketing é o processo de criar e entregar ofertas no marketplace — produtos, serviços, experiências e até livros — que criam valor e atendem às necessidades da base mais diversa de consumidores), percebi, para meu desgosto, que quando as pessoas expressaram uma necessidade de recursos adicionais, eu não tinha nada que valesse a pena oferecer. Tudo que poderia lhes dar eram meus artigos de pesquisa (cujos resultados eu havia acabado de explicar) ou cópias da minha apresentação em PowerPoint (patético!). Comprometida em fazer a diferença no mundo das pessoas e das ideias, e sendo eu mesma uma leitora ávida, decidi que precisava compartilhar com maior profundidade meu conhecimento e minha paixão pela recusa empoderada na forma de um livro. Este livro.

———

Um ponto em comum nos conselhos que muitas pessoas bem-sucedidas dão aos outros é dizer não àquilo que não importa. Steve Jobs, cofundador da Apple, acreditava que "ter foco significa dizer 'não' às coisas". Oprah enfatizou que "a palavra 'não' é uma frase completa". O ex-primeiro-ministro do Reino Unido, Tony Blair, expressou sua opinião de que "a arte da liderança é dizer não". E Warren Buffett, da Berkshire Hathaway, disse: "precisamos aprender a falar 'sins' mais lentos e 'nãos' mais rápidos". De modo semelhante, autores best-sellers que vão de Marshall Goldsmith (faça uma lista de coisas que você precisa parar de fazer) a Greg McKeown (diga sim apenas às coisas que importam), Ryan Holiday (seja implacável com aquilo que não importa), Matt Haig (aprenda a dizer não às coisas que atrapalham nossa vida) e Seth Godin (apenas dizer sim porque você não aguenta a dor passageira de dizer 'não', não ajudará a fazer o que é necessário) destacam a importância de recusas.

Apesar dessa infinidade de orientações sobre a necessidade de dizer não, ainda não existia nenhum método sistemático e comprovado que demonstrasse *como* dizer não de uma maneira que preservasse os relacionamentos, assegurasse reputações e que não deixasse espaço para a pessoa que está demandando alguma coisa se opor. É aqui que este livro entra em cena. Nas próximas páginas, utilizarei pesquisas (a minha e as feitas por outras pessoas) para que você tenha ao seu alcance uma caixa de ferramentas com as habilidades necessárias para dizer não de uma forma que funcione. Assim, você estará equipado com a habilidade de decidir para *o que* dizer não e com a super-habilidade de *como* comunicar esse não a partir de uma posição empoderada.

Permita-me lhe mostrar um guia de como organizei este livro e o que você pode esperar aprender com cada uma das três partes.

Na Parte 1: *Dizer não é uma super-habilidade*, entenderemos por que a palavra *não*, essa simples palavra de apenas três letras é tão assustadora para muitas pessoas. Aqui, revelaremos os motivos pelos quais dizemos sim, mesmo quando queremos dizer não. Aprenderemos que nossa socialização nos leva a acreditar que dizer não aos outros é a forma mais garantida de acabar com a harmonia de qualquer situação. Para alguns, dizer não pode ser uma ação repleta de conflito e ansiedade, contudo, precisamos nos preparar para enfrentar os momentos desconfortáveis que surgem logo após uma demanda. Esse trabalho básico inicial nos levará à solução que proponho: a recusa empoderada. Você aprenderá sobre a ciência de dizer não de uma forma que não abra espaço para resistências. Como o termo sugere, a recusa empoderada é uma maneira nova e comprovada de dizer não que o coloca no controle de sua própria vida. Em vez de ficar esgotado e frustrado, você se torna calmo e seletivo; esta segunda opção é claramente a escolha mais sábia e fará maravilhas pela sua reputação e seus relacionamentos.

Na Parte 2: A A.R.T. [arte, em inglês] da recusa empoderada, mergulharemos nas três competências que você precisará para dominar a A.R.T. Esse acrônimo prático representa as seguintes competências:

Autoconsciência
Regras, não decisões
Totalidade do eu

Nos capítulos da Parte 2, apresentarei a você a caixa de ferramentas da recusa empoderada. Considerando que ela está centrada em você, uma competência fundamental é investir no reforço da sua autoconsciência. Você aprenderá estratégias para melhorar tanto a autoconsciência interna (uma compreensão de seus próprios valores, preferências e crenças, e uma visão sobre o que sucesso e a felicidade significam para você) quanto a externa (uma compreensão do que as outras pessoas pensam sobre você). Também aprenderá como usar essa autoconsciência para categorizar, de maneira sagaz, as demandas que chegam até você e, com isso, definir qual a melhor forma de respondê-las.

Um pilar fundamental da recusa empoderada é estabelecer regras para si mesmo que lhe auxiliem nas respostas à tais "demandas". Chamo essas regras de "normas pessoais". Mostrarei como estabelecer normas pessoais (regras simples que determinamos para nós mesmos com base em nossos princípios, valores e prioridades) que refletem a nossa identidade. Assim, vamos descobrir que essas normas trazem à tona o "por quê" subjacente ao desejo que sentimos de dizer não e nos empoderam a afirmá-lo com mais convicção e determinação.

Por fim, argumentarei de modo convincente (pelo menos espero) que a recusa empoderada é uma atividade que envolve o corpo inteiro, e que estar consciente do poder de nossos estímulos não verbais é um aspecto crucial. Um dos insights que você aprenderá é o benefício duplo dos estímulos não verbais na recusa empoderada: eles podem ser usados tanto para transmitir empoderamento como para preservar o seu relacionamento com aquela pessoa que está lhe demandando alguma coisa.

Na Parte 3: *Os aspectos práticos da recusa empoderada*, transformaremos a teoria em prática. Em vez de apenas pensar na recusa empoderada como uma super-habilidade que você gostaria de desenvolver, veremos como ela funciona quando você a pratica em sua rotina. Sabemos que a prática leva à proficiência. Reconhecendo o que pode atrapalhar nosso sucesso, também estaremos melhor preparados. De tempos em tempos, receberemos resistência à nossa recusa empoderada. Isso é inevitável. Todavia, se aprendermos a identificar os tipos de resistência que podemos receber e tivermos estratégias prontas sobre como reagir, teremos mais chances de gerenciar de maneira eficaz tais oposições.

Ao longo do livro, você aprenderá que a recusa empoderada não se refere apenas a dizer não aos outros, mas também a dizer não a si mesmo. Assumir uma postura empoderada pode ter efeitos abrangentes na totalidade da sua vida. Você aprenderá a importância de desenvolver autoconversas que conduzem ao domínio da sua vida pessoal e profissional. A frase "tudo acontece como você diz" ficará evidente diante do número de situações práticas que surgem no cotidiano e que exigem que você diga não aos seus impulsos e sim ao seu propósito. Há muitos problemas diários que enfrentamos e que precisamos superar em nosso caminho para a excelência pessoal e profissional — seja perder um dia de academia (ou não), ou desenvolver a confiança para abraçar oportunidades novas (e talvez assustadoras), e até mesmo parar de se preocupar tanto e aprender a silenciar a voz irritante em sua cabeça que fica lhe dizendo coisas que você não quer ouvir. Concluiremos com algumas perspectivas sobre como a recusa empoderada promove a agência humana e nos dá a permissão de buscarmos com todo o nosso coração aquilo que é importante e significativo para nós.

Assim como os princípios do design em arte e arquitetura, os pressupostos da recusa empoderada que compartilharei com você neste livro não lhe dirão exatamente o que fazer, dizer ou quando dizer o quê. Em vez disso, meu objetivo é fornecer insights e a compreensão necessária para dominar a super-habilidade da recusa empoderada. Com esse material bruto, você poderá criar uma resposta de recusa empoderada feita sob medida para as situações que precisa enfrentar e perante as pessoas que deve encontrar em momentos específicos durante sua vida.

Algo que tem sido consistentemente gratificante para mim ao realizar a pesquisa que forma o âmago desta obra, assim como ao escrever o livro em si, é a importância prática e significativa da recusa empoderada para pessoas de todas as áreas. Há praticamente uma concordância universal em todos os grupos para os quais palestrei ao longo dos últimos oito anos — executivos, professores, jovens profissionais, autoridades governamentais, administradores de universidades — que, independentemente da trajetória em que se esteja (primeiro emprego, professor pleno, CEO, reitor), a maneira de atingir o sucesso não é dizer sim para tudo o que lhe pedem, mas a habilidade de dizer não de forma eficaz às coisas que não estão alinhadas com suas aspirações. Todos eles concordam que a felicidade diária iria às alturas, o estresse dissiparia e haveria mais tempo e energia caso eles soubessem como lidar com o problema comum, desconcertante e global de dizer não. E agora, fico muito feliz em compartilhar a solução: a recusa empoderada.

Com este livro, ao disponibilizar uma estrutura para a recusa empoderada, uma nova mentalidade orientada pelo propósito e uma caixa de ferramentas das competências necessárias para dizer um não eficaz, autêntico e empoderado, espero lhe oferecer uma abordagem única, positiva e repleta de significado ao ato de dizer não. Juntos, desenvolveremos um plano de ação que irá empoderá-lo a atravessar o caminho entre o lugar em que você está agora, seja ele qual for, e um lugar repleto de possibilidades, autoapreciação e propósito.

PARTE 1

DIZER NÃO É UMA SUPER-HABILIDADE

CAPÍTULO 1

Por que Dizemos Sim
Quando Queremos Dizer Não

Ao abrir os olhos naquela manhã, ele não tinha como saber que se lembraria daquele dia por muitíssimo tempo. À medida que os raios de sol matinais penetravam a janela sem cortinas de seu alojamento, ele fechou os olhos e permitiu-se fantasiar que estava de volta à Inglaterra sem nenhuma atividade planejada para o dia além de ler o jornal enquanto tomava seu desjejum em uma sala de jantar aconchegante com painéis de madeira.

O sonoro toque do telefone o arremessou de volta à realidade. Lá estava ele, um policial de repartição em um posto remoto de Moulmein, na Baixa Birmânia. Uma mera peça nas poderosas engrenagens do Império Britânico. Alcançou o aparelho, imaginando o que poderia dar errado *desta vez*. A voz áspera do subinspetor de uma delegacia que ficava no outro lado da cidade lhe informou sobre um elefante que escapara e estava causando um alvoroço no mercado público.

Ele sabia que não era popular naquele lugar. Simbolizando um alvo concreto, os locais expressavam contra ele seus sentimentos antibritânico de maneiras sutis. Eles se regozijavam ao fazê-lo tropeçar durante uma partida de futebol ou ao passar por cima de seu pé com a roda da bicicleta em um mercado lotado. Ele entendia o ressentimento deles e tinha empatia com a situação complicada que enfrentavam. Secretamente, ele mesmo não se sentia tão a favor do Império, sobretudo depois que viu com os próprios olhos como os locais eram maltratados — tendo suas riquezas e dignidades expropriadas. Não conseguia suportar ver a miséria na qual viviam e a pobreza que eram condenados a enfrentar. Muitas vezes, desejava que o Império fosse derrubado para que ele, George Orwell[1], pudesse voltar para casa.

Vestiu-se rapidamente, recordando com uma leve familiaridade que a palavra *musth* significava um estado insano— algo como o cio, para as fêmeas — no qual os elefantes macho podiam entrar quando seus hormônios ficavam à flor da pele. Então montou em um pônei e se dirigiu ao mercado público, onde encontrou um grande grupo de moradores locais que lhe disseram que o elefante havia desaparecido. Logo descobriu que o animal havia matado um homem e danificado uma casa. Ao saber disso, Orwell decidiu enviar um assistente para buscar o rifle de elefantes caso necessitasse se defender. Ele tinha certeza de que não o usaria, mas estando no comando da situação, precisava estar preparado. Assim que os locais avistaram o rifle, começaram a murmurar alto, dizendo que ele atiraria no elefante. Eles então o seguiram em bando enquanto ele liderava a peregrinação em busca do animal.

Por fim, o encontrou. Lá estava o elefante, solitário em um campo, rasgando calmamente punhados de grama com sua tromba, batendo-os em suas patas da frente para tirar a poeira e enfiando-os na boca. O *musth* parecia ter passado, uma vez que o elefante demonstrava serenidade. Na verdade, ao lembrar do comportamento do animal, Orwell o descreve de forma amável, dizendo que tinha "ares de uma avó elefanta preocupada".

Mas lá estava ele segurando a arma sob os olhares atentos dos locais que observavam cada movimento seu com expectativa. Imobilizado diante de um tranquilo elefante e os murmúrios cada vez mais altos e impacientes da multidão, Orwell pressentiu que os locais queriam assistir ao espetáculo que tanto esperavam. Quando ele atiraria?

Será que deveria dizer sim a essa expectativa e dar aos locais o que queriam, ou dizer não e permitir que o *mahout* (título dado ao adestrador e cuidador de elefantes) local viesse e conduzisse o animal de volta para casa?

Ele temeu que qualquer hesitação ou incerteza de sua parte pudesse acabar de vez com a sua (já capenga) autoridade. Ele sabia que atirar em um elefante saudável não era uma coisa banal. Esses animais eram operários valiosos, e atirar na criatura seria como destruir um ativo precioso.

A tensão se acentuou. Era difícil pensar com lucidez sobre o que fazer tendo centenas de locais o observando ansiosamente. Ele ergueu o rifle e mirou, justificando-se para si mesmo como se aquela fosse a sua única opção. Em seu ensaio, escreveu: "um *sahib* precisa agir como um *sahib*; deve aparentar segurança como alguém que conhece sua própria mente e, por fim, deve agir de maneira definitiva. Percorrer todo aquele caminho, rifle na mão, com 2 mil pessoas marchando em meu encalço para então murchar minha determinação, sem ter feito nada… não, isso seria impossível."

O barulho do primeiro tiro foi suprimido pelos gritos animados da multidão. Outros dois tiros seguiram rapidamente. Orwell havia sucumbido às demandas da multidão e disse sim quando queria ter dito não, pelo seu próprio bem e — como havia se autoconvencido — pelo bem do Império Britânico. Naquele momento, ele se sentiu esperançoso de que os locais finalmente lhe dariam uma trégua.

No entanto, anos após o incidente, ele recordou com derradeiro remorso que nem sua reputação, tampouco seu relacionamento com os locais, melhoraram durante o período que passou em Moulmei depois do ocorrido com o elefante. Os locais ainda o derrubavam "acidentalmente" durante as partidas de futebol no pátio lamacento do templo ou passavam "inadvertidamente" sobre seu pé com a roda da bicicleta no mercado lotado. Orwell traiu seus princípios e instintos ao dizer sim para a morte do elefante — e, ao fazer isso, optou por uma decisão terrivelmente errada que o atormentou pelo resto de sua vida.

Às vezes, Todos Nós Dizemos Sim Quando Queremos Dizer Não

O filósofo contemporâneo Michael E. Bratman observou que "não tomamos decisões sem conflitos". Mesmo que nos dias atuais, mais de um século depois de George Orwell ter atirado no elefante na Birmânia colonial, as circunstâncias desta situação não se assemelhem em nada à nossa realidade e, portanto, não encararemos uma decisão como a que ele precisou tomar, há momentos em que nossas escolhas parecem ter o mesmo peso que aquela. Sim, os tempos mudaram, no entanto, a pressão social que suportamos para responder às expectativas das outras pessoas pode nos deixar tão enrascados e em conflito quanto Orwell se sentiu.

Provavelmente, todos nós já dissemos sim para coisas que queríamos ter dito não e sucumbimos às expectativas dos outros apenas porque não sabíamos como recusar. Os psicólogos sociais denominam *influência social* o enorme poder que os outros exercem sobre nossas decisões. Ela molda nossa resposta a situações em que estamos sob pressão social ou quando nos sentimos analisados pelos outros. A evidência mais óbvia do poder da influência social é a nossa predisposição em nos conformarmos com o que outras pessoas querem de nós. Isso normalmente significa que quando nos sentimos sob pressão, concordaremos ou diremos sim até quando faria total sentido dizer não. No caso de Orwell, mesmo anos depois do incidente, quando se recordou do que tinha acontecido, sentiu a familiar sensação de embrulho no estômago acompanhada de um sentimento desconfortável de vergonha e reprovação pela atitude do seu eu mais jovem.

Para começar, vamos destrinchar as forças que nos pressionam a dizer sim mesmo quando queremos dizer não. Reconheceremos que, como somos criaturas sociais com necessidade de pertencimento, nossas decisões e escolhas não são isentas de conflitos. De fato, ser humano significa carregar um pesado fardo evolucionário que nos faz valorizar a cooperação e a conformidade coletivas em detrimento da realização e da vontade individual. Em outras palavras, negar envolve a desconfortável tarefa de recusar[2] uma demanda para priorizar a si mesmo e aos seus desejos. Essa simples resposta de três letras pode ser uma fonte de ansiedade e angústia. Você entra em conflito sobre o que dizer porque uma resposta errada pode colocar em risco os seus relacionamentos (*será que ainda gostarão de mim?*) e prejudicar a sua reputação (*o que pensarão de mim?*).

Pensamos em Termos de Coletividade

Os antropólogos descobriram que as sociedades humanas são fundadas sobre os pilares da confiança e cooperação. Em todas as culturas, os seres humanos naturalmente formaram grupos nos quais os indivíduos colaboravam entre si em nome da sobrevivência. Faz sentido que nossos ancestrais vivessem em grupos, pois, grosso modo, existe uma enorme força na multidão. Era simplesmente mais fácil e seguro proteger a si mesmo dos animais perigosos, caçar e coletar alimentos, educar os filhos e criar animais domesticados se você vivesse com outros seres humanos que compartilhassem objetivos de segurança e sobrevivência equivalentes. Na verdade, em muitas sociedades atuais, a família extensa ainda existe em razão das conveniências permitidas pela estrutura familiar.

Independentemente do lugar onde as sociedades evoluíram ao redor do mundo, membros da mesma tribo desenvolveram normas sociais que governavam o comportamento cooperativo. As normas sociais de cooperação, bondade e gentileza continuam sustentando a sociedade moderna[3]. Logo cedo na vida, as crianças são ensinadas que, para serem vistas como membros valiosos da sociedade, elas precisam ser acolhedoras e prestativas para se darem bem com as outras pessoas. De modo a preparar os filhos para uma vida bem-sucedida, pais e professores ensinam lições importantes de bondade, cuidado, compaixão, consideração e preocupação com o próximo.

Não é novidade que a sociedade nos molda ao pertencimento. Fábulas e histórias de diversas culturas, tanto antigas quanto modernas, são usadas para contar histórias de grandes sacrifícios e das recompensas que recebem aqueles que abrem mão de seus próprios desejos pelo bem de outras pessoas. Da Bíblia ao *Ramayana*, das *Fábulas de Esopo* aos *Contos de fadas dos irmãos Grimm*, aprendemos que, às vezes, membros valiosos da sociedade realizam tarefas desagradáveis pelo bem maior de todos, e isso concede a eles recompensas imensuráveis.

Uma de minhas histórias favoritas e pertinente ao assunto de dizer não foi narrada por Nelson Mandela em sua autobiografia *Longa caminhada até a liberdade*. Mandela escreve: "Ao passo que meu pai me contava histórias das batalhas históricas e dos heroicos guerreiros Xhosa, minha mãe nos encantava com as lendas e as fábulas Xhosa transmitidas de geração em geração. Esses contos estimularam minha imaginação de criança e geralmente continham alguma lição de moral. Lembro-me de uma história que minha mãe nos contou sobre um viajante que foi abordado por uma idosa que tinha cataratas terríveis em seus olhos. A mulher pediu ajuda ao viajante, e ele desviou os olhos. Depois, outro homem chegou e foi abordado pela idosa. Ela lhe pediu para limpar seus olhos, e muito embora ele considerasse a tarefa desagradável, atendeu ao pedido. Milagrosamente, as escamas caíram dos olhos da senhora e ela se tornou jovem e bonita. O homem casou-se com ela e se tornou rico e próspero. É uma história simples, mas sua mensagem é duradoura: a virtude e a generosidade serão recompensadas de maneiras insondáveis."

Contar histórias é uma arte antiga que inspira, informa e entretém. Embora as variações dessa narrativa existam em inúmeras culturas, a história específica que Mandela reconta nos deixa com a impressão de que o primeiro viajante que disse não ao desviar os olhos tornou-se um perdedor. Ele perdeu uma boa ventura, uma linda esposa e uma vida feliz. O segundo viajante, por outro lado, foi agraciado com todas essas dádivas ao cumprir com o que parecia ser uma tarefa desagradável.

Os pesquisadores descobriram que a necessidade de pertencimento é uma motivação humana fundamental[4]. Tal necessidade geralmente nos faz tomar decisões pensando nas outras pessoas, e não em nós mesmos. O psicólogo Mark Leary e seus colegas criaram uma escala de necessidade de pertencimento que mede até onde uma pessoa estaria disposta a chegar para se sentir incluída.[5] Quando as pessoas têm uma grande necessidade de pertencimento, elas ficam mais centradas nos outros. Têm mais chances de colocar suas próprias necessidades de lado e se conformar com o que os outros querem. Têm mais chances de levar o sentimento dos outros em consideração, pois estão preocupadas com a decepção, a frustração e a inconveniência que suas decisões podem causar em terceiros. Elas podem tomar atitudes para evitar a rejeição e a avaliação negativa por parte de membros de seu grupo.

Este provérbio Māori capta lindamente essa ideia sobre o que significa ser humano e pensar "em termos de coletividade":

He aha te mea nui o te ao
Qual é a coisa mais importante no mundo?
He tangata, he tangata, he tangata
São as pessoas, são as pessoas, são as pessoas

"Não": O Destruidor da Harmonia

É possível imaginar que dizer não às coisas que não queremos fazer, ou que achamos que não deveríamos fazer, é algo fácil. Afinal, parece lógico que, sabendo que não queremos aquilo, deveríamos conseguir dizer "Sinto muito, não estou interessado", ou "Não, obrigado", ou simplesmente "Não é minha praia". No entanto, para a maioria das pessoas, dizer não é incômodo e difícil, principalmente porque há momentos em que isso envolve ter que deixar de lado as expectativas dos outros ou rejeitar o que eles querem ou desejam.

Mas por que é tão doloroso dizer não? Porque essa é uma resposta socialmente desprezada. Vamos destrinchar essa ideia, uma vez que ela constitui a premissa central de por que dizemos sim quando queremos dizer não. Pense na última vez que alguém lhe fez um pedido, convidou--o a algum lugar, ofereceu-lhe algo ou deu uma sugestão. É bem provável que eles tenham feito isso sem questionar sua concordância e cooperação. Tal expectativa não é irracional, dado que há uma norma social bastante robusta sugerindo que deveríamos ajustar nossos planos aos dos outros quando somos solicitados.[6] Normalmente, isso significa concordar até com os pedidos mais banais. Programados para ajudar e condicionados para sermos cooperativos, estamos psicologicamente disponíveis para dizer sim mesmo quando queremos dizer não. Reconhecemos intuitivamente que dizer não envolve a violação de uma norma social e pode resultar em consequências sérias, tanto em termos de emoções e ações negativas que partem dos outros quanto nos sentimentos ruins que cultivamos sobre nós mesmos[7]. Pesquisas descobriram que rejeitar alguém causa ansiedade[8] e que a pessoa que rejeitou acaba se sentindo esgotada e sem energia[9]. Há momentos em que dizer não pode machucar tanto ou até mais do que receber uma negativa.

Embora dizer sim seja algo socialmente aceito, dizer não é quase sempre um balde de água fria. Inclusive, o ato de recusar alguém ao dizer não foi descrito por um linguista-pesquisador como uma "*face--threatening act* [um conceito da pragmática, em uma possível tradução, ação que ameaça nossa autoimagem] que tende a romper com a harmonia nos relacionamentos."[10] *Goste você ou não*, somos motivados a manter relações duradouras e positivas com outros seres humanos. Colocamos muito empenho em manter os laços sociais e temos resistência aos seus rompimentos. Sentimo-nos ansiosos só de pensar em perder um relacionamento importante e angustiados se causamos mal a outra pessoa. *É esse instinto humano básico que, diante de alguma demanda, nos faz dizer sim com mais naturalidade do que dizer não.*

Se formos honestos com nós mesmos, perceberemos que comparados com os nossos nãos, nossos sins são ditos com uma rapidez e frequência maior do que gostaríamos. O linguista Nick Enfield descobriu que nas conversas cotidianas isso acontece de maneira literal: não importa o idioma que esteja sendo usado, um "não" a um pedido será dita mais lentamente do que um "sim".[11] A maioria de nós conseguirá se lembrar de pelo menos um pedido que nos fizeram mês passado ao qual não sabíamos como contornar, e de pelo menos uma coisa em nosso calendário hoje que desejaríamos não ter que fazer.

A Sociedade Favorece Aquele que Demanda

A noção de concordância é um traço tão inerente à humanidade que existe uma subárea inteira da psicologia social dedicada aos estudos sobre a "influência" — quando e de que forma alguém consegue fazer com que outra pessoa realize a sua vontade. Muito embora os seres humanos estejam programados para a cooperação, a ironia é que você ganhará status social, poder e uma posição mais vantajosa na hierarquia da sociedade caso consiga que os outros façam aquilo que você deseja.[12]

Como consequência, os pesquisadores passaram décadas procurando compreender a efetividade dos diferentes fatores relativos a persuasão, como o poder ou status daquele que faz o pedido em relação a quem o recebe (seu chefe, por exemplo) ou normas de reciprocidade (devolver um favor) que produzem a concordância automática: uma predisposição para dizer sim sem pensar duas vezes.[13] Inúmeros livros foram escritos sobre táticas de persuasão que induzem os outros a fazerem o que você quer, todos eles tendo como premissa básica a noção de que conquistar a concordância dos outros é um sinal distinto de seu sucesso. Através de expressões simpáticas como "pé na porta" e "porta na cara", o autor best-seller Robert Cialdini popularizou as táticas de influência, que nada mais são do que ferramentas para fazer com que as pessoas atendam à sua vontade.

Contudo, o fato é que você não precisa se esforçar muito para que as pessoas concordem em atender ao seu pedido, como descobriu a psicóloga social Vanessa Bohns, de Cornell, que investiga a resposta das pessoas às demandas cotidianas. Uma lição fundamental de seu trabalho é que as pessoas devem pedir aquilo que desejam, mesmo que até elas achem o pedido ultrajante, isso porque, muito provavelmente, a pessoa solicitada concordará. Nos estudos de sua pesquisa, ela orientou aos participantes que pedissem a estranhos para fazerem coisas que eram pessoalmente intrusivas (Posso usar seu celular?), demoradas (Você pode preencher um questionário?) e, às vezes, simplesmente erradas (Você defecaria neste livro da biblioteca?). Em todos os casos, ela descobriu que a maior parte das pessoas concordaria.

Uma interpretação diferente dos insights de Bohns, mas sob uma perspectivava de experiência real, vem do empreendedor e palestrante Jia Jang, que depois de uma onda de decepções arrasadora, decidiu superar seu medo de rejeição buscando, por cem dias, a própria rejeição. Em seu livro, *Sem medo da rejeição*, Jiang oferece anedotas hilárias sobre os diferentes modos com que procurava ser rejeitado. Durante um ano ele saiu da sua zona de conforto "procurando intensamente a rejeição por aí". Ele batia à porta de um estranho e pedia: "Posso usar seu quintal para jogar bola?". A resposta: "Claro!". Em pleno voo ele perguntou a um comissário se poderia fazer um anúncio no microfone, e conseguiu.

Um dos meus exemplos favoritos do livro é quando Jiang testa entrar em uma loja de donuts e pede à atendente, Jackie, para fazer um conjunto das rosquinhas no formato dos anéis olímpicos. Jackie aceitou o projeto com vontade e zelo. Ela discutiu sobre as diferentes possibilidades de criar os donuts, chegando até a pesquisar o design e as cores exatas dos aros olímpicos para atender ao pedido dele.[14] Além disso, ela nem fez qualquer cobrança adicional por um pedido tão fora do comum!

O que tanto Jia Jiang quanto Vanessa Bohns descobriram é que mesmo quando as pessoas pedem aos outros coisas extremamente malucas às quais nunca esperariam uma resposta positiva, elas costumam ouvir um sim em vez do não que a demanda nitidamente implicava.

Com isso, fica explícito que nossa propensão inicial é concordarmos mais do que sermos inflexíveis. Lembre-se de que a aceitação é sempre a resposta preferida, ao passo que a recusa é a relegada. Se você é a pessoa que está fazendo um pedido a alguém, essa informação é realmente valiosa, no entanto, quando está na outra posição, aquela em que todos nós nos encontramos vez ou outra, já não é tão bacana assim. Nessa posição, é comum ficarmos sem saída. Sentimo-nos encurralados e presos, e reagimos de acordo.

O Duplo Motivador do Sim: Relacionamentos e Reputação

As pessoas se relacionam umas com as outras por meio do coração e do cérebro. Isso representa os *sentimentos* que alguém pode ter em relação ao outro e os *pensamentos* que vêm à mente quando pensa nele. Tais sentimentos e pensamentos podem ser positivos ou negativos. Pense em algum familiar (pai, mãe ou alguém próximo) e examine os sentimentos que essa pessoa evoca em você e os pensamentos que lhe surgem ao pensar nela. Agora, faça o mesmo com alguém do trabalho, um colega ou seu chefe. Quais pensamentos e sentimentos vêm à mente sobre eles? Em sua opinião, o que você causa nas pessoas quando elas pensam em você?

Todos nós desejamos que os outros nos achem simpáticos, alegres e amáveis. A maioria dos seres humanos quer que as pessoas cultivem pensamentos positivos sobre eles. Esse tipo de associação pautada nos sentimentos foi nomeada pelos pesquisadores como *estereótipo da cordialidade*. Também queremos que as pessoas pensem que somos capazes, inteligentes e que fazemos a diferença em um grupo; os pesquisadores denominam tais associações baseadas em capacidades como *estereótipo da competência*. As pesquisas indicam que, quando avaliamos as pessoas, costumamos vê-las como cordiais ou competentes e quase nunca os dois atributos coincidem. Nessa análise externa sobre o outro, os estereótipos de cordialidade e de capacidade nem sempre caminham juntos.[15] Mas quando se trata das outras pessoas *nos* avaliarem, queremos que nos vejam como cordiais e competentes ao mesmo tempo. Não deveria surpreender ninguém que a manutenção de vínculos sociais positivos (relacionamentos) e de uma imagem positiva do *self* (reputação) sejam dois objetivos centrais dos seres humanos.[16]

Depois de avaliar centenas de respostas a pesquisas e de levá-las para discussão com inúmeros líderes, descobri que essas duas motivações estão interligadas aos dois motivos dominantes que nos fazem dizer sim quando queremos dizer não.

Dizemos sim quando queremos dizer não porque valorizamos nosso *relacionamento com a pessoa que faz o pedido* e dizer sim mantêm tal relação. Também fazemos isso porque nos preocupamos com nossa *reputação* e queremos que as pessoas nos vejam com bons olhos. Quando aceitamos mesmo querendo negar, estamos motivados tanto pelo impulso de manter nosso relacionamento com os demais, esforçando-nos para passar a impressão de sermos simpáticos, amáveis e acolhedores (o estereótipo cordial) quanto pelo desejo de assegurar nossa reputação perante a outra pessoa ao nos mostrarmos competentes, capazes e esforçados (o estereótipo da competência).

Sim, eu sei. Dizer não e ainda manter um relacionamento positivo com a pessoa que faz o pedido e, ao mesmo tempo, assegurar sua reputação, pode parecer uma missão impossível. Porém, espero que através deste livro, você possa conquistar isso ao aprender a dominar a arte da recusa empoderada.

Juntos, veremos por que nossa preocupação em assegurar nossos relacionamentos e nosso desejo de manter uma boa reputação podem nos levar a dizer sim quando queremos dizer não. E, para tanto, você pode se fazer algumas perguntas simples para decidir qual pode ser uma força motriz mais poderosa em sua vida.

Preocupação com os Relacionamentos

Imagine que Mark, seu colega de trabalho, peça para que você assuma um novo projeto, e você concorda, muito embora já esteja com um milhão de outros compromissos anteriores. Isso parece familiar? Ou suponha que sua amiga Jenny lhe convide para desabafar e tomar um vinho no domingo à tarde e você aceita, sabendo muito bem que da última vez em que fez isso, saiu dali drenada emocionalmente. Ou, ainda, seu primo Kay sugere que seria divertido organizar um encontro familiar para reunir todas as crianças da família, e mesmo que não seja um bom momento para adicionar mais um compromisso na sua agenda, você sente que deve fazer acontecer.

Em um mundo ideal, você gostaria de concordar com todos esses pedidos e sair ileso e energizado de cada obrigação. Todavia, tudo na vida é uma troca. Aceitar mais trabalho certamente agradaria ao Mark, mas pode ter como consequência a sua ausência no próximo recital de piano do seu filho. Sair com Jenny para ajudá-la a se sentir melhor pode fazer com que você precise de alguns dias até que se sinta bem novamente. Se organizar eventos não é tão energizante para você como pode ser para Kay, você pode acabar ficando com raiva e ressentido.

Quando sabemos que não queremos fazer alguma coisa e ainda assim fazemos, provavelmente estamos sendo motivados pelo medo de tensionar um bom relacionamento, que pode acabar significando mais do que o tempo e a energia que precisaremos comprometer para realizar o que nos pediram. O motivo também pode ser o desejo de fortalecer um relacionamento fraco: racionalizamos que dizer sim é um sinal de apoio e, como resultado, é provável que a pessoa que fez o pedido nos verá como um amigo e aliado. Outra opção pode ser a regra de ouro da reciprocidade ("fazer aos outros...") agindo: a pessoa atendeu a um pedido seu no passado e você sente a necessidade de devolver o favor, ou você pode antever um momento futuro em que talvez precise da ajuda dessa pessoa, e se decidir dizer não agora, pode ser que mais tarde perca o auxílio que está contando. O ponto principal é que, por inúmeros motivos, estamos socializados a acreditar que dizer não pode nos tornar desagradáveis e indesejados, transformar nossos amigos em inimigos ou, no mínimo, enfraquecer nossos laços sociais.

Rótulos que Desabilitam

Em minhas pesquisas, é muito comum que as pessoas se descrevam como "alguém que quer agradar aos outros". Caso não consigam ajudar, elas se sentem extremamente culpadas, porque o nível de preocupação que dedicam aos relacionamentos com os outros excede a busca por suas próprias necessidades e desejos. Se você é pai ou mãe, é possível que já tenha escutado o conselho parental para nunca dar aos seus filhos rótulos como "molenga", "mandão", "cabeça dura" ou "preguiçoso". Da mesma forma, precisamos nos livrar dos rótulos que nos desabilitam. Tenho um simples pedido para aquelas pessoas que ficam se descrevendo por aí como alguém que agrada aos outros: *por favor, não se rotule.* Tudo que um rótulo faz é carregar mensagens ou incitar pensamentos que nos confinam a um papel ou comportamento específicos. Assim como uma criança chamada de "encrenqueira" começará a se ver desse jeito e viverá de acordo com esse rótulo, rotular a si mesmo como alguém que agrada aos outros fará com que você pague um preço alto no futuro por ter dito sim no calor do momento, escolhendo a saída mais fácil a curto prazo.

Sempre que você define sua identidade como alguém que agrada aos outros, gera raízes cada vez mais profundas em seu sistema de crenças que determinarão quem você é, e o que precisa fazer e dizer para ser aceito pelos outros. Rotular-se dessa forma faz com que você se torne uma vítima na situação. É uma desculpa para não fazer nenhuma mudança e uma permissão para ficar ressentido com as pessoas às quais você diz sim.

Quando penso em alguém que procura agradar aos outros de forma crônica, lembro-me de Maggie Carpenter, a personagem que Julia Roberts interpreta no filme *Noiva em Fuga*. Foi uma revelação importante para ela descobrir que, na verdade, ela não tinha uma preferência sobre o preparo de seus ovos. Ela apenas escolhia o que seu namorado na época gostava. Posteriormente, Maggie refletiu: "Eu raramente dizia não, porque acreditava que o amor era condicional, e que eu precisava agir de determinada forma para ser digna do amor. Achava que eu tinha que querer comer no mesmo restaurante que ele gostava, ter o mesmo gosto musical ou validar cada opinião que ele tinha (mesmo que eu não gostasse), pois, fazendo isso, agradaria a pessoa que estivesse comigo, e ela então me amaria."

Em seu livro *Dar e Receber*, o psicólogo Adam Grant argumenta que o ambiente de trabalho é dividido entre as pessoas que se doam e as que recebem. É provável que nem sempre as que se doam sejam aquelas que querem se doar, mas muito possivelmente são elas que não conseguem dizer não quando são solicitadas a doar algo. Grant escreve: "Aprendi que existe uma diferença enorme entre agradar as pessoas e ajudá-las. Ser uma pessoa que se doa não significa dizer sim para todos os pedidos e a todo mundo o tempo inteiro. Significa dizer sim a algumas pessoas (as que se doam de maneira generosa e os "conciliadores" que buscam uma reciprocidade, mas não necessariamente os egoístas que apenas recebem), algumas vezes (quando seus próprios objetivos e ambições não forem comprometidos), [e] a alguns pedidos (quando você tem recursos e habilidades que possuem uma relevância única)."[17]

Quando recebemos algum pedido, o que precisamos fazer é honrar nosso verdadeiro e autêntico eu, dizendo sim apenas às coisas que não nos façam ultrapassar o limite da nossa capacidade atual. Precisamos dar nosso melhor aos outros sem perder de vista o que é o certo para nós. Quando não fazemos isso, entramos em um modo de vitimização (*os outros me fizeram fazer isso*) ou de martirização (*sempre tenho que fazer isso senão ninguém mais o fará*). O lado sombrio de ser uma vítima ou um mártir é que não vivemos a melhor vida que podemos viver, o que facilmente pode causar uma sensação de sobrecarga ou de constante indisponibilidade, sentimentos de remorso, ansiedade, frustração, raiva e culpa. De fato, agradar aos outros é muito mais do que ser apenas alguém legal. Quando nos engajamos em um padrão de comportamento em que colocamos as necessidades dos outros acima das nossas, em geral à custa de nossa saúde e bem-estar, sentimo-nos ressentidos e passados para trás. O jornalista Herbert Bayars Swope, ganhador do Prêmio Pulitzer, disse certa vez: "Não posso lhe dar uma fórmula infalível para o sucesso, mas posso lhe dar uma fórmula para o fracasso: tente agradar a todos o tempo todo."

Nas aulas de liderança que leciono e nos workshops que conduzo, peço aos participantes que respondam a um rápido questionário para que tenham uma noção de onde estão em relação à sua preocupação com os relacionamentos. Para avaliar sua própria preocupação com os relacionamentos, analise cada uma das afirmações a seguir e as classifique honestamente.

Estas afirmações podem ou não se aplicar a você. Para cada item, por favor indique o quanto essa afirmação o descreve. Ao terminar, some os pontos para obter seu resultado total.

Itens de Escala: Preocupação com os Relacionamentos	Falso	Levemente verdadeiro	Moderadamente verdadeiro	Verdadeiro	100% verdadeiro
Evito conflitos e desentendimentos a todo custo.	1	2	3	4	5
Ajusto-me aos outros mesmo quando é inconveniente para mim.	1	2	3	4	5
Percebo que tenho uma forte necessidade de agradar aos outros.	1	2	3	4	5
Sou o que poderíamos chamar de "alguém que agrada aos outros".	1	2	3	4	5
Tenho dificuldades para encerrar uma reunião ou uma conversa quando quero.	1	2	3	4	5
Prefiro mentir do que enfrentar a desaprovação ou a rejeição de certas pessoas.	1	2	3	4	5

Some os pontos associados às suas respostas. Por exemplo, para cada "100% verdadeiro" some cinco pontos, para cada "verdadeiro", quatro, e assim por diante.

Se o seu total for:

> **20 ou mais:** você tem uma forte tendência a ser alguém que agrada aos outros e que luta para evitar conflitos, desentendimentos e qualquer negatividade em seus relacionamentos. Para você, a oportunidade de aprender a dizer um não empoderado ao mesmo tempo em que mantém relacionamentos próximos com os outros será valiosa. *Dica*: aprenda a olhar para dentro de si e use *seus* valores, prioridades, preferências

e crenças como um parâmetro para responder aos pedidos dos outros. Falaremos mais sobre isso.

➤ **10-19:** será útil refletir sobre as situações e pessoas que talvez provoquem uma "necessidade de agradar" mais forte em você. Ao desenvolver suas competências de recusa empoderada, lembre-se de prestar atenção em como pode manter seus relacionamentos e ainda assim dizer não.

➤ **9 ou menos:** Você tem relacionamentos saudáveis e recíprocos com os outros e não sente a pressão de se adequar às expectativas das pessoas. Lembre-se de que é importante *como* você diz não aos outros, e a recusa empoderada pode ajudá-lo a desenvolver relacionamentos mais fortes e duradouros.

A Armadilha dos Conhecidos

Considerando que nossos sins costumam ser motivados por nossa necessidade de pertencimento, não é à toa que a força de nossos vínculos sociais influenciem a quem e o por quê dizemos sim. Como é de se esperar, nosso desejo de manter bons relacionamentos com as pessoas varia de acordo com o tipo de relação que temos com quem nos pede algo. Em um extremo existem as pessoas com quem interagimos diariamente, como aquelas com quem vivemos ou que fazem parte de nossa equipe no trabalho, e com elas desfrutamos de um relacionamento seguro; em outro, existem as estranhas, com quem não temos qualquer tipo de relação. Para os seres humanos, é funcional e adaptativo saber distinguir entre os relacionamentos transacionais, pontuais e baseados na troca daqueles que são comunais e fundamentados na cooperação e na interdependência.[18]

O fenômeno que denomino *armadilha dos conhecidos* caracteriza-se pela inabilidade de dizer não às muitas pessoas que ficam entre essas duas categorias — elas participam da sua vida, mas os vínculos são fracos e o seu relacionamento com elas não é duradouro nem sólido. Minha pesquisa indicou que é mais fácil dizer não às pessoas que são muito próximas (como familiares e melhores amigos) e àqueles que são completamente estranhos, que provavelmente nunca mais veremos. No primeiro caso, o relacionamento transmite segurança e uma recusa não quebrará o vínculo que existe. No caso de estranhos, não existe sequer uma relação a ser quebrada!

Vejamos a história de Raveena Tandon, uma atriz indiana que se viu interpretando um papel que já havia interpretado inúmeras outras vezes em dezenas de filmes — a heroína glamorosa em uma história de amor previsível, amada por seus fãs e responsável por transformá-la em uma estrela do cinema aclamada. Contudo, olhando para si, ela não reconhecia nenhuma parte que relembrasse ou ressoasse com a pessoa que interpretava na telona. Apesar do sucesso, ela sabia, em seu âmago, que constantemente aceitava participar dos filmes pelos motivos errados.

O sucesso em Bollywood é sobre quem você é e sobre quem você conhece. Raveena Tandon, filha do diretor de Bolywood Ravi Tandon, nasceu nessa indústria. Esse ambiente era a extensão de sua família no pior e no melhor sentido da palavra. É uma família que lhe dá a chance de ter sucesso em um ambiente cruel, mas também é uma família que decide a sua identidade profissional com base em sua aparência e no que o público quer, antes mesmo de você ter uma chance de moldá-la por si só. Parece que você é selecionado para algo imutável. Recebe ofertas para determinado tipo de papel e o interpreta inúmeras vezes. Certamente, essa é a aparência do sucesso. Então, você diz sim para isso por medo de perder sua base de fãs ou de não participar mais desse círculo fechado. Age por medo e insegurança. Em uma entrevista, Raveena Tandon ponderou, "O problema com nós, mulheres, é que não nos consideram assertivas o suficiente. Não sabemos dizer não sem parecermos arrependidas. Eu, também, não conseguia dizer não e acabei fazendo alguns filmes malucos por causa disso. 'É um filme de uns amigos. Como poderia recusar?' Mas isso não me trouxe nada de bom e, mais tarde, aprendi que ser assertiva é uma boa qualidade. Ninguém precisa se arrepender por dizer o que sente."[19]

Como já foi dito, as demandas de nossa família bem como a de totais estranhos são mais fáceis de serem negadas, mas como Raveena sentiu na pele, nosso maior desafio é saber como lidar com as demandas de todo um grupo de pessoas em nossa vida que entra na categoria de "conhecidos". Podemos recusar as demandas e decepcionar nossos pais, irmãos e parceiros porque eles entenderão e continuarão a nos amar, não importa o que aconteça. Mas ficamos profundamente preocupados com nossa reputação (*O que pensarão de mim?*) e com nossos relacionamentos (*Será que não me considerarão mais como um amigo?*) perante as pessoas com as quais trabalhamos ou que conhecemos casualmente, e assim caímos no abismo da armadilha dos conhecidos com bastante frequência.

Vamos refletir sobre esse problema. A maioria das pessoas que conhecemos pertence à categoria de conhecidos. Provavelmente não as convidaríamos para nosso casamento ou para um churrasco casual em nossa casa. Com certeza não conhecemos os detalhes específicos de suas vidas, como o lugar onde cresceram, quais suas comidas favoritas ou até mesmo onde moram. Talvez nem saibamos seus sobrenomes, certo?

No entanto, quando nos pedem algo, por que nos sentimos obrigados a dizer sim?

Preocupados com a Reputação

É com a nossa reputação que nos preocupamos quando imaginamos o que as pessoas estão pensando ou falando sobre nós. Visto que a reputação é um fator importante na hora de avaliarmos uma organização, um produto ou uma pessoa, é natural que a gente lute para que a nossa seja boa.[20] Desfrutar de uma boa reputação significa sentir que somos estimados pelos outros. E ela está, pelo menos em parte, sob nosso próprio controle. Para construir uma boa reputação, precisamos nos regular para que as pessoas vejam que estamos agindo adequadamente e que nosso comportamento atende às expectativas e normas sociais.[21]

Um episódio particularmente obscuro da série *Black Mirror* intitulado "Nosedive" ocorre em uma sociedade na qual as pessoas podem avaliar suas interações com os outros usando uma escala que vai de uma a cinco estrelas, o que, em última instância, determina o status socioeconômico da pessoa. O episódio começa com Lacie Pound correndo em seu bairro, uma mulher simpática e sorridente que tem um trabalho estável em um escritório. O que ainda não sabemos é como ela está esgotada tentando conseguir que os outros a avaliem com cinco estrelas. Apesar de ser muito agradável e extrovertida, seu score de reputação estagnou e isso a deixa frustrada. Ela precisa aumentá-lo em 0,3 pontos para obter um desconto em um apartamento de luxo. Contudo, quanto mais desesperada ela fica para aumentar sua pontuação, mais percalços aparecem em seu caminho, até o momento em que ela pontua menos de uma estrela, sendo presa como consequência. Ironicamente, nessa sociedade, a prisão é a única área de liberdade pessoal em que alguém pode ter o direito de ser seu pior eu. Afinal, quando sua reputação foi pelo ralo, já não há mais nada a perder.

A Armadilha do Castelo de Cartas

A pergunta que precisamos nos fazer é: será que dizer sim para tudo que aparece na nossa frente pode realmente melhorar nossa reputação? De fato, podemos dizer sim para manter nossa reputação no momento, mas quando estamos sobrecarregados com compromissos e já nos disponibilizamos para mais coisas do que conseguimos administrar, nosso desempenho em cada tarefa sofrerá. Gosto da metáfora do castelo de cartas. Cada nova responsabilidade que você acrescenta em suas costas é outra carta que precisa usar. Até chegar ao limite da saturação, e uma nova carta fará com que toda sua estrutura desmorone. Dar um passo maior do que a própria perna não ajuda em nada a sua reputação.

O que acontece é que aqueles funcionários que estão sofrendo estresses no trabalho, sentindo-se sobrecarregados ou com *burnout* acabam se tornando mais propensos a descumprir prazos, a cometer erros, a esforçar-se menos no que precisa ser feito e a ter um desempenho ruim.[22] Será que é melhor dizer não a tarefas adicionais e fazer bem aquilo que você já havia se comprometido ou será que você deveria aceitar mais tarefas e permitir que todo seu castelo de cartas desmorone? Tenho a impressão que pisar na bola regularmente é mais danoso para sua reputação do que dizer não logo de cara.

Vanessa Van Edwards, autora do livro *Cativar*, sofreu as consequências na pele por ter dito sim a tudo — um conselho comum dado a muitos empreendedores de primeira viagem que buscam o sucesso. Ela o descreve como "o pior conselho que já dei: diga sim a tudo, diga sim a eventos de networking, a um cafezinho com estranhos e a conferências aleatórias, pois você nunca sabe qual oportunidade pode bater à sua porta." Ela descreve essa recomendação popular como "um monte enorme e fedido de baboseiras". Depois de três anos passando todas as noites da semana se arrastando pelo circuito profissional e fazendo networking com qualquer pessoa que fosse possível, ela acabou com inúmeros cartões de visita, mas sem ter fechado nenhum negócio.[23]

A reputação pessoal significa entregar resultados; lidar com adversidades; e representa a sua atitude e comportamento perante o trabalho, a vida e o lazer. Sua reputação é o traço que você deixa para trás sempre que sai de algum lugar. Se você for uma pessoa que aceita tudo e que não consegue dizer não a um pedido, ganhará a reputação de alguém influenciável, e não a de um profissional.

Uma empresária e consultora de sucesso, a quem chamaremos de Linda, contou-me que sua tendência de ser "legal" lhe rendeu uma reputação de influenciável. Era comum que seus colegas de trabalho apontassem em sua direção dizendo, "peça para a Linda, com certeza ela dirá sim."[24] Não é essa a reputação que você quer!

No lugar disso, você precisa desenvolver sua reputação pessoal ao dizer não para as coisas que não estejam alinhadas com suas forças ou às quais você não conseguirá dedicar o tempo ou a energia necessários. Dessa forma, conseguirá manter e entregar resultados de excelência, além de ser visto como uma pessoa confiável, responsável e que tem seu trabalho e sua vida em equilíbrio e sob controle. As pesquisas indicam que uma reputação pessoal forte é um ativo intangível de "sua marca pessoal" — ela está vinculada a uma posição de poder, é a liberdade e a autonomia para fazer as coisas do seu jeito e, acima de tudo, leva ao avanço de sua carreira e ao sucesso profissional e pessoal.

Agora, avalie sua própria preocupação com a sua reputação. A seguir estão algumas afirmações que podem ou não se aplicar a você. Para cada item, indique o nível em que a afirmação o descreve. Ao terminar, some suas respostas para obter a pontuação total.

Itens de Escala: Preocupação com a Reputação	Falso	Levemente verdadeiro	Moderadamente verdadeiro	Verdadeiro	100% verdadeiro
Minha reputação importa muito para mim.	1	2	3	4	5
Quero que as pessoas pensem e digam coisas boas sobre mim.	1	2	3	4	5
Para mim, é importante que as pessoas me vejam com bons olhos.	1	2	3	4	5
Gosto de receber elogios e ser apreciado pelos outros.	1	2	3	4	5
Quero que as pessoas vejam quantas coisas eu faço.	1	2	3	4	5
Fico preocupado com o que as pessoas pensam sobre mim.	1	2	3	4	5

Lembre-se, some os pontos associados a sua resposta. Por exemplo, para cada "100% verdadeiro", some cinco pontos, para cada "Verdadeiro", quatro pontos, e assim por diante.

Se o seu total for:

> **20 ou mais:** sua pontuação indica que você é vítima fácil da armadilha do castelo de cartas. Você valoriza muito a sua reputação e pode dizer sim por medo de que ela diminua perante a pessoa que lhe pede algo ou que espalhem por aí que você

não coopera, não ajuda e que não é prestativo. Lembre-se que quando você aprender as competências da recusa empoderada, seu "não" sairá com convicção e determinação, deixando sua reputação intacta.

➤ **10-19:** você se importa com sua reputação, mas não de uma forma que acaba sabotando suas próprias preferências e desejos. Não deixe de usar as ferramentas deste livro para praticar a recusa empoderada de uma maneira que assegure seu relacionamento com a pessoa que lhe pede algo ao mesmo tempo em que mantém sua reputação.

➤ **9 ou menos:** parece que você não está muito preocupado com o que os outros pensam sobre você. Isso pode fazer com que você desconsidere um pedido ou que o responda com certa falta de consideração, o que pode afetar negativamente seus relacionamentos com os outros.

Um Sim Relutante ou Um Sim Categórico: Qual É a Diferença?

A cantora e compositora Alicia Keys estava se sentindo exausta e sobrecarregada. Sua carreira havia decolado, mas ela sentia como se estivesse em um carrossel eterno que simplesmente não poderia ser interrompido. Em seu livro, *More Myself: A Journey* [sem publicação no Brasil], Keys confessa que se viu dizendo sim a todas as oportunidades que sua equipe propunha. Em suas palavras: "o tempo todo eu estava tão sobrecarregada e com excesso de trabalho — só dizia sim a tudo e então ficava exausta. E isso não traz nenhuma alegria, pelo contrário, a tira de você." E ainda: "Eu não compreendia que era possível dizer não. Durante as turnês, demorei tanto para saber que poderia dizer, "ah, uma pessoa especial para mim faz aniversário nesse dia, vamos garantir que eu não esteja trabalhando nessa data.' Eu nem sequer sabia como fazer isso. Nem sequer tinha consciência que eu poderia."

Keys dá os créditos a Oprah Winfrey por ter lhe ensinado a importância de reconhecer o que um "sim categórico" é capaz de gerar. Há muito tempo Winfrey vem refletindo sobre o valor de dizer não às coisas que não faziam sentido para ela. Na verdade, foi no dia 10 de abril de 1994 que ela escreveu as palavras que ainda mantêm sobre sua mesa como um lembrete diário: "Nunca mais farei qualquer coisa para alguém que não venha diretamente do meu coração. Não participarei de reuniões, não farei ligações, não escreverei cartas, não patrocinarei ou participarei de qualquer atividade enquanto todas as células do meu ser não tenham afirmado um *sim* categórico. Agirei com a intenção de ser verdadeira comigo mesma."[25]

Diversos convidados do programa *The Oprah Show* relatam que saíram de lá com a permissão de dizer não a qualquer coisa que os desviasse de seu propósito. Tara Westover, autora do livro de memórias *Uma Educação*, foi questionada em uma entrevista logo após participar do *Oprah Show*: "Vamos às prioridades: conte-me todos os conselhos que Oprah lhe deu no backstage." E sua resposta foi, "conversamos sobre como proteger a si mesmo e como dizer não. Então, sim, foi um conselho muito prático. Estou tentando descobrir como ser mais útil e fazer coisas que sejam boas, mas ainda mantendo algo que se pareça com a vida. Não precisa ser uma vida repleta de vigor, apenas o resquício de uma vida. E ela estava me dizendo, '*Não* é uma sentença completa.'"[26]

Imagino que participar do *The Oprah Show* seja uma experiência maravilhosa! Mas se você, como convidado, conseguir sair dali sentindo-se empoderado para criar seu próprio sucesso no formato que for significativo para você, então é ainda mais especial. Parece que a Oprah oferece a muitos de seus convidados a dádiva do "não" e a permissão de rejeitar as coisas que os distraem de seus propósitos. Suponho que a Oprah lhes dê esse presente por reconhecer a diferença entre um sim relutante, quando você concorda por todos os motivos errados, e um sim categórico, quando concorda pois sente que é absolutamente a coisa certa a fazer.

"Hoje, isso parece tão óbvio e, tão, tipo, 'claro, dã,'" disse Keys. "Mas, naquele momento, ninguém havia me explicado isso de forma tão simples. Significa que, se alguém lhe pede algo, você sabe imediatamente quando soa 'com certeza, vou deixar tudo para trás e fazer isso acontecer.' E também sabe logo de cara quando é 'não tenho muita certeza não.' E o que acontece se você não tem muita certeza? Você não tem um sim categórico."

Inspirada em Oprah, essa é a mesma pergunta que precisamos nos fazer: *Estou ouvindo e escutando a diferença entre meu sim categórico e meu sim relutante, bem como fazendo um esforço consciente para transformar meus sins relutantes em nãos?* Um sim categórico é um sim verdadeiro que dá voz aos seus valores e prioridades, refletindo suas preferências e aquilo que mais lhe interessa. Nas palavras do espiritualista Paulo Coelho, *"Quando você disser sim para os outros, tenha certeza de que não esteja dizendo não a si mesmo."*[27]

O Sim Relutante Não Tem Vantagens

Conduzi um estudo para comparar como as pessoas se sentem depois de dizer um sim relutante — quando dizemos sim quando queremos dizer não — e como se sentem ao dizer não para algo que não queriam fazer, e que por fim, deu certo.

228 pessoas participaram nesse estudo. Dividi os participantes (a partir de uma distribuição aleatória) em dois grupos. Primeiramente, todos leram a seguinte e breve instrução: "Muitas vezes 'não' é a palavra mais difícil de dizer. Em nosso dia a dia, somos confrontados por tentações às quais precisamos dizer não. Ou então, recebemos pedidos de amigos, familiares ou colegas de trabalho que precisamos declinar. Às vezes, dizemos sim quando queremos dizer não, mas em outras, conseguimos dizer não de maneira eficaz. Estamos interessados em sua história."

Depois, os participantes foram instruídos: "Por favor, conte-nos sobre uma vez em que conseguiu dizer um não de forma eficaz. Alguém lhe pediu algo que você não queria fazer ou que estivesse tentado a fazer, mas encontrou a coragem de dizer não. Por favor, descreva, o mais detalhadamente possível, o incidente completo. Fale sobre os pensamentos e sentimentos que experienciou e que ainda experiencia ao escrever sobre essa situação. Você pode mudar os nomes das pessoas e dos lugares para manter o anonimato." Esses participantes compuseram o grupo "disse um não eficaz".

Os demais participantes foram instruídos: "Por favor, conte-nos sobre quando queria dizer não, e não conseguiu. Alguém lhe pediu para você fazer algo que não queria fazer, ou que ficou tentado a fazer, mas no fim, você não teve a coragem de dizer não. Por favor, use o máximo de detalhes possíveis para descrever o incidente inteiro. Conte-nos sobre os pensamentos e sentimentos que experienciou e que está experienciando agora ao escrever sobre essa situação. Você pode mudar os nomes de pessoas e lugares para manter o anonimato." Esses participantes compuseram o grupo "disse sim quando queria dizer não". Depois de terem escrito suas histórias, relataram, usando escalas de 1 (de forma alguma) a 7 (totalmente), como se sentiram em relação a uma variedade de emoções específicas positivas e negativas. Estes foram os resultados.

Primeiro, vejamos as *emoções positivas* (Figura 1.1). Dizer não faz com que você se sinta significativamente melhor do que dizer sim a algo que não quer fazer. Em geral, as pessoas que disseram não àquilo que não queriam fazer se sentiram mais felizes, poderosas, satisfeitas, orgulhosas e no controle de suas próprias vidas do que aquelas que disseram sim quando queriam ter dito não.

Figura 1.1

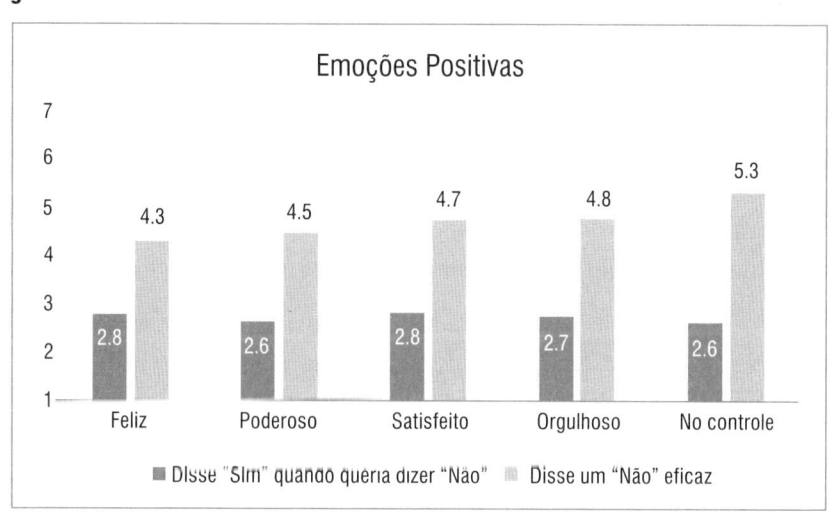

Uma das principais razões para dizermos sim quando queremos dizer não é porque pensamos que nos sentiremos mal ao dizer não. É aí que erramos.

Vamos observar as *emoções negativas* retratadas na Figura 1.2. Os dados mostram que quando dizemos sim preferindo não fazer isso, sentimo-nos extremamente mais ressentidos, frustrados, estressados, culpados e impotentes. Parece que, ao contrário do que esperávamos, sentimo-nos muito pior quando dizemos sim a algo que não queremos fazer do que apenas dizer não.

Figura 1.2

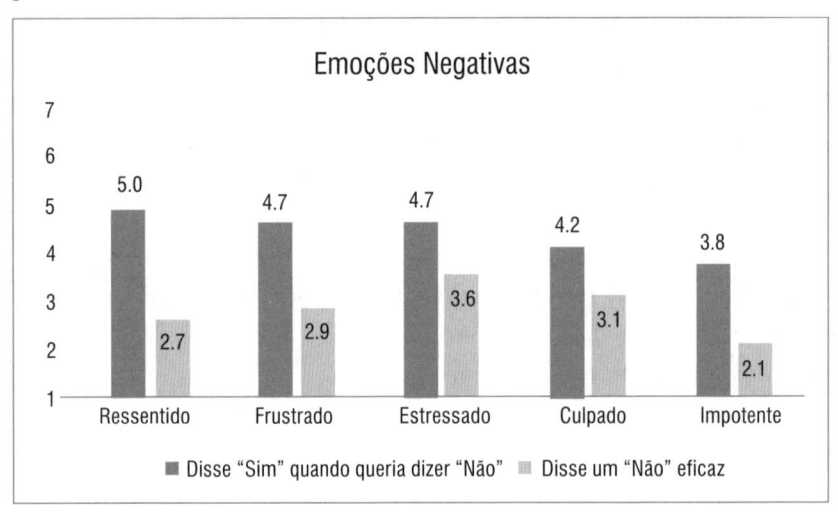

Há poucas vantagens em dizer sim quando queremos dizer não. Sentimos menos emoções positivas e mais emoções negativas. No momento em que dizemos não, podemos sentir um pouco de desconforto. Mas quando dizemos sim para algo que não queremos fazer, sempre que retomamos a terrível tarefa que nem mesmo queríamos ter aceitado, revivemos todos os sentimentos negativos. De forma geral, aprender a dizer não é a melhor opção para nós.

Foi exatamente isso que a dançarina e coreógrafa Twyla Tharp descobriu, da pior forma possível. Como a maioria dos principais profissionais de sua área, Tharp valoriza muitíssimo o tempo disponível e não gosta de desperdiçar nem um minuto. No entanto, em seu livro *The Creative Habit* [sem publicação no Brasil], ela conta sobre uma ocasião na qual concordou em coreografar "uma música ruim", exclusivamente por ter sentido certa obrigação perante o solicitante.

Depois de seis torturantes semanas, de práticas intensas com dezesseis dançarinos e horas no estúdio, Twyla Tharp foi forçada a admitir que "*Hollywood Kiss*" simplesmente não estava funcionando. Em suas palavras: "Seja lá quais forem os seus motivos para começar um projeto — podem ser banais ou nobres —, eles precisam ser claros e desimpedidos. A obrigação é uma base fraca para a criatividade, ocupando um lugar muito secundário quando comparada à paixão, à coragem e ao instinto e desejo de fazer algo incrível." Com pesar, ela se recorda do conselho que certa vez recebeu, desejando que o tivesse levado em consideração na época em que concordou aceitar o projeto, "Você só precisa de um bom motivo para se comprometer com uma ideia, e não de quatrocentos. Mas se tiver quatrocentos motivos para dizer sim e um para dizer não, então a resposta deverá ser não."

Qual É Seu Nível de Dificuldade em Dizer Não?

Qual é seu nível de dificuldade em dizer não? Para avaliar isso (e identificar como poderá fazer o melhor uso deste livro), por favor, faça o teste a seguir.

Estas são afirmações que podem ou não se aplicar a você. Para cada item, indique o nível em que a afirmação o descreve.

Itens de Escala: Preocupação com a Reputação	Falso	Levemente verdadeiro	Moderadamente verdadeiro	Verdadeiro	100% verdadeiro
Geralmente digo "Sim" quando quero dizer "Não".	1	2	3	4	5
Não sei como dizer "Não" quando me pedem algo.	1	2	3	4	5
Não encontro as palavras certas para dizer "Não", mesmo quando deveria.	1	2	3	4	5
Não consigo dizer "Não" às coisas mesmo quando não me beneficiam.	1	2	3	4	5

Ao terminar, some suas respostas para obter sua pontuação total. Se o seu total for:

> **14 ou mais:** você está no lugar certo. Com este livro, aprenderá a inestimável super-habilidade da recusa empoderada para se sentir mais no controle de como viver sua vida. Você precisará deixar de lado sua tendência natural de agradar aos outros e focar em seus valores e prioridades. Seguir os insights deste livro sem dúvidas o ajudará a dizer não mais facilmente às coisas que não importam.

> **7–13:** você se beneficiará bastante ao conseguir dizer não com mais rigor. Lembre-se de prestar atenção às competências da recusa empoderada que aprenderá neste livro para dominar essa arte.

> **6 ou menos:** parece que você não tem dificuldades para dizer não. É um ótimo primeiro passo. No entanto, lembre-se de que *como* você diz não também é importante. Você se beneficiará ao prestar atenção em como os nãos estão afetando os seus relacionamentos e a sua reputação. Um não empoderado, transmitido com convicção e determinação, usando deixas verbais e não verbais, manterá seus relacionamentos seguros e sua reputação intacta.

Agora que entendemos que até os mais capacitados entre nós podem sucumbir à influência social e que temos uma compreensão melhor sobre o quanto nos preocupamos com nossos relacionamentos, nossa reputação e como estamos habilitados a dizer não, vamos examinar como esses fatores entram em cena no momento em que alguém nos faz alguma demanda. Como nos sentimos? O que pensamos? Como respondemos (em comparação a como deveríamos responder)?

CAPÍTULO 2

O Efeito Holofote

À primeira vista, os pedidos de casamento feitos em estádios parecem românticos. Por causa disso, acabaram se tornando um grande negócio e uma forma bem custosa de começar um noivado. Pedir alguém em casamento pode custar até US$2.500 no Dodger Stadium, em Los Angeles. Alguns locais oferecem um "pacote noivado" com ingressos, champanhe, rosas e um DVD comemorativo. Mas, particularmente, os pedidos de casamento feitos em estádios me causam embrulho no estômago — não porque envolvem o marketing do romance, mas pelo que representam: a configuração quintessencial para a perfeita aceitação.

Analise brevemente a forma como um típico pedido de casamento acontece nesse local. Em um momento combinado, o casal aparece no telão. O pedido então é transmitido ao vivo na presença de dezenas de milhares de espectadores (isso sem mencionar os telespectadores). Quase sempre, é um homem que pede a mulher em casamento. No mundo ideal, ela já pressentia que isso poderia acontecer e quer aceitar o pedido. Mas tendo um estádio inteiro assistindo e torcendo por sua resposta positiva, um "não" seria possível?

Embora a maioria de nós não tenha recebido tal proposta em um estádio, vivemos pequenas amostras dessa experiência em muitas esferas da nossa vida cotidiana. Quando um estranho, um amigo ou até mesmo um familiar nos pede algo que queremos recusar, sentimo-nos no centro das atenções — no telão de nossa própria mente — e, muitas vezes, parece ser impossível dizer não.

Considere os seguintes exemplos de "momentos de pedido de casamento em um estádio" que podem lhe parecer familiares.

Você está em um voo, em um assento no corredor. Por ser sua preferência, você tomou o cuidado de reservar seu lugar com meses de antecedência. Assim que está acomodado, já com os fones de ouvido e com seu livro em mãos, uma aeromoça lhe toca no ombro, trazendo-o de volta à terra. Ela pergunta se você não poderia passar para um assento no meio da fileira para acomodar uma família. Obviamente, você quer dizer não, mas a esperançosa família e aqueles que estão nos assentos ao seu redor estão todos observando e esperando a sua resposta. Você se sente sob o holofote. Qual escolha você tem?

Imagine agora que você está participando da habitual reunião de segunda-feira pela manhã na empresa. Você já planejou a sua semana, bem como organizou sua lista de pendências. Quando a reunião está prestes a terminar, seu chefe menciona a festa que haverá no escritório antes do feriado. Ele pede que alguém se voluntarie para organizar o evento, dizendo ainda que todos ajudarão, mas que precisa de alguém na liderança. O olhar do chefe recai sobre você bem no momento em que um colega sugere que você assuma a tarefa, já que no ano passado você se saiu super bem nela. Você já está cheio de compromissos e não precisa adicionar outra tarefa demorada em sua agenda. Mas com o holofote brilhando sobre você, o que poderia fazer?

Em minha pesquisa, deparei-me com centenas de exemplos cotidianos de "momentos de pedido de casamento em um estádio" como esses, situações frequentes que as pessoas se lembram sem qualquer dificuldade. Você deve concordar que os olhos dos moradores locais da Birmânia sobre George Orwell, na expectativa de que atirasse no elefante recém-apreendido, provavelmente fizeram com que ele se sentisse sob a luz do holofote. Você consegue pensar em algum exemplo de quando isso lhe ocorreu? Consegue reviver esse momento e se recordar do que pensou e como se sentiu?

Nessas situações, claramente a resposta que você quer dar é um veemente "não", mas não é fácil fazê-lo. Vimos que "não" é uma resposta social indesejada — um destruidor da harmonia. Certamente, *não* é uma palavra difícil de dizer: queremos proteger nossa reputação e manter nossos relacionamentos. Agora, vamos dar uma olhada no que acontece quando alguém pede que façamos algo. Por que nós sentimos como se vivêssemos um pedido de casamento em um estádio — a sensação de que somos o foco da atenção, inundados por sentimentos negativos de conflito e ansiedade? Ao aprendermos a reconhecer quando tais momentos ocorrem (ou quando estão prestes a ocorrer), podemos minimizar o reflexo do holofote, tornando o ato de dizer não àquilo que não queremos fazer, mais fácil para nós.

Quando Alguém nos Pede Algo

Recentemente, dei um curso executivo sobre liderança para mulheres no qual abordei o "momento de pedido de casamento em um estádio". Durante o curso, fizemos uma pequena encenação. Eu disse a uma participante, "imagine que alguém, talvez seu chefe, tenha lhe pedido para fazer algo, e seu desejo é dizer não". Dei a ela um momento para que pensasse em alguma situação e continuei: "Seus motivos para querer dizer não, sejam pessoais ou profissionais, são legítimos." Fiz gestos com minhas mãos para que um holofote imaginário estivesse brilhando sobre ela, e disse, "você sente o holofote sobre você. Descreva o que está sentindo. Quais são os pensamentos e os sentimentos que passam por sua cabeça?"

A participante respondeu: "eu estaria pensando '*se disser não, decepcionaria a pessoa. Ela pensará que não sou profissional e que não estou comprometida com meu trabalho. E puxa, eu realmente não sei como dizer não a ela.*" Concordei com a cabeça e lhe ofereci um sorriso tranquilizador. O que ela estava sentindo era completamente normal. Passei à minha dinâmica da "pilha fedida de lixo" para demonstrar como essas situações desconfortáveis e difíceis costumam acontecer.

Funciona assim: peço para que o grupo imagine que estou arrastando uma pilha fedida de lixo. Primeiro, aproximo-me de uma mulher e peço, "posso colocar minha pilha fedida de lixo na sua mesa"? Talvez ela diga um enfático "não". Saio de lá e vou até outra mulher. Ela pode balançar a cabeça vigorosamente antes mesmo que eu lhe peça. Com suas mãos para cima, protegendo todo seu corpo, ela pode dizer, "de jeito nenhum!" Mas então, dirijo-me a uma terceira mulher e imploro pela sua ajuda. Ela hesita e concorda fazendo um movimento mínimo com a cabeça. Deposito rapidamente minha pilha imaginária de lixo fedido sobre sua mesa. Fazendo toda uma cena dramática, limpo todos os restos imaginários de lixo que estavam sobre mim e digo, "agora esta é a sua pilha fedida de lixo."

Nesta altura, é comum que o grupo dê uma risada nervosa, reconhecendo três pontos importantes com minha apresentação de um único ato. O primeiro deles é que a sensação de estar sob o holofote é real e pode fazer você concordar com coisas que não quer fazer. O segundo, que minha pilha imaginária de lixo fedido é uma metáfora adequada para todas as coisas que você não quer fazer, mas que aceita simplesmente por não saber como dizer não. Seja porque você se importa com sua reputação ou porque quer manter um bom relacionamento com os outros, ou simplesmente porque não sabe como dizer não, agora é você que tem o lixo sobre a sua mesa. Faço questão de enfatizar a percepção de que quanto mais lixo se acumula, menos você conseguirá discernir o seu próprio caminho, e o seu controle sobre as formas com que você gasta o seu tempo diminuirá. É uma receita infalível para a infelicidade e sobrecarga. O terceiro ponto, e talvez o mais contraintuitivo, é que se você disser não para algo que lhe pedem e que não quer fazer, como as duas primeiras mulheres fizeram, o solicitante apenas se dirigirá à próxima pessoa disponível.

Vejamos agora o que as pesquisas dizem sobre tudo isso e quais insights conseguimos extrair dos cientistas sociais que podem nos ajudar a compreender melhor o fenômeno do pedido de casamento em um estádio.

Colocando-nos em Destaque Dentro de Nossas Próprias Mentes

Para entendermos o que acontece quando uma pessoa lhe pede algo, precisamos compreender a interação entre o ambiente social e a influência que ele exerce, e é necessário entender nossa própria constituição psicológica — em outras palavras, nossos próprios pensamentos e sentimentos, e como esses dois fatores se unem para moldar nossas respostas. A sensação desconfortável que surge quando precisamos dizer não a um pedido é um sentimento intrinsecamente humano que diz menos sobre o pedido em si do que sobre a forma como os outros nos percebem e as consequências de nossa resposta. A atenção que colocamos em nós mesmos na hora em que a demanda acontece está fundamentada em algumas ideias essenciais da psicologia social que lidam com a influência do grupo e os vieses atencionais ou egocêntricos.

Influência Grupal: O Estímulo da Multidão

Abelhas, formigas, vespas e cupins são insetos sociais que vivem em sociedades organizadas, operando com base em normas grupais e influência social que ditam a divisão do trabalho dentro do grupo, o cuidado cooperativo da prole e os arranjos sistemáticos de vida e trabalho na colônia. Esse alto nível de coesão e cooperação grupal é denominado *eussocialidade*, com base na palavra grega *eu*, que significa bom/boa e na palavra latina *socii*, que significa aliados. Quando cada membro se alia e colabora com os outros integrantes do grupo, a maioria das situações é harmoniosa.

Nossas sociedades humanas não diferem muito. Os seres humanos e nossos ancestrais primatas muitas vezes são referenciados como "espécies de vida grupal"[1] ou "animais sociais"[2] por um motivo. É porque os grupos aos quais pertencemos estabelecem as regras e normas que orientam nosso comportamento. As normas sociais são: "as regras ou padrões compreendidos pelos membros de um grupo e que guiam e/ou restringem o comportamento sem que seja necessária a força das leis".[3] Quando fazemos parte de um grupo, precisamos equilibrar nossos próprios desejos egoístas com as necessidades do grupo em nome da sobrevivência coletiva. Uma vez que a cooperação e o pertencimento ao grupo são objetivos valiosos para a maioria das pessoas, ser prestativo é uma norma social. E normas sociais bem-sucedidas promovem ações relacionadas à sobrevivência — adquirir status, afiliar-se aos outros e adquirir alimento ou abrigo.

Desviar-se das normas sociais pode trazer consequências sérias. Lembro-me do filme da Disney, *FormiguinhaZ*, em que a formiga-operária Z Marion-4195 — "Z", como é apelidada — anseia expressar sua própria individualidade. As voltas e reviravoltas da trama revelam consistentemente o modo com o qual as outras formigas tentam fazer com que Z se conforme aos objetivos da colônia. Embora (alerta de *spoiler*) Z acabe se casando com seu verdadeiro amor, a princesa Bala, isso não acontece sem arriscar atrair a ira dos líderes da colônia.

Em sua análise sobre a influência social, os pesquisadores Robert Cialdini e Melanie Trost escrevem: "aqueles que desejam entender totalmente o processo da mudança pessoal, devem compreender, também de forma integral, o processo da influência interpessoal."[4]

Retornando ao nosso contexto de pedidos e recusas, visto que somos socializados para ajudar aos outros, quando alguém nos pede algo, é normativo (leia-se: bom e esperado) que nossa resposta seja positiva como um sinal de cooperação e para garantir o pertencimento ao grupo social. Ao dizermos não, colocamo-nos em risco de isolamento social e de abandono pelo nosso grupo. A cooperação é um comportamento recompensado, mas a recusa, não. Essa ideia está no âmago do best-seller de Cialdini, *Influência*, que é descrita como "um exame da psicologia da concordância (isto é, revelar os fatores que fazem com que alguém diga sim ao pedido de alguém)."

A vasta quantidade de pesquisas sobre a influência do grupo revelam que salientar as consequências sociais da não concordância é uma forma eficaz de obter concordância. Embora o oposto de concordância seja a *não concordância*, esta expressão carrega um significado negativo e sugere rebeldia e desconsideração pelas regras. Mesmo que recusar um pedido seja, por natureza, um comportamento de não concordância, prefiro não pensar nisso de maneira negativa. Em todas as instâncias, você precisa administrar sua reputação e cuidar de seus relacionamentos com os outros, mas não à custa de sua própria felicidade e bem-estar. Encorajo-o a considerar o panorama geral e pensar além da ideia simplista de violação da norma social para considerar as consequências de gastar seu tempo fazendo coisas que não quer fazer apenas porque alguém lhe pediu. Talvez você conheça o best-seller de Dale Carnegie, *Como Fazer Amigos e Influenciar Pessoas*, no qual ele oferece dicas sobre como ganhar popularidade e influência, na maior parte dos casos ao fazer com que as pessoas gostem de você. No entanto, sustento que no contexto de atender a um pedido, é possível que você ultrapasse seus próprios limites tentando fazer com que os outros gostem da sua companhia. A pergunta que precisamos fazer é: *Será que quero ganhar amigos sendo excessivamente influenciados PELAS pessoas?*

Viés Egocêntrico: O Telão em Nossa Mente

Por mais que o nosso desejo de nos conformarmos às normas sociais possa fazer com que dizer não a um pedido seja desconfortável e estressante, nossos próprios pensamentos e sentimentos desempenham um papel importante na maneira como consideramos as recusas. O fenômeno do efeito holofote é um viés egocêntrico no qual as pessoas tendem a acreditar que estão ganhando mais atenção do que de fato estão.[5] Temos a tendência de superestimar a extensão à qual os outros percebem e avaliam nossa aparência, nosso desempenho e nossas mancadas — como se o holofote estivesse brilhando sobre nós. Para demonstrar tal efeito, os pesquisadores pediram a alguns participantes que vestissem uma camiseta amarelo florescente com o rosto de Barry Manilow estampado em enormes proporções e entrassem em uma sala de aula repleta de alunos. A outros participantes, pediram que usassem uma camisa branca comum e que entrassem em uma sala parecida. Sob o pretexto de ser um teste de memória, eles pediram aos participantes que estimassem quantas pessoas na sala se lembrariam da camiseta. No caso da camiseta com Barry Manilow, incomum e um tanto constrangedora, os participantes superestimaram drasticamente quantas pessoas se lembrariam da camiseta em comparação com a camisa comum. Os julgamentos das próprias pessoas sobre o quanto a camiseta era constrangedora ou o quanto chamava a atenção afetaram suas estimativas sobre como os outros as perceberiam.

Há inúmeros outros estudos documentando os vieses egocêntricos. Quando trabalhamos em um projeto, é comum acreditarmos que nós contribuímos mais para seu sucesso do que os outros.[6] Quando vemos um grupo de colegas dando risadinhas no refeitório, temos a certeza de que estão fofocando sobre nós.[7] Quando não estamos preparados para uma reunião ou aula, ficamos convencidos de que nosso nome será convocado naquele dia.[8] Esse último exemplo é chamado de *viés do eu como alvo* e pode explicar muito bem o surgimento repentino de dores estomacais ou de cabeça quando queremos evitar uma aula ou uma reunião para a qual não estamos preparados.

Esses vieses egocêntricos podem resultar em uma ansiedade social. Quando exageramos a atenção que sentimos sobre nós, experienciamos emoções negativas como constrangimento, ansiedade e medo. Como veremos em breve, o foco atencional que vivenciamos apenas por alguém nos pedir para fazermos alguma coisa que não queremos fazer, pode nos dar a sensação de estarmos no centro das atenções, assim como é capaz de evocar sentimentos de desconforto, antecipação de conflito, medo do constrangimento e a preocupação de decepcionar a outra pessoa. Gosto particularmente da forma como a autora Martha Beck descreve as consequências desses sentimentos de ansiedade social em *O, The Oprah Magazine.*[9] Ela escreveu: "No feixe dos holofotes imaginários, muitos de nós sofrem uma vergonha incalculável e criam para si vidas menores, mais fracas e menos completas do que merecem viver. Aterrorizados com as fofocas que os vizinhos podem gerar, com o desprezo que os críticos podem oferecer, com a possibilidade da carta de amor cair nas mãos de blogueiros maldosos, nós nunca sequer nos permitimos liberar nossa mente para explorar aquilo que nosso coração pode estar nos convocando a realizar. Tais esforços para evitar o constrangimento normalmente nos impedem de imaginarmos, quem dirá cumprirmos, a totalidade do nosso destino."

Quando É um Pedido que Você Quer Recusar

Para entendermos como é a sensação de vivenciar um "momento de pedido de casamento em um estádio", conduzi alguns experimentos. Em um estudo, distribuí aleatoriamente alunos de graduação em grupos e pedi para imaginarem que aquele tinha sido um semestre bem corrido, e que aquela tinha sido uma semana particularmente agitada com projetos e prazos para cumprir na faculdade. É um cenário com o qual a maioria dos graduandos consegue se identificar. Depois, dizíamos a eles que era como se estivessem sentindo uma grande expectativa em relação às férias que tanto esperavam. Na sexta-feira à noite, saíram com os amigos. Na época desse estudo, Sarah, uma amiga minha, mencionou que estava buscando voluntários para realizarem ligações a potenciais doadores e patrocinadores para uma caridade pela qual ela era apaixonada e perguntou a eles se poderiam fazer entre 20 e 25 ligações para ajudá-la durante as duas semanas seguintes. Todos os participantes do estudo não tinham dúvidas de que essa não era a forma que desejavam passar o tempo livre durante as férias. Ou seja, estava claro que esse era um pedido ao qual a resposta deles deveria ser um não.

Em seguida, variei algumas informações dentro desses cenários. Mudei a forma como a situação social na qual estavam seria descrita. Um grupo de participantes (o grupo do Pedido Social) leu que, quando Sarah fez o pedido para realizarem ligações como voluntários, ela fez isso na frente do grupo todo de amigos e que todos eles haviam concordado em ajudar. O outro grupo (do Pedido Individual) leu que Sarah estava sozinha na mesa quando chegaram ao restaurante e ela lhes pediu ajuda.

Com base na pesquisa de psicologia social que descrevi, eu tinha uma hipótese simples de que a interação entre a situação social (o Pedido Social versus o Pedido Individual), atrelada aos pensamentos e sentimentos da própria pessoa quanto à situação, determinaria o sentimento de estar sob o holofote e a intensidade das emoções negativas que sentiriam. Depois que os participantes leram os cenários, pedi para que relatassem suas experiências por meio de diversas perguntas em um questionário.[10] Primeiro, eu quis comparar até que ponto sentiam ser o foco da atenção (veja a Figura 2.1). Fiz isso por meio de três perguntas: até que ponto sente que todos estão prestando atenção em você? Até que ponto sente que todos os olhares a sua volta estão esperando por uma resposta? Até que ponto sente que os outros esperavam que você respondesse sim para ajudar Sarah? Essas perguntas foram avaliadas a partir de uma escala de 1 a 7, em que 1 = de jeito nenhum e 7 = totalmente. Sendo assim, os números mais altos sugeriam que a pessoa se sentia mais como o centro das atenções, enquanto os números menores sugeriam uma menor identificação com essa posição. O gráfico mostra que todas as pessoas reportaram que se sentiram no centro das atenções (nenhuma surpresa, considerando que o pedido foi feito inesperadamente e que todos queriam dizer não a ele), mas em graus variantes.

Além disso, quando o pedido foi social, tanto os homens quanto as mulheres se sentiram no centro das atenções, possivelmente porque todos no grupo haviam concordado em ajudar e, desse modo, eles se sentiram coagidos a levar em consideração a expectativa do grupo. Independentemente de gênero, se há outras pessoas esperando uma certa resposta ou incitando você em determinada direção, é difícil recusar. Você não vai querer arriscar seu relacionamento com os outros, especialmente se existem conhecidos entre eles e se você está preocupado com sua reputação.

No entanto, ao observarmos os dados do pedido individual, vemos que as mulheres sentiram um foco atencional mais forte em comparação aos homens. Vejamos as emoções correspondentes antes de interpretarmos tal descoberta curiosa.

Figura 2.1

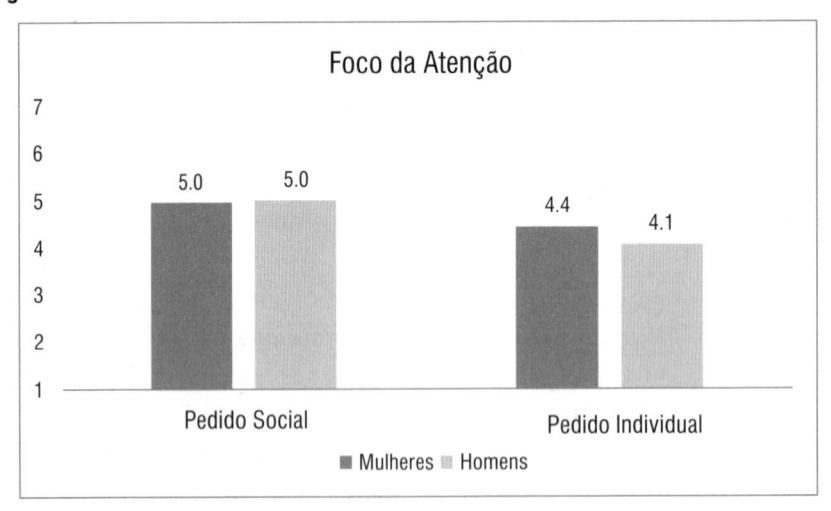

Pedi aos participantes que relatassem o quanto se sentiam desconfortáveis, em conflito e encurralados diante dessa situação. Quando examinamos a intensidade dessas emoções negativas (combinadas em uma escala única, 1 = de jeito nenhum; 7 = totalmente; veja a Figura 2.2), descobrimos que dizer não é algo carregado de negatividade. Todos os participantes relataram se sentir desconfortáveis, em conflito e encurralados, porém, novamente, em graus variantes. As mulheres tendem a sentir emoções negativas intensas (números mais altos na escala) em maior grau, independentemente de o pedido ter sido social ou individual. Os homens sentem mais emoções negativas intensas quando estão em uma situação social, mas menos quando o pedido é feito em particular.

De forma geral, o sentimento de estar sob o holofote é caracterizado por se sentir como o centro das atenções, e quando uma pessoa faz parte de um grupo e quer dizer não, ela experiencia emoções negativas de maneira mais acentuada se compararmos aos momentos nos quais o pedido é feito de maneira privada. Contudo, para as mulheres, não importa se o pedido é feito em contextos sociais ou individuais, elas tendem a sentir que são o foco da atenção e a sentir emoções igualmente intensas em ambas as situações.

Figura 2.2

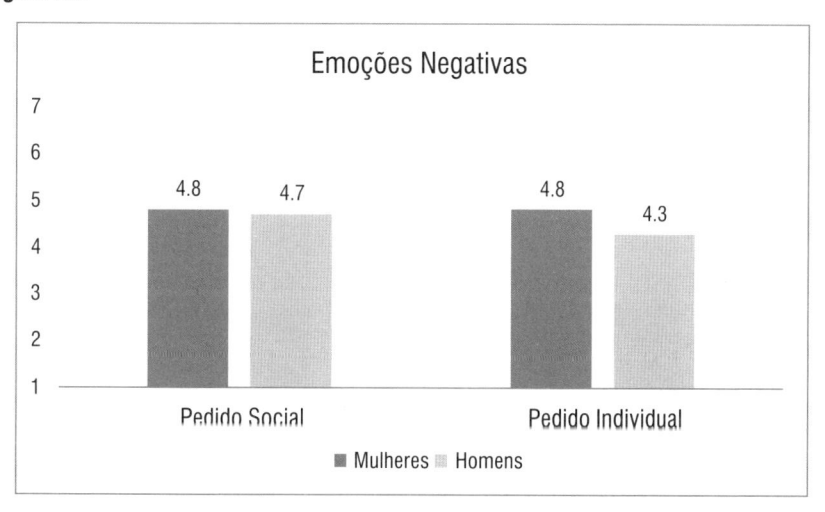

O outro tópico que quis avaliar é como esse sentimento de estar sob o holofote orienta a resposta do participante em relação ao pedido real. Perguntei às pessoas o quão obrigadas (Figura 2.3) se sentiriam em ajudar Sarah e o quão culpadas (Figura 2.4) se sentiriam caso não a ajudassem. Quando o pedido foi feito em grupo, tanto homens quanto mulheres se sentiram igualmente obrigados a ajudar Sarah e culpados caso não o fizessem. As diferenças entre a forma como os homens e as mulheres se sentiram dependeu do contexto — se foi um pedido social ou individual. As mulheres se sentiram tão obrigadas e culpadas quando o pedido foi feito individualmente quanto coletivamente. Em contraste, os homens se sentiram muito menos obrigados e culpados quando foi um pedido individual.

Os dados parecem sugerir que as mulheres correm muito mais risco de dizer sim quando querem dizer não. Elas sentem um foco atencional mais forte, emoções negativas mais intensas e um sentimento maior de obrigação em ajudar, assim como uma culpa maior por não fazê-lo. Realmente, seja um pedido social ou individual, o holofote que as mulheres inventam é igualmente intenso em ambas as opções. É como se elas não apenas imaginassem o holofote, mas também evocassem um grupo imaginário de observadores, tornando a situação muito mais estressante e aumentando sua probabilidade de dizer sim ao pedido.

Figura 2.3

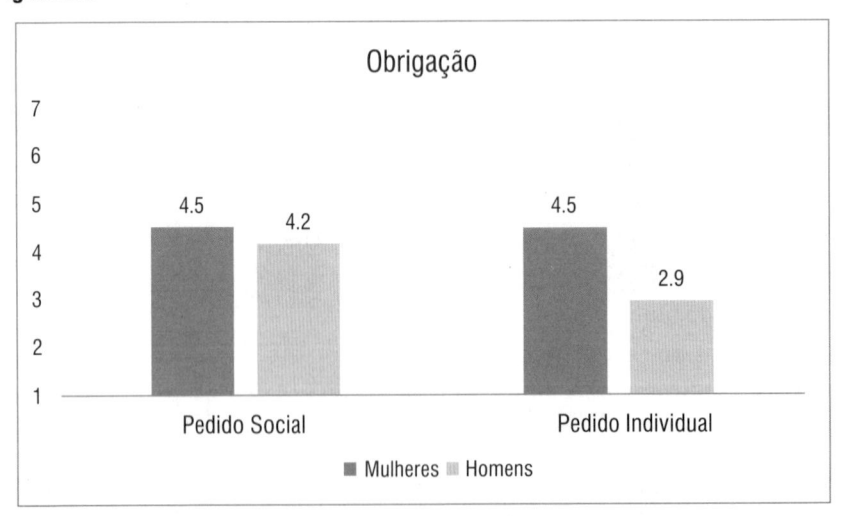

Figure 2.4

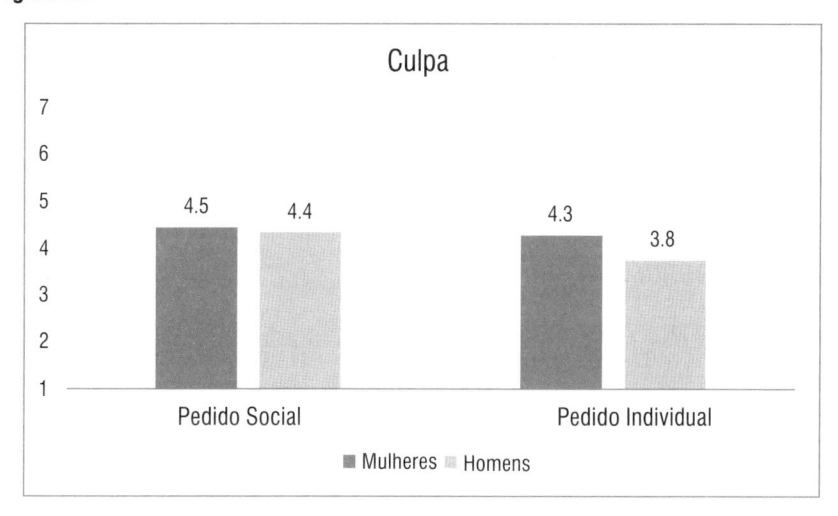

Tal descoberta é consistente com as pesquisas sobre comportamento organizacional que mostram que as mulheres têm mais chances de dizer sim a pedidos no ambiente de trabalho do que os homens.[11] Talvez um dado ainda mais preocupante venha das pesquisas relacionadas a essa, que mostram que as mulheres estão mais sujeitas a receberem pedidos para que se voluntariem — e também que aceitem — a tarefas ingratas com baixo potencial de promoções.[12] Em outras palavras, há mais chances de que as mulheres aceitem as tarefas de limpeza do espaço de trabalho que ninguém quer fazer, como limpar a geladeira da cozinha compartilhada ou organizar uma festa do escritório, que podem levar horas para serem realizadas e não oferecem nenhum tipo de reconhecimento ou recompensa. Como um aparte, compartilhar esse fato em meus cursos faz com que as estudantes concordem com a cabeça e acenem em decepção.

Vejamos agora como os participantes do estudo responderam à demanda de voluntariado. Solicitei que escrevessem "as palavras exatas que você usaria para responder ao pedido de Sarah". Depois de registrarem a resposta, pedi que descrevessem seus "pensamentos e sentimentos sobre a situação com o máximo de detalhes possível". Houve três categorias de respostas:

1. A recusa assertiva
2. Dizer sim quando você quer dizer não
3. Diferentes tipos de não

Analisar as respostas escritas foi um exercício que abriu meus olhos. Vejamos o que aconteceu em cada grupo.

A recusa assertiva

Um grupo de pessoas simplesmente disse não. Elas usaram palavras que transmitiam uma resposta negativa clara e assertiva, no entanto, esse grupo não era a maioria. Um não claro apareceu de algumas formas: "desculpe, não é a minha praia, e prefiro não fazer isso. Mas espero que dê tudo certo!"; "Realmente gostaria de ajudar, mas tenho outros compromissos"; "Ah, acho que vou passar, prefiro não participar". Seus pensamentos e sentimentos deram o suporte para suas palavras.

Os outros dois grupos tiveram muito mais nuances, e há muito mais a aprender com eles.

Dizer sim quando você quer dizer não

Apesar de a tarefa ter sido descrita como algo que as pessoas não queriam fazer durante as férias, houve um grupo que disse sim quando queria ter dito não. O interessante nesse caso é que, embora suas respostas tenham sido prestativas e em concordância, o que se passava em suas mentes e como justificaram suas respostas foi bastante revelador.

Por mais que tenham respondido com uma típica postura de concordância, dizendo: "Com certeza! Adoraria ajudar o seu projeto" ou "Sim, pode contar totalmente comigo", elas também se sentiam ressentidas em relação à outra pessoa ou, justificando sua decisão, tentavam encontrar maneiras de se sentirem melhor. Como dissemos antes, os dados refletem uma quantidade significativa de evidências de que as pessoas disseram sim para proteger a própria reputação ("não quero que os outros pensem que sou uma má pessoa") e para administrar seu relacionamento com Sarah de um modo que ele parecesse mais cooperativo e amigável ("não importa o que a pessoa esteja me pedindo, eu penso no quanto isso deve significar para ela").

Em 1974, os pesquisadores Chris Argyris e Donald Schön desenvolveram uma ferramenta para revelar o diálogo interno que travamos com nós mesmos no momento em que estamos nos envolvendo com outras pessoas.[13] Durante uma interação interpessoal, duas conversas podem estar ocorrendo. Uma usa palavras e é uma conversa explícita entre duas ou mais pessoas. A outra consiste nos pensamentos e sentimentos que ocorrem na mente e no coração daqueles que estão conversando. Argyris e Schön pediram a alguns participantes que dividissem uma página em duas colunas, o lado direito era a conversa ou as palavras que estavam sendo ditas e o esquerdo era o que a pessoa estava sentindo e pensando. Ao fazer uso dessa ferramenta para analisar os dados referentes a es/te estudo, descobri que, embora as palavras que as pessoas dizem transmitam uma resposta positiva, suas mentes estão lidando com um turbilhão de emoções negativas, preocupações com sua reputação e com seus relacionamentos, e com uma busca desesperada para encontrar as justificativas de seus "sins" de modo que possam conviver consigo mesmos. Por exemplo, talvez alguém diga à outra pessoa, "claro, fico feliz em ajudar" enquanto dentro de si, ela está pensando: "não gosto dessa pressão que sinto para dizer sim"; "esta situação é, no mínimo, estressante; não gosto de ficar na berlinda"; "sinto como se fosse obrigado a ajudar ou a dizer sim"; ou "não sou muito bom em interações pelo telefone, prefiro o olho no olho".

Algo traiçoeiro, mas extremamente comum de acontecer é que tentamos justificar nossa resposta para nos sentirmos melhor. Posteriormente, neste livro, mergulharemos na operação do sistema imunológico psicológico que nos ajuda a lidar com as experiências negativas e a nos recuperarmos delas. Por hora, é suficiente dizer que esse sistema é ótimo para desenvolver resiliência e capacidade de enfrentamento das coisas ruins que podem acontecer em nossas vidas, no entanto, ele também nos impede de aprender com nossos erros. Em nossa mente, convivemos com o pensamento constante da autojustificação. Costumamos dizer algo do tipo a nós mesmos: *são apenas vinte ligações no fim das contas, e se eu as dividir em cinco dias, consigo me organizar e assim ajudo a minha amiga.* Infelizmente, a autojustificação não nos faz aprender; ela apenas nos torna mais propensos a repetirmos o mesmo erro no futuro.

As diferentes nuances do não

A maioria dos participantes não disse um "não" diretamente, mas tentou amenizar a rigidez de uma resposta negativa assertiva. Vejamos as diferentes nuances do não.

Alguns amenizam a rigidez de uma resposta negativa com adulação e afeto. Evidentemente, essa é uma estratégia mais fácil de se apoiar quando é direcionada às pessoas que você conhece bem e com as quais tem familiaridade. Por exemplo, você pode sorrir por alguns segundos para Sarah, elogiá-la por sua iniciativa e dizer que admira a forma como ela escolheu dedicar o seu tempo. Depois dessa infusão de energia positiva na conversa, é mais fácil dizer não. Descontraindo o ambiente, você também consegue se desviar do holofote ao mesmo tempo em que não arrisca o seu relacionamento com a outra pessoa.

Outros arrumam alguma desculpa para justificar por que não podem ajudar no momento. De fato, minha análise mostra que usar desculpas parece ser a maneira padrão de negar um pedido. Com certa frequência, negamos alguma coisa usando uma desculpa qualquer. É bastante provável que nós sejamos ensinados a dar desculpas porque isso parece ser mais educado do que explicar os reais motivos pelos quais não podemos ajudar. As desculpas são como curativos: soluções temporárias que funcionam no momento, mas que não impedem a pessoa de voltar com o mesmo pedido pouco tempo depois. Aprofundaremos esse tópico mais adiante.

A partir dos dados, parece que as pessoas normalmente não dão uma resposta negativa concreta. Elas permanecem em uma zona cinzenta entre o sim e o não. A proposta do meio-termo é chegar a um acordo com a outra pessoa, enquanto um "não" meia-boca é apenas um sim disfarçado de não. Um meio-termo acontece mais ou menos assim: "hum... não sei se tenho tempo para fazer vinte ligações, mas quem sabe consigo dez. Pode ser?" Enquanto um não meia-boca pode soar assim: "provavelmente eu não sou a melhor pessoa para fazer ligações em busca de doadores para você, mas se quiser que eu faça isso, vou te ajudar." Claramente, esses dois tipos de recusas são ineficazes, porque provavelmente resultarão em você fazendo pelo menos um pouco do que não queria fazer. Muito embora pareça ser a coisa certa, essa posição intermediária não o ajuda, tampouco ajuda a quem lhe fez o pedido.

O que analisaremos em seguida são as diferentes maneiras de reconhecer o holofote, regular o seu brilho e lidar com a pressão social autoproduzida. O objetivo do exercício — e a promessa deste livro — não é se sentir pressionado, desamparado e sem controle, mas estar no comando de sua própria vida. Aprender a dizer um não empoderado resulta de sua identidade ao refletir seus valores e prioridades, e mantém tanto sua reputação quanto seus relacionamentos.

O "Momento de Pedido de Casamento em um Estádio" Requer Triagem

Triagem é uma abordagem de solução de problemas que foi desenvolvida para ajudar os profissionais de medicina a categorizar as pessoas feridas depois de uma batalha. Os soldados feridos eram divididos em três grupos: aqueles que sobreviveriam sem assistência média imediata, aqueles que provavelmente morreriam mesmo se recebessem atenção médica e aqueles a quem o atendimento médico poderia representar uma questão de vida ou morte. Hoje, já estabelecida como um procedimento padrão nas emergências hospitalares, a triagem tem seu foco no último grupo, aquele no qual a atenção médica exerce o maior impacto. Quando os recursos são escassos, como acontece em uma ala de emergência, você precisa tomar decisões difíceis. Por exemplo, mesmo se houver um adolescente chorando e um bebê assustado por testemunharem uma batida de carro e que estão em situação de choque, o foco da atenção precisa ser direcionado ao paciente gravemente ferido que esteve envolvido no acidente e que pode sobreviver caso receba ajuda médica rapidamente.

Sendo assim, como fazemos a triagem de uma situação para regularmos com maior eficiência a incidência do holofote? Existem três estratégias: 1) esteja preparado; 2) disperse o holofote; e 3) aguente o holofote. Em cada uma delas existem diversas maneiras de tal estratégia ser implementada. Convido você a testá-las, a adaptá-las à sua necessidade e a desenvolver a sua própria maneira de regular o holofote.

Esteja preparado

O sentimento de estar sob o holofote é exacerbado em situações que são desconhecidas, inesperadas ou atípicas. Se você conseguir prever quando um pedido indesejado lhe será feito (mesmo que não saiba o que é), talvez você se encontre em uma posição melhor para enfraquecer o holofote ou até mesmo fazê-lo desaparecer.

Com sorte, você receberá um aviso de um amigo ou colega sobre um pedido iminente. Em um estudo semelhante àquele dos alunos de graduação, algumas pessoas leram que um amigo lhes deu um toque com antecedência de que Sarah viria até eles com uma demanda. O fato é que quando estavam preparados para o pedido, o brilho do holofote atencional diminuiu um pouco. Ter uma rede de pessoas que o manterão informado pode ser de grande ajuda. Se você sabe que alguém lhe pedirá para fazer alguma coisa, prepare a sua resposta. Ensaie o que dirá ou pratique conversando com um amigo ou familiar para ver se sua resposta soa empoderada ou não. Até o fim deste livro, eu irei ajudá-lo a garantir, por meio das palavras que você usa e da sua linguagem corporal, que você alcance uma recusa empoderada.

Às vezes, estar preparado pode simplesmente ser a consequência de reconhecer suas próprias preferências. Se você tem certeza sobre os seus valores e prioridades, e um pedido que não se alinha com eles surge no seu caminho, você tem mais recursos para recusá-lo. Uma das coisas que você aprenderá neste livro é que uma das competências da recusa empoderada pressupõe o desenvolvimento de normas pessoais — regras simples para si mesmo que decorrem da sua identidade e refletem os seus valores e prioridades. Quando sua recusa se fundamenta em uma norma pessoal que reverbera os seus valores e prioridades, você está melhor equipado para dizer não.

Em um mundo ideal de completa transparência, é possível imaginar que ninguém lhe pediria alguma coisa sabendo que você não quer fazê-la, porque todos já sabem de antemão que a sua resposta será não. O exemplo mais próximo disso que encontrei é uma carta padronizada que o crítico literário e social Edmund Wilson enviava em resposta à quantidade cada vez maior de correspondência que estava recebendo.

Wilson não duvidava do quanto era comprometido com sua própria escrita e com o trabalho de edição para *Vanity Fair, The New Yorker* e *The New Republic,* e reconheceu que os pedidos que andava recebendo o afastavam dessas prioridades. Sua carta padronizada listava dezoito coisas em dois grupos de listas que (infelizmente) ele não conseguiria atender de jeito nenhum. A primeira lista incluía coisas que ele não faria sem remuneração, como "ler manuscritos", "julgar concursos literários" ou "palestrar em reuniões". Na sequência, a segunda lista declarava categoricamente as coisas que não faria sob qualquer circunstância, como "autografar livros para estranhos", "fornecer informações sobre si mesmo" ou "atender pessoas desconhecidas que aparentemente não tenham nada a ver com ele".

Basta dizer que seu foco inabalável e seu conjunto bem definido de prioridades permitiram que ele realizasse o trabalho que lhe concedeu a Medalha Presidencial da Liberdade e a Medalha Nacional de Literatura, nos EUA. Quando falarmos sobre as normas pessoais, usaremos o exemplo de Edmund Wilson como inspiração para criar nosso próprio conjunto de regras fundamentadas em nossos valores e prioridades, que nos darão os meios pelos quais decidir quais pedidos concordaremos em aceitar e quais, não.

Disperse o holofote

A palavra *decidir* tem raízes latinas similares a palavras como *suicídio* e *homicídio*. Decidir vem da palavra latina *decidere*, que é uma combinação de duas palavras: *de* = "fora" + *caedere* = "cortar". Decidir significa literalmente cortar tudo fora, exceto aquilo que mais importa. Desta forma, decidir engloba "matar as alternativas" e, às vezes, o que precisamos é ter tempo para fazer isso. Reflita sobre as suas decisões durante o tempo que for necessário, pois tomar boas decisões é um fator essencial para a produtividade.

Em meu escritório, tenho um livrinho vermelho que fica sempre no meu campo de visão. Foi escrito por Elizabeth Cogswell Baskin e é intitulado *Hell, Yes!: Two Little Words for a Simpler, Happier Life* [Sem publicação no Brasil]. A lição dessa obra é simples: se não for um "claro que sim", então será um "claro que não". Para mim, o livro serve como um lembrete visual para que eu não duvide de que a decisão sobre o que dizer sim é minha e que posso, assim como devo, tomar o tempo que for preciso para pensar antes de responder a um pedido. Na maioria das vezes, se alguém entra em meu escritório com um pedido, a pessoa não receberá minha resposta definitiva na hora, a menos que eu tenha certeza de que ela será um "claro que sim!"

Quem sabe você pode até pensar em fazer uma lista ao estilo daquela de Edmund Wilson e colocá-la em sua mesa ou ao lado do seu computador. Mecanismos visuais dotados de significado podem funcionar como dispositivos úteis que intercedem a nosso favor para termos mais firmeza no que valorizamos e priorizamos, e também para nos lembrar sobre o que importa ou não.

Outra forma de dispersar o holofote é fazer uma reflexão dos cenários. Pergunte-se: *o que acontecerá se eu disser não?* E, talvez mais importante, *o que acontecerá se eu disser sim?* Quando você está sob o holofote, parece impossível dizer não. Analisaremos posteriormente os elementos que constituem a reflexão dos cenários: a noção dos custos de oportunidade e o uso de listas com prós e contras. Mas considere o seguinte: se você disse sim, será que não acabou de aceitar uma pilha fedida de lixo? E se você apenas disser não, o que provavelmente acontecerá? Possivelmente, o holofote sairá de você e recairá sobre outra pessoa.

Outra tática útil para dispersar o holofote é imaginar que você está dando conselhos a um amigo. O que o aconselharia a fazer nesse mesmo cenário? Quando você se distancia emocionalmente de uma situação difícil, consegue enxergá-la com mais clareza. Por exemplo, pode ser que você relembre ao seu amigo que se ele disser sim a algo que não quer fazer, talvez estará privando alguém de uma oportunidade que é "claro que sim" para ela. Sendo assim, talvez você ainda possa ajudar algum amigo a redirecionar o holofote para outra pessoa, uma que dirá um "claro que sim" para tal tarefa.

Lembra-se da pilha de lixo? Você pode dizer ao seu amigo que se ele apenas disser não, eu procurarei uma pessoa diferente para entregar o lixo. E, talvez, o que parece uma pilha fedida de lixo para um, pode significar um ramo de rosas cheirosas para outro.

Aguente o holofote

Em algumas situações, você precisa aguentar o holofote e se manter firme. Caso seja algo importante para você, pode juntar coragem e não arredar mesmo que o holofote esteja brilhando sobre os seus olhos e ficando mais forte a cada segundo. Em minha pesquisa, observei que pessoas com a habilidade de dizer não mais prontamente são aquelas que reconheceram a semelhança da situação em que se encontravam com outras situações do passado. No momento em que você reflete a respeito das vezes em que disse sim quando queria ter dito não e aprende com esses exemplos, você está mais capacitado para aguentar o holofote e resistir à pressão.

Recordo-me do que a escritora Audre Lorde observou sobre o enfrentamento de desafios: "às vezes somos abençoados por podermos escolher o tempo, o local e a maneira de nossa revolução, contudo, mais comumente, devemos batalhar no lugar onde nos encontramos agora."[14]

Uma recusa empoderada notável e famosa é a história de Rosa Parks — a corajosa mulher que se recusou a ceder seu assento para um homem branco em um ônibus municipal de Montgomery, Alabama, no dia 1 de dezembro de 1955. Essa única ação foi responsável por galvanizar o Movimento dos Direitos Civis nos EUA. Vale a pena contemplarmos os detalhes do que de fato ocorreu naquele ônibus.

Ao sair do trabalho, Rosa Parks foi até o ponto para pegar seu costumeiro ônibus de volta para casa. Ao pagar a tarifa, ela reconheceu o motorista como sendo o homem que a havia expulsado do ônibus há mais de uma década, em 1943. Parks então se encaminhou até um assento vago e suspirou, desejando não ter pego aquele ônibus em particular ou que não houvesse notado o motorista antes de subir. Quando o condutor disse a ela e a alguns outros passageiros para que desocupassem seus assentos, outros se levantaram, mas ela permaneceu sentada. O motorista lhe disse novamente para sair de seu lugar, recusando-se a conduzir o ônibus até que ela se levantasse. Imagine o clarão do holofote que Rosa Parks teve que suportar. Depois de um longo dia de trabalho, tudo que as pessoas queriam era chegar em casa, assim os olhares exasperados dos outros passageiros que a encaravam — tanto de pessoas negras como brancas — eram provavelmente inevitáveis.

Rosa Parks precisava escolher: obedecer a ordem do motorista, como havia feito anos atrás, ou manter-se firme e recusar. Como descreveu em sua autobiografia, *My Story* [sem publicação no Brasil], ela estava ansiosa, preocupada e em conflito, sem saber o que aconteceria depois dali. Em suas palavras: "enquanto estava sentada, tentei não pensar sobre o que poderia acontecer. Sabia que tudo era possível. Poderia ser maltratada ou até apanhar. Poderia ser presa. As pessoas me perguntam se passou pela minha cabeça o fato de que talvez eu fosse o precedente que a NAACP vinha procurando. Isso sequer me ocorreu. Na verdade, se eu tivesse me permitido pensar mais profundamente sobre o que poderia acontecer comigo, acho que teria descido do ônibus. Mas escolhi ficar."

Se você analisar a recusa empoderada de Rosa Parks sob a perspectiva do "momento de pedido de casamento em um estádio", verá que ela tinha muito mais elementos contra si do que a favor. Era uma mulher preta desobedecendo os comandos de um motorista branco no Deep South dos EUA, na década de 1950. Outros, incluindo homens, simplesmente se levantaram e liberaram seus assentos, porém, ela não. Estava tarde, provavelmente escurecendo e perto do horário do jantar, e era ela quem impedia o ônibus de seguir adiante. Pessoas exasperadas começaram a descer do ônibus, pedindo por baldeações para que pudessem continuar o trajeto até as suas casas. É provável que ela soubesse que estava sendo um inconveniente para muitas daquelas pessoas e sentiu a pressão social para obedecer.

O que fez com que ela se mantivesse firme em sua posição? Talvez, o fato de ter reconhecido o motorista e ter revivido o incidente de 1943 fez com que percebesse que precisava defender a sua posição. Posteriormente, ela escreveu que a situação fez com que se lembrasse de seu avô e de todos os temores com os quais haviam convivido por anos. Ela não permitiu que alguns olhares raivosos e um céu escurecido a impedissem de defender aquilo em que acreditava. Ela precisava se concentrar no panorama geral. Em sua autobiografia, escreveu: "não estava fisicamente cansada, ou, não estava mais cansada do que geralmente me sentia no fim de um dia de trabalho. Não era velha, embora alguns tenham essa imagem de mim naquela época. Tinha 42 anos. Não, eu só estava cansada de ceder." Sua força veio da superação de seus medos.

Ela também escreveu, "você nunca deve ter medo do que você é, quando está certo."

Agora que você reconhece as situações que fazem com que o brilho do holofote e as emoções que o acompanham pareçam mais intensos, já pode começar a controlar sua resposta aos "momentos de pedido de casamento em um estádio" em sua vida através de três estratégias amplas:

- ➤ Esteja preparado: invista em uma rede de contatos, prepare suas respostas com base em seus valores e prioridades e compartilhe-as.
- ➤ Disperse o holofote: implemente o adiamento estratégico e a reflexão de cenários, e se imagine aconselhando a um amigo nas mesmas circunstâncias.
- ➤ Mantenha-se firme e resista à pressão.

Lembre-se, a ideia aqui é concentrar seu talento e energia nas poucas situações em que você poderá realmente fazer uma diferença para si mesmo. Desenvolva a habilidade de se afastar de todas as outras situações que possam consumir seu tempo e energia — por mais dignas que sejam. Se achar que isso é difícil, tenha em mente a sábia observação do autor Robin Sharma: "todas as mudanças são difíceis no início, bagunçadas no meio e lindíssimas no fim."

Nesta altura, espero que você concorde que há uma preponderância de evidências indicando que é difícil recusar um pedido, e que a sensação de estar sob o holofote é real. Agora, vamos mergulhar na arte (e na ciência) da recusa empoderada.

CAPÍTULO 3

A Arte (e a Ciência)
da Recusa Empoderada

O balé norte-americano estava dando seus primeiros passos no início da década de 1990. De fato, na época, as palavras *norte-americano* e *balé* não combinavam. As produções norte-americanas de balé tinham dificuldades para competir com suas contrapartes em Paris ou Moscou. Na verdade, para conquistar o mínimo de interesse do público, era preciso que a apresentação de balé fosse originada, ou pelo menos que *parecesse* ser originada, na Europa. Nada diferente disso adiantaria. A maioria das dançarinas de balé, especialmente aquelas que chegaram ao status de *prima ballerina* (primeira bailarina), eram de origem francesa ou russa.

No balé, como em muitas coisas da vida, a origem é importante. A procedência das coisas nos ajuda a considerá-las autênticas. Queremos que nosso uísque seja escocês, que nossos relógios sejam produzidos na Suíça, que nossas jaquetas de couro sejam italianas e que nosso vinho frisante comemorativo seja de Champagne.

Todavia, o destino desconhece a geografia. As bailarinas podem nascer em qualquer lugar. Elizabeth Marie Tall Chief[1], futura primeira bailarina do New York City Ballet, nasceu em Fairfax, Oklahoma, EUA, em uma reserva indígena Osage; seu pai, Alexander Joseph Tall Chief, era indígena Osage, e sua mãe, Ruth Porter, tinha ascendência irlandesa. Quando eram crianças, Betty Marie, como era chamada na época, e sua irmã Marjorie cantavam e dançavam canções indígenas nos eventos e feiras da comunidade para celebrar suas raízes.

Betty Marie havia começado a fazer aulas de balé no subsolo de um hotel local quando tinha apenas 3 anos de idade. Não demorou até que se destacasse de suas colegas de mesma idade e mostrasse ser uma promessa extraordinária. Reconhecendo o talento de suas duas filhas, Ruth se mudou com a família para Los Angeles para que as meninas pudessem ter oportunidades melhores de aprender com instrutoras profissionais. Depois de concluir o ensino médio no Beverly Hills High, Betty Marie se mudou para Nova York e entrou para o Ballet Russe de Monte Carlo, um grupo de balé predominantemente russo, onde iniciou sua carreira como dançarina profissional.

As coisas pareciam estar indo razoavelmente bem para Betty Marie, apesar das brigas e dos pequenos rancores entre as dançarinas norte-americanas e russas. A hostilidade chegou a outro patamar quando Betty Marie foi selecionada para um papel central em um balé. Apesar de suas apresentações primorosas, suas colegas dançarinas não conseguiam superar o fato de ela ser descendente indígena e dificultaram bastante sua vida.

Ainda assim, durante quase a década inteira de 1940, ela se tornou uma das estrelas do Ballet Russe e foi a primeira *prima ballerina* do New York City Ballet. Mas essa transição não foi exatamente muito tranquila. A maior barreira que enfrentava era algo que não podia mudar: quem ela era. Tinha o talento necessário para o sucesso, contudo, no que se referia ao mundo do balé profissional, ela tinha o nome errado, uma aparência atípica e uma identidade incomum.

De fato, o diretor do Ballet Russe já havia lhe aconselhado logo no início a mudar seu sobrenome para Tallchieva, algo mais russo. Em uma cultura do balé dominada por europeus, não surpreende o fato de que pediram a Maria Tallchief que "se enquadrasse".

"Jamais," disse Maria Tallchief orgulhosamente em resposta à tal tentativa de "encobrir" sua identidade.

Em seu livro *Covering* [sem publicação no Brasil], o professor de direito em Harvard, Kenji Yoshino, diz que "todo mundo encobre" a identidade. Quando nossas identidades sociais são vistas com desfavoráveis, nós as atenuamos. Por exemplo, alguém pode evitar usar um enfeite tradicional na cabeça, esconder uma deformidade física ou mudar um nome para esconder a cultura. Encobrir normalmente envolve camuflar um aspecto de quem você é para ganhar a aprovação dos outros.[2]

Na indústria do entretenimento, não é incomum escolher um nome artístico. Afinal, Marilyn Monroe nasceu Norma Jeane Mortenson. Kirk Douglas usava o nome Issur Danielovitch Demsky para se inscrever em audições. Posteriormente, Tallchief acabou concordando em mudar seu primeiro nome, de Betty Marie para Maria, mas insistiu em manter intacta sua tradição Osage. Ninguém teria pestanejado se ela também houvesse adotado o nome Tallchieva, mas quase quinze anos depois, em um evento no Kennedy Center para celebrar sua ilustre carreira como dançarina, Maria Tallchief relembrou vividamente o quanto honrar sua cultura era importante para ela. Enquanto narrava sua história, disse à plateia que a companhia de balé não previu que ela recusaria a mudança de nome e que já havia, de fato, impresso "Tallchieva" na parte interna de todas as suas roupas.

O nome de uma pessoa está intrinsecamente vinculado à sua identidade. Maria confiava em sua habilidade de se apresentar com excelência e cativava as plateias com seu talento artístico. Ela também tinha a experiência de ser menosprezada por causa de sua origem, o que muito provavelmente fortaleceu sua decisão de defender quem ela era. Ao demonstrar orgulhosamente sua cultura e promover abertamente a necessidade de diversidade no mundo do balé, Maria Tallchief quebrou barreiras étnicas de longa data para abrir o caminho a grandes dançarinas como Debra Austin, a primeira afro-americana a ser promovida a principal dançarina no Philadelphia Ballet, Lauren Anderson, a primeira afro-americana a ser promovida a principal dançarina no Houston Ballet e, mais recentemente, Misty Copeland, que fez história como a primeira afro-americana a ser a principal dançarina do American Ballet Theatre. Imagine onde o balé norte-americano estaria se Maria Tallchief houvesse escolhido se encobrir em vez de ser corajosa.

Quem nós somos deve ser reconhecido e abraçado, e não encoberto. Precisamos ter a coragem de dizer não às tentativas dos outros de passar por cima dos aspectos essenciais de quem somos, sobre o que nos importamos e as coisas nas quais encontramos significado. Ocasionalmente, precisamos reagir várias vezes, pois as pessoas escolhem não ouvir.

A carreira do jogador da MLB, Roberto Clemente, com seus 18 anos de idade e nascido em Porto Rico, era nada menos que lendária. Apesar de seu início humilde como o filho de um produtor de cana-de--açúcar, Clemente foi duas vezes campeão da World Series, quinze vezes All-Star, doze vezes vencedor da Luva de Ouro e o primeiro jogador latino-americano eleito para o National Baseball Hall of Fame. Mas sua ascensão não foi isenta de desafios. Um desrespeito notável que Roberto sofria com frequência eram os esforços da imprensa em desconsiderar sua origem latina. Um artigo no site oficial do National Baseball Hall of Fame descreve tal tentativa de encobrimento[3]: "Diversos escritores e apresentadores insistiam em chamar Clemente de "Bob" ou "Bobby," em vez de usar seu primeiro nome Roberto. Até os cards de beisebol o listavam como "Bob Clemente", uma prática que persistiu até o conjunto Topps de 1969. Clemente não aprovava o esforço de americanizá-lo. Ele sentia que isso era um desrespeito às suas origens porto-riquenha e latina. Quando os membros da imprensa o entrevistavam e o chamavam Bob ou Bobby diretamente, ele os corrigia. "Meu nome é Roberto Clemente", repetia.

Há semelhanças entre as histórias de Maria Tallchief, Roberto Clemente e diversas outras pessoas cuja recusa empoderada surge de valores profundamente arraigados que têm origem em sua identidade. Como aprenderemos, o tempero secreto da recusa empoderada — dizer não de forma eficaz e persuasiva a partir de uma posição de poder pessoal — é fundamentar sua recusa em quem você é, no que valoriza e naquilo em que encontra significado. Aprenderemos que um não que reflita sua identidade é uma resposta autêntica e empoderada a um pedido, e que obtém a concordância, e não a reação, da pessoa que fez o pedido.

Recusa Empoderada

Dizer não é o que alguns denominam de problema "perverso".[4] Comparados com os problemas facilmente administráveis e inofensivos, os perversos são difíceis de administrar e possuem uma complexidade incorporada que desafia a fácil resolução. Como já vimos, dizer não pode ser uma resposta destruidora da harmonia que nos exige equilibrar as expectativas dos outros com nossas próprias necessidades. Identificamos que ficamos preocupados que nossos nãos possam alienar colegas e amigos e danificar nossa reputação. É essa dinâmica e a natureza interconectada do poder da influência social, nosso desejo de estarmos dentro dos padrões, as complexas preocupações interpessoais para mantermos bons relacionamentos e asseguramos uma boa reputação que dificultam tanto dizermos não.

É aqui que a recusa empoderada entra em cena. Até os problemas perversos podem ter soluções. Quando deparados com um pedido que queremos recusar, nossa tendência natural é olhar para fora e considerar as demandas da outra pessoa. Podemos sentir culpa ao dizer não e preocupação com a oposição que podemos receber ou com a reação que pode resultar. A recusa empoderada exige que você dê meia-volta nessa resposta natural e faça exatamente o oposto. Ela começa com você. Com ela, você precisa se voltar para dentro e colocar a si mesmo — sua identidade, quem você é — no centro de sua decisão e dizer sim ou não. A recusa empoderada é uma forma de dizer não que transmite eficazmente sua posição com base em seus valores, preferências e prioridades.

Um não empoderado surge quando você permite que seu eu verdadeiro e autêntico resplandeça. Ninguém pode lhe outorgar o poder; você deve encontrá-lo dentro de si mesmo. Tenha em mente que tais sentimentos de poder não são posicionais — eles não vêm de uma posição poderosa em uma hierarquia ou de uma eleição a uma função proeminente. Quando suas ações refletem seu eu autêntico e você age com base em seus verdadeiros valores, você diz implicitamente a si mesmo que *você* é digno. Essa autoafirmação de seu valor como indivíduo é empoderadora e o alimenta com um poder pessoal para recusar as coisas que surgem em seu caminho e que você não quer fazer.

Visto que a recusa empoderada surge de uma posição de poder pessoal, ela o coloca no controle de sua própria vida e tem menos chances de causar reações, de tensionar ou danificar seu relacionamento com a pessoa que lhe pede algo ou de abalar sua própria reputação.[5]

O empoderamento surge quando você olha para dentro e se autoafirma

Os pesquisadores geralmente usam o "jogo do ultimato" para observar como as pessoas tomam decisões sociais (ou seja, as decisões em que há mais de uma pessoa envolvida e em que elas estão preocupadas tanto com seu autointeresse quanto com o interesse dos outros). Nesse jogo, há um proponente e um respondente que recebem uma quantia de dinheiro que devem dividir. O proponente decide como será feita a divisão, e o respondente precisa decidir se aceita a oferta (o dinheiro é dividido seguindo a oferta do proponente) ou se a rejeita (ninguém ganha nada). Com base em uma teoria de maximização de recompensa, caso você seja o respondente, deve aceitar qualquer oferta, pois receber um pouco de dinheiro é melhor do que ficar com as mãos abanando.

Porém, como seres humanos, somos programados para querer a justiça em nossas interações, e podemos detectar imediatamente quando estão tirando vantagem de nós. Sentir isso ou ser usado por outros é o pior tipo de sensação. É por isso que em um jogo do ultimato, quando os respondentes obtêm menos de 30% da soma total a ser dividida, às vezes recusam a oferta. Se a quantia a ser dividida era de US\$10 e o proponente ofereceu US\$2, é provável que você abriria mão desses US\$2 (fazendo com que o proponente perdesse US\$8) e sairia sem nada, em vez de ser tratado de forma injusta.

Na pesquisa designada para demonstrar como a autoafirmação pode potencializar a rejeição de ofertas injustas, Ruolei Gu e seus colegas definiram um cenário do jogo do ultimato para testar sua hipótese.[6] Eles dividiram seus participantes em dois grupos: um recebeu uma tarefa de autoafirmação e o outro não recebeu tarefa (controle experimental). Os integrantes do grupo da autoafirmação foram requisitados a escolher um valor a partir de um conjunto de quatro domínios (conhecimento, riqueza, criatividade e rede social) que eles e seus familiares valorizavam. Depois, tiveram que escrever por que aquele valor era importante para eles e relacionar um incidente de sua vida que o refletisse. Refletir sobre nossos valores e como eles atuam em nossa vida cotidiana é um método que os pesquisadores usam para fazer as pessoas se lembrarem de quem são.[7]

Cada participante recebeu ¥20 como pagamento pela participação no estudo, mas poderiam ganhar mais ao aceitar os termos das ofertas que lhes foram apresentadas. Cada oferta era de ¥10 (aproximadamente US$1,50). Os pesquisadores descobriram que, como se esperava, as ofertas justas (vinte rodadas de ofertas igualitárias foram feitas, em que as divisões foram de 50/50 ou de 40/60) foram aceitas tanto no grupo de autoafirmação quanto no de controle, mas o primeiro grupo demonstrou mais chances de rejeitar uma oferta injusta do que o segundo (vinte rodadas de ofertas desiguais foram feitas, em que as divisões foram de 10/90 ou de 20/80). Quando refletimos sobre o que valorizamos, damos voz a esses valores em nossas tomadas de decisão.

O que ainda não mencionei é que esses participantes também ficaram conectados a uma máquina de EEG (eletroencefalograma) durante o estudo, e suas atividades cerebrais foram registradas à medida que tomavam a decisão de aceitar ou rejeitar a oferta. Os dados cerebrais mostraram que o padrão de atividade cerebral dos participantes do grupo de autoafirmação foi diferente daquele do grupo de controle. Os autores concluíram que a autoafirmação potencializa os recursos psicológicos das pessoas, permitindo que rejeitem ofertas injustas. Quando olhamos para dentro, afirmamos nossos próprios valores e damos voz a eles, isso nos empodera para recusarmos uma oferta que não se alinhe com o que valorizamos.

O empoderamento nos impulsiona a agirmos em nosso melhor interesse

Sentir-nos empoderados nos mantêm abertos a possibilidades e nos dá a permissão de agirmos em concordância com os valores que prezamos e a força para suportarmos a pressão dos outros para que concordemos[8]. Esse sentimento de poder pessoal surge de estarmos libertos da pressão social e livres do sentimento de dominação ou controle por parte dos outros. Ele surge de dentro, ao vasculhar as profundezas de quem somos e ganhar acesso aos nossos recursos interiores.

Um dos benefícios cruciais de nos sentirmos empoderados é a sensação de nos sentirmos livres da influência de outras pessoas e de forças externas.[9] Em uma demonstração simples do que é se sentir empoderado,

Adam Galinsky e seus colegas demonstraram que quando os participantes de seu estudo foram confrontados com uma perturbação (no caso deles, um ventilador fazendo vento no rosto do participante), o fato de tomarem a iniciativa e remover o ventilador ou não dependia de seus sentimentos de empoderamento. Sessenta e nove por cento dos participantes empoderados desviaram ou desligaram o ventilador, comparados com os quarenta e dois por cento dos participantes não empoderados. Quando estamos empoderados, temos mais chances de agir em nosso melhor interesse e de enfrentar uma perturbação, em vez de apenas suportá-la.

Inúmeros estudos mostram que as pessoas empoderadas têm mais chances de fazer a primeira oferta em uma negociação, de debater uma questão contenciosa e de pechinchar o preço de um carro.[10] Quando nos sentimos empoderados, ficamos livres dos confinamentos de uma situação e isso nos dá a liberdade de agirmos em concordância com nossos próprios interesses. Sentir-se empoderado também nos traz a sensação de que temos acesso aos recursos de que precisamos para resolver uma situação. Isso nos permite pensar de forma mais abstrata sobre um problema e ver relações e padrões. Quando você se sente empoderado, além de conseguir dizer não, poderá também encontrar novas soluções para ajudar a outra pessoa.

Quando estamos empoderados, sentimo-nos confiantes, destemidos e libertos das expectativas e demandas dos outros.

Não é de se espantar que Max Weber, o sociólogo alemão, pensador e principal teórico da administração, tenha apresentado uma das primeiras definições de poder em uma pessoa: ter a habilidade de realizar sua própria vontade.[11] Weber era famoso por criticar as organizações burocráticas e se preocupou muito com a importância da humanidade e da liberdade individual, que poderiam ser silenciadas pela "jaula de ferro" da burocracia.

O empoderamento ajuda a nos relacionar com outras pessoas e a defendê-las

O fato de nos sentirmos empoderados não significa que agimos de forma egoísta. Na verdade, as pesquisas mostram que as pessoas empoderadas mostram uma maior sensibilidade interpessoal. Quando nos sentimos empoderados, podemos ler as outras pessoas e nos relacionar melhor com elas.[12] Para demonstrar isso, os pesquisadores incitaram sentimentos que faziam as pessoas se sentirem mais ou menos poderosas. A forma comum de fazer isso no laboratório é pedir que elas escrevam sobre uma vez em que tiveram poder sobre outra pessoa (poderosas) ou sobre uma vez em que outra pessoa exerceu poder sobre elas (impotentes). Depois, foram apresentadas a imagens de rostos transmitindo diferentes estados emocionais, como raiva, tristeza, alegria e orgulho. O fato é que, ao se sentirem poderosas, elas julgaram com mais precisão a expressão emocional na imagem. Quando nos sentimos poderosos, podemos nos relacionar com outras pessoas e sentir empatia por elas de forma mais rápida do que quando nos sentimos impotentes. Exercer a posse de seu poder turbina sua inteligência emocional e fornece uma percepção maior de como você pode ajudar a si mesmo e aos outros ao tomar boas decisões e realizar objetivos significativos. As pesquisas indicam que quando você se sente empoderado, estará mais apto a lidar com qualquer oposição que possa receber dos outros quando você diz um não.

Nessa mesma linha, quando você se sente poderoso, há mais chances de que perdoará as transgressões dos outros. O empoderamento pode lhe dar a habilidade de empatizar com a necessidade da pessoa que lhe pediu algo, reagir rapidamente e oferecer uma solução sem ter que dizer sim ao pedido. O poder pessoal pode nos ajudar a abraçar nossa vulnerabilidade e compaixão sem nos perder no processo.

Usei o termo "recusa empoderada" em minha pesquisa para apresentar a ideia de que havia uma forma eficaz de dizer não que surgia da identidade da pessoa, de modo a transmitir o poder pessoal e o sentimento de estar no controle. O trabalho inicial, que publiquei com Henrik Hagtvedt, baseou-se no insight de que a maioria das pessoas sabe que precisa começar a dizer mais nãos e até para o que dizer não, porém, não sabem *como* comunicar essa recusa de forma eficaz. Especificamente, nossa pesquisa identificou uma nova maneira de dizer não que coloca você no controle de sua própria vida. E tudo que precisamos são apenas essas duas palavras: recusa empoderada.

Palavras de "Confiança"

A recusa empoderada se resume a um ato de comunicação. A comunicação eficaz envolve considerar não apenas *qual* informação é transmitida (conteúdo), mas também *como* isso é feito (maneira e estilo).

Normalmente peço aos participantes de meus cursos de liderança executiva que digam estas frases comigo:

"Eu não trabalho aos fins de semana."
"Eu nunca pego o elevador quando posso usar as escadas."
"Eu não pegarei um voo corujão."
"Eu sempre começo meu dia com meditação."
"Eu não atendo ao telefone entre 18h e 21h."

Em seguida, pergunto: "Como você se sente ao dizer essas palavras?". As respostas comuns é que elas fazem a pessoa se sentir "poderosa", "firme", "determinada", "forte" e "decidida". Minha resposta favorita veio de um participante que contou, "ao dizer essas palavras, a sensação é de que você se torna mais confiante."

As palavras que usamos importam. Quando dizemos "eu não...", "eu nunca..." ou "eu sempre...", tais palavras refletem convicção e determinação. A sensação de "confiança" imbuída nelas é empoderadora — elas transmitem seu posicionamento sobre uma questão e não abrem espaço para a reação. É exatamente isso que minha pesquisa mostra: a expressão empoderada *"eu não"* é mais persuasiva do que sua contraparte impotente e desempoderada: *"não posso"*.

Minha pesquisa sobre a recusa empoderada está fundamentada na ideia de que as palavras que usamos para estruturar nossa recusa importam. Quando dizemos "eu não", transparecemos empoderamento e controle. Por contraste, ao dizermos "não posso", passamos a impressão de desempoderamento, impotência e fraqueza — uma vítima de nossas circunstâncias.

Ao recusar um convite para um happy hour na terça-feira à noite, você pode dizer: "eu não saio durante a semana." Se estiver sendo chamado a uma reunião às 8h, quando já havia colocado na agenda que esse momento é para organizar seu dia, pode dizer: "não faço reuniões no início da manhã." Quando for dizer não a alguém que está lhe oferecendo uma fatia de bolo de chocolate, você pode dizer: "eu não como bolo de chocolate." Isso funciona até quando temos uma conversa interna. Às vezes, precisamos falar com nós mesmos para não cairmos em tentação. Talvez você precise ocasionalmente dizer a si mesmo: "eu não falto na academia" ou "eu não atendo ao celular durante o jantar." Dizer "eu não" transmite que você é seu próprio chefe, e suas palavras comunicam seu posicionamento sobre determinada questão. Você não abre espaço para negociação. Há um poder enorme em dizer não àquilo que não quer fazer, mas também há um poder enorme em reconhecer e praticar a forma mais eficaz de fazer isso. Em nosso artigo de pesquisa, escrevemos que "usar 'eu não' serve como uma autoafirmação da força de vontade da pessoa e um controle na relevante busca do objetivo autorregulatório, levando a uma influência favorável sobre os sentimentos de empoderamento, bem como sobre o comportamento real. Por outro lado, dizer 'não posso fazer X' conota um foco externo nos impedimentos."[13]

Tente substituir cada um dos exemplos prévios com "não posso" e veja o poder fugir de suas palavras. Ao dizer "não posso participar de uma reunião logo cedo", "não posso comer bolo de chocolate" ou "não posso atender ao celular durante o jantar", suas palavras transmitem sua impotência e falta de controle, e, pior ainda, abre espaço para a reação dos outros. Ao dizer "não posso...", suas palavras podem ser interpretadas como "realmente gostaria, mas...". De fato, no momento em que se pronuncia as palavras "não posso", surge automaticamente a pergunta, "por que não?", ou até, "quem disse?". Isso é um convite ao debate, a contraofertas e a pequenos meios-termos por parte de quem fez o pedido. Se tiver certeza de que é algo que não quer fazer, então o "não posso" deve ser banido de seu vocabulário, pois sugere que, em outro conjunto de circunstâncias, você aceitaria o pedido alegremente.

William Dean Howell citou Mark Twain em *My Mark Twain*, [sem publicação no Brasil]: "A palavra certa é um poderoso agente. Sempre que nos deparamos com uma daquelas palavras intensamente certas... o efeito resultante é físico e espiritual, e eletricamente instigado." Substituir *não posso* pelo "intensamente certo" *eu não* faz sua recusa soar final, inquestionável e empoderada.[14]

A Ciência por Trás da Recusa Empoderada

Henrik e eu criamos um conjunto de estudos para demonstrar que quando você usa uma linguagem que implica sua identidade, você transmite convicção e determinação, tendo menos chances de receber uma reação por parte de quem fez o pedido.[15]

Em um estudo, criamos simulações de cenários de vendas. Os estudantes do Programa de Excelência em Vendas da Universidade de Houston participaram do estudo. Receberam a tarefa de fazer ligações frias para vender assinaturas de revista. Eles foram indicados a clientes em potencial. O que não sabiam era que os "clientes" haviam sido treinados por nós para recusar o vendedor usando linguagens "empoderadas" ou "desempoderadas". Metade dos clientes recebeu treinamento para dar uma recusa empoderada, por meio de frases como "não tomo a decisão de comprar sem planejar antes", "nunca faço uma assinatura sem consultar minha família" ou "não comprarei nenhuma revista hoje". A outra metade recebeu frases desempoderadas, com linguagem impotente, como "não posso tomar a decisão de comprar sem planejar antes", "não deveria fazer uma assinatura sem consultar minha família" ou "não posso comprar nenhuma revista hoje". Depois da ligação de vendas, pedimos que cada vendedor relatasse a interação e o nível de êxito observado ao tentar persuadir o cliente. Especificamente, eles relataram o quão determinados, comprometidos e convincentes os clientes foram (em uma escala de 1 = de jeito nenhum; a 9 = totalmente) e também classificaram o quão persuasiva foi a recusa do cliente (em uma escala de 1 = de jeito nenhum; a 9 = totalmente).

Como você já pode imaginar, quando o cliente usou uma linguagem desempoderada, o vendedor o percebeu como um alvo fácil (veja a Figura 3.1). O cliente não transpareceu estar comprometido com sua recusa e ofereceu mais chances de obter a reação do vendedor. Também foi visto como menos persuasivo em sua recusa. Em contraste, quando o cliente usou uma linguagem empoderada, o vendedor ficou mais convencido de que o cliente estava comprometido e determinado a não fazer a assinatura da revista, e também transpareceu mais persuasão em sua recusa.

Figura 3.1

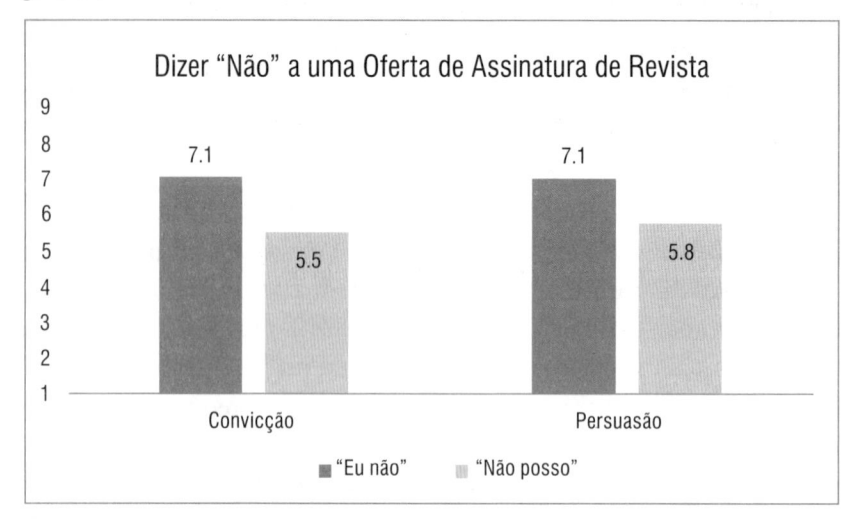

Fundamentar sua resposta em sua identidade tem implicações poderosas, pois as pessoas tendem a responder, positivamente, a VOCÊ.

Em um segundo estudo, pedimos que os participantes imaginassem que dariam uma festa e que tivessem escolhido um delicioso bolo de chocolate para a sobremesa. Dissemos a eles que um dos convidados havia recusado a sobremesa dizendo "não como bolo de chocolate" ou "não posso comer bolo de chocolate". Em seguida, pedimos que relatassem o nível em que a recusa do convidado transmitiu convicção e o quão persuasiva ela foi (de modo semelhante ao estudo da assinatura da revista, por meio de uma escala de 1 a 9, em que 1 = baixíssimo e 9 = altíssimo). Também pedimos que relatassem suas impressões sobre se a recusa do convidado foi baseada em identidade (ou seja, transmitiu sua identidade e posicionamento como indivíduo). Com essa pergunta, estávamos tentando demonstrar que as recusas baseadas em identidades expressam mais convicção e que são mais persuasivas. A Figura 3.2 mostra que na condição experimental em que o convidado usou as palavras "eu não" para recusar a oferta de sobremesa, a recusa foi percebida como mais fundamentada na identidade do convidado, transmitindo mais convicção e persuasão em comparação com a condição experimental em que o convidado usou as palavras "não posso" para recusar a sobremesa. Esse resultado sustenta a ideia de que quando você diz "eu não", está fechando firmemente a porta para um desconforto ao expressar convicção e um posicionamento decidido que não abre espaço para debate e reação. Sua escolha das palavras "eu não" é persuasiva, pois indica que sua decisão se baseia em uma regra inflexível que você estabeleceu para si mesmo.

Figura 3.2

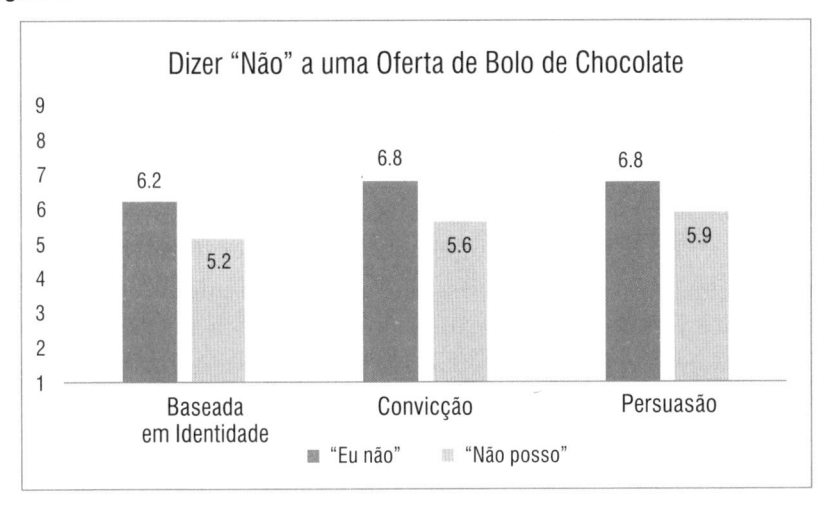

De acordo com a especialista em comunicação Holly Weeks, as pessoas geralmente argumentam seus nãos de trás para frente.[16] Talvez iniciem com uma anedota ou deem motivos superficiais para rejeitar um pedido, em vez de ir direto ao ponto e expressar seu "não" usando uma linguagem empoderada. Uma maneira indireta de chegar ao não pode ser contraprodutiva. As pessoas valorizam a honestidade, e não há nada mais honesto e sincero do que uma recusa que se origina em sua identidade para dar voz a quem você é e às coisas com que se importa.

Pratique o uso de palavras poderosas que o fazem "ter confiança" como "eu não" para comunicar sua recusa e conotar determinação, comprometimento, controle e empoderamento. Essas palavras expressam um estado de ser decidido e permanente, vinculado à sua identidade e ao seu caráter. Elas não abrem espaço para a negociação dos outros, pois refletem uma atitude firmemente arraigada, em vez de um posicionamento temporário quanto a uma questão. Evite as palavras impotentes como "não posso" ou "não deveria" que sinalizam privação, perda de controle e até fraqueza. Visto que essas palavras evocam uma causa externa, são vistas como desculpas e abrem espaço para a discussão, o debate e a negociação.[17]

"Eu Não" Versus "Não Posso" na Autoconversa

Nossa escolha de palavras importa até quando falamos com nós mesmos. A voz em sua cabeça lhe dizendo "não" funciona praticamente da mesma forma que dizer "não" aos outros. Usar a linguagem baseada em identidade para expressar a si mesmo uma decisão que tomou ou um posicionamento com o qual se comprometeu é empoderador. Por exemplo, dizer a si mesmo "não como sobremesa" provavelmente moldará seu comportamento quando passar ao lado da mesa de sobremesas. Ter uma política pessoal do tipo "não respondo a e-mails logo cedo" provavelmente o manterá alinhado com sua rotina de exercícios, sua prática de meditação ou sua escrita diária antes de ficar preso em sua caixa de entrada. Até mesmo quando está conversando com você mesmo, as palavras *eu não* transmitem um posicionamento forte e poderoso, fechando a porta para o debate.

Em outra série de estudos, Henrik e eu demonstramos que usar as palavras *eu não* tem um efeito poderoso em como respondemos à tentação, não apenas no momento, mas também ao longo do tempo.[18] Nossa intenção foi demonstrar que ao dizer *eu não*, você está comunicando a si mesmo: (1) tomei uma decisão, (2) estou no controle e (3) tenho o poder neste momento de como responderei a essa tentação.

Em nossos estudos, mostramos que a maneira em que uma frase foi estruturada afetou o nível em que as pessoas conseguiriam manter sua palavra. Dizer "não como X" ao ser tentado por um lanche nada saudável, por exemplo, fez os participantes se sentirem mais empoderados psicologicamente do que dizer "não posso". O mesmo se deu com um cenário envolvendo fazer exercícios físicos diariamente: "eu não falto aos meus exercícios" foi um motivador mais poderoso para ir à academia do que "não posso faltar aos meus exercícios".

Em um experimento, trinta mulheres com idades entre 22 e 53 anos participaram de um desafio de bem-estar de dez dias envolvendo objetivos como se exercitar mais e comer de forma mais saudável. Elas foram divididas em três grupos: a um, pedimos que usassem a estratégia "eu não", ao outro, a estratégia "não posso" e ao terceiro (o grupo de controle), apenas para dizerem não às tentações. Enviávamos um e-mail diário relembrando-as de usarem as estratégias indicadas. O que descobrimos foi que usar a linguagem empoderada (eu não) como autoconversa manteve as participantes na linha com seus objetivos muito mais do que as outras estratégias. Em média, as mulheres do grupo "eu não" persistiram em seus objetivos por 9,2 dos 10 dias do desafio de bem-estar, enquanto as mulheres no grupo "não posso" persistiram por apenas 2,9 dias. O grupo de controle, orientado a dizer não sem qualquer outra instrução específica, persistiu por uma média de 5,2 dias. Outra forma de analisar esses números é vermos quantas pessoas fizeram a duração integral do programa: apenas 10% do grupo "não posso", cerca de 33% do grupo de controle, mas 80% do grupo "eu não" ainda estavam usando a estratégia de forma exitosa dez dias depois.

As Facetas da Recusa Empoderada: Autêntica, Concreta e COO (Convencer os Outros)

Há três facetas da recusa empoderada que funcionam juntas para torná-la mais eficaz do que uma simples resposta negativa. Lembre-se, o que quero dizer com "resposta negativa eficaz" é que ela não abre portas para uma oposição; ela mantém seu relacionamento com a pessoa que lhe pediu algo, bem como assegura sua reputação.

> ➤ A recusa empoderada faz com que sua identidade transmita **autenticidade**. Ela começa quando você olha para dentro de si e, depois, comunica sua recusa com base em seus valores, princípios, preferências e prioridades.
> ➤ A recusa empoderada envolve uma comunicação **clara e concreta** para expressar convicção. Você comunica claramente a resposta de recusa usando seu eu integral, por meio de deixas verbais e não verbais.

> ➤ A recusa empoderada é persuasiva e o ajuda a **convencer os outros**. Uma vez que ela está fundamentada em sua identidade para expressar convicção, provoca menos reação dos outros. Dessa forma, você será bem-sucedido em dizer não, ao mesmo tempo em que manterá seu relacionamento intacto com a pessoa que lhe fez o pedido e sua reputação permanecerá intocada.

Vamos mergulhar mais profundamente em cada uma dessas facetas para estabelecermos por que a recusa empoderada funciona.

A recusa empoderada faz com que sua identidade transmita autenticidade

Uma maneira de responder a um pedido é dar um motivo para dizer não. Motivos e desculpas geralmente entram em duas categorias básicas: aqueles originados em seu interior e aqueles originados em seu exterior[19]. Olhar para dentro de si para entender *por que* você quer dizer não e vincular sua resposta aos seus valores, preferências, princípios e prioridades reflete seu eu autêntico. Ao considerar um pedido, se olhar para dentro de si e pensar em seu propósito — o que lhe é significativo e o que realmente importa —, a resposta que precisa dar pode ficar clara. No Capítulo 5, analisaremos como usar as normas pessoais (regras simples que estabelecemos a nós mesmos) como motivos válidos para tornar sua recusa mais convincente, e sua decisão de dizer não mais persuasiva.

Ao desenvolver uma recusa baseada em sua identidade, lembre-se de que sua escolha de palavras pode sinalizar sua identidade autêntica. Um exemplo prático disso pode ser obtido em uma pesquisa sobre o comportamento encorajador para votar. Essa pesquisa demonstra que evocar seu eu é suficiente para influenciar de maneira significativa nas eleições para presidente e governador [em países onde o voto não é obrigatório][20]. Nesse estudo, a manipulação da identidade se baseou em estruturar perguntas sobre o comportamento do eleitor usando um verbo ou um substantivo (por exemplo, "Você acha importante votar [ser um eleitor] na próxima eleição?"). Espera-se que os substantivos evoquem um nível mais alto de identidade e, certamente, encorajam muito mais a votação. Especificamente, quando você tem um adesivo no carro que diz "sou eleitor", haverá mais chances de que vá votar do que quando o adesivo diz "eu voto". O primeiro envolve sua identidade, ao passo que o segundo envolve seu comportamento.

Pratique identificar os substantivos que o descrevem como pessoa e refletem sua verdadeira identidade, em vez de palavras que descrevem seu comportamento ou como passa seu tempo. Faça uma lista das coisas que tornam você a pessoa que é. Por exemplo, se eu lhe disser as seguintes informações sobre mim usando substantivos:

Sou escritora.
Sou mãe.
Sou professora.
Sou leitora.

Você ficará mais convencido de que esses aspectos são uma parte central de mim.

Compare isso com sua reação se eu usar verbos para descrever meus comportamentos (o que faço):

Escrevo.
Cuido dos meus filhos.
Leciono.
Leio.

No segundo caso, os verbos representam ações que podem ou não estar fundamentadas em minha identidade central, e transmitem de maneira sutil que são atividades que realizo, mas que não são necessariamente aquelas com as quais estou comprometida ou tenho paixão e curiosidade.

Procure usar substantivos para estruturar sua recusa (e suas normas pessoais) em vez de verbos que descrevem suas ações e comportamento. Você também pode utilizar verbos caso acrescente informações específicas próximas a eles, indicando como essas ações e comportamentos ocorrem de modo a refletir suas preferências singulares. Você pode dizer: "escrevo no período entre 7h e 8h", que é especificamente customizado para você, ou "quando leciono, estou 100% focado no sucesso dos alunos".

A recusa empoderada usa sinais claros e concretos para expressar convicção

Parece bastante óbvio que se você quiser dizer não, suas palavras devem comunicar tal resposta de recusa. No entanto, com muita frequência, as pessoas lutam tanto para dizer não que se afastam da interação, deixando a si mesmas e a outra parte se perguntando qual foi mesmo a resposta. No Capítulo 2, vimos evidências para o que chamo de um não "enrolado".

Usar as palavras *eu não* expressa clareza, convicção e determinação subjacentes à nossa recusa. Lembre-se, nossa linguagem pode nos fazer sentir poderosos ou impotentes. Quando dizemos "sou o tipo de pessoa que..." ou "eu não...", além de transparecermos empoderamento, também nos sentimos empoderados. Recorde-se de um momento em que estava repleto de convicção e determinação. Pense como foi *se sentir* determinado e ter uma forte convicção quanto a algo. Esse é um sentimento que pode dominar seu corpo e mente. Ele se torna central a quem você é e o inunda com uma sensação de poder e energia indescritíveis. Tal sensação de convicção é a força invisível que conduz a eficácia de uma recusa empoderada.

Você pode turbinar sua recusa ao usar palavras adicionais, tornando aquelas expressões que dão a sensação de "confiança" ainda mais fortes. Adicionar *palavras absolutistas* que reflitam crenças centrais e um compromisso inabalável de longo prazo com seu posicionamento podem amplificar sua resposta negativa. Entre elas, temos *sempre, nunca, para sempre* e *completamente*. Dizer "sempre janto com minha família" indica que não há espaço para o debate. Você impede a reação ao dizer "nunca aceito um novo projeto a menos que tenha a capacidade de dar meu melhor". Você conseguirá lidar com um vendedor insistente se disser "estou completamente comprometido com (sua marca favorita), então, não estou interessado em sua oferta". Mesmo se procurar colocar palavras impotentes nessas frases, elas não soarão bem ou não farão sentido.

As pesquisas demonstram que, embora as testemunhas periciais sejam escolhidas por sua expertise (obviamente!), no tribunal, as qualificações de seus currículos não são suficientes. Um estudo analisou os depoimentos de testemunhas periciais para identificar marcadores discursivos específicos daquelas cujas respostas estavam pontuadas com *palavras submissivas de preenchimento.* Os pesquisadores descobriram que acrescentar hesitações verbais ("tipo", "sabe", "quero dizer") ou não verbais ("hum", "é…" etc.) diminui as percepções da expertise. Terminar frases com confirmações ("foi assim que aconteceu, não foi?") ou acrescentar rodeios ("eu acho que", "meio que") são os indicadores mais fortes de pouco poder ou de um discurso submissivo.[21] Em nossa tentativa de ser simpáticos, tendemos a usar palavras submissivas para aliviar o impacto de uma recusa: "mas, é…", "sabe como é, para mim é muito, mas muito difícil mesmo aceitar isso", "portanto, acho que vou ter que dizer não desta vez…", "é… me sinto meio mal, mas é a vida, né?" Usar uma linguagem submissiva não expressa que você é simpático e que se importa com o relacionamento; é um convite para a reação. Devemos aprender a monitorar nosso discurso para evitar palavras submissivas de preenchimento.

Às vezes, quando estamos tentando aliviar o impacto de uma recusa, também fazemos uso de uma linguagem vaga ou confusa. As pesquisas mostram que a linguagem vaga ou abstrata pode ser entendida como ineficaz e parecer insincera, menos crível e até tendenciosa e enganosa.[22] Por outro lado, quando usamos uma linguagem concreta, a pessoa com que estamos falando se sente vista, ouvida e valorizada. Os pesquisadores Grant Packard e Jonah Berger examinaram o uso da linguagem concreta em comparação com a abstrata na comunicação de vendas[23]. Eles descobriram que quando os profissionais de atendimento ao consumidor usaram uma linguagem concreta, isso reforçou a satisfação dos consumidores e os fez se sentir mais inclinados a voltar e passar mais tempo no estabelecimento comercial futuramente. Considere por que isso ocorre. Imagine que você é o profissional de atendimento ao cliente; é fácil dizer "vou ajudar você com isso". Porém, em uma entrevista, Jonah

Berger explicou por que essa frase pode parecer "decorada" e não mostra ao consumidor que você realmente o escutou. Ele contou que "quando não digo apenas 'vou ajudar você com isso', mas 'claro, vou ajudar você a remarcar seu voo de Denver para Filadélfia', isso mostra que eu ouvi o que você disse, que o escutei, prestei atenção e que provavelmente conseguirei ajudá-lo no futuro. A concretude funciona, pois faz as pessoas sentirem que você está escutando". E acrescentou: "Porém, tanto as organizações quanto os indivíduos querem fazer as pessoas sentirem que as escutamos. Seja quando estamos tentando vender algo ou conversando com nosso cônjuge, todo mundo gosta de ser escutado. Todo mundo gosta de sentir que o outro prestou atenção. Como podemos comunicar que estamos prestando atenção no que os outros estão dizendo? Esse é o motivo pelo qual a linguagem concreta é mais benéfica."

Quando as palavras que usamos são vagas e abstratas, especialmente quando a informação transmitida é negativa, como dizer não, o ouvinte tende a pensar que a pessoa tem um motivo escuso ou que tem algo a esconder. Vamos imaginar que sua amiga Jackie a convida para se juntar a ela e a um grupo de amigas para passar um dia em um spa luxuoso. Você decide que não quer ir porque não há espaço no orçamento para isso no momento. Constrangida em mencionar dinheiro como o motivo, talvez recorra a uma linguagem abstrata e vaga, dizendo, por exemplo, "não estou muito a fim". Por outro lado, expressar um posicionamento mais concreto, como "parece legal, mas não estou com grana suficiente no momento" é mais persuasivo, fazendo a ouvinte sentir que você está comprometida com sua recusa, e que ela está fundamentada em algo substancial.

Um discurso incerto e hesitante é uma receita certa para perder o poder pessoal e, em última instância, prejudicar seu relacionamento com a pessoa que lhe pediu algo e danificar sua reputação. O insight aqui é que seus sentimentos internos se refletem em seu discurso. Caso esteja se sentindo impotente e sem convicção, suas palavras tendem a refletir tal estado de espírito. Uma vez que a recusa empoderada surge de sua identidade e de quem você é, ela alimenta sua determinação e, desta forma, você expressa isso nas palavras que usa.

No Capítulo 6, mergulharemos mais fundo em como trazer seu eu integral — incluindo deixas verbais e não verbais — para criar uma recusa persuasiva e empoderada. Mas, por ora, é importante ter em mente que não há só *uma* maneira certa de comunicar um não empoderado, pois cada um de nós tem sua própria identidade, seu próprio sistema de valores e conjunto de prioridades e, consequentemente, sua própria base autêntica para sua recusa empoderada. Contanto que se lembre das diferentes facetas dela, conseguirá criar uma para si mesmo.

A recusa empoderada é persuasiva e convence os outros

Como você pode avaliar se sua recusa empoderada é eficaz? Um dos fatores preponderantes que determinam isso é a concordância dos outros, sem reação ou perda de reputação. A recusa empoderada sustenta a realidade das coisas, o que conquista o respeito dos outros. Quando você diz não olhando primeiramente para dentro de si e, depois, comunica a recusa com base no que valoriza, em suas prioridades e princípios, esse "não" será autêntico.

Nos estudos sobre recusa empoderada que descrevi anteriormente, os dados mostram que ela é persuasiva e não abre espaço para a reação. Usarei como base um dos meus livros favoritos, *Os vinte e um balões*, do vencedor do Prêmio Newbery, William Pene du Bois, para ilustrar como você pode dizer não e ainda conquistar o apoio e encorajamento para fazer o que acredita ser certo.

Imagine ser resgatado no meio do Oceano Atlântico, com roupa de gala, agarrado a um pedaço de madeira para sobreviver e cercado por vinte balões em vários estágios de deflação. Tal é a situação em que o capitão do cargueiro S.S. Cunningham encontrou o professor William Waterman Sherman. Naturalmente, todos no navio ficaram curiosos em saber como o professor havia se metido em um estado tão inconveniente — no meio do oceano e cercado por balões! Diferentemente da nossa tendência moderna de ficar espalhando cada detalhezinho banal de nossa vida nas redes sociais, o professor não abriu a boca. Na rota para Nova York, o capitão do cargueiro adulou o professor e suplicou a ele que contasse sua história. O cozinheiro lhe ofereceu belas refeições para ajudá-lo a recuperar as forças, e o médico a bordo cuidou de sua saúde, cada um na secreta esperança de que seria o primeiro a ouvir o que havia acontecido. Porém, o professor se manteve firme em sua recusa.

Quando chegaram a Nova York, o presidente dos EUA havia ouvido sobre o incidente e ficou tão intrigado pelo mistério do docente ilhado que tratou de conhecê-lo. Dá para dizer não ao presidente? Bem, foi o que o professor Sherman fez. Ele declinou gentilmente o convite para contar seu causo até para o detentor do cargo mais poderoso da nação. Por quê? Fosse para o capitão do navio, o médico, o cozinheiro ou mesmo o presidente, a recusa do professor Sherman estava fundamentada em sua lealdade aos colegas exploradores do Western American Explorer Club, em São Francisco, EUA. De fato, em vez de se sentir ofendido por ter seu pedido rechaçado, o presidente organizou para que o professor chegasse a São Francisco o mais rápido possível para poder contar sua história aos membros do clube e saciar a curiosidade do resto do mundo, todos esperando com a respiração suspensa para descobrir o que de fato havia acontecido.

Embora haja muitos motivos para se apaixonar e se divertir com essa história, a recusa do professor Sherman ilustra os elementos da recusa empoderada expostos aqui. Ela se originou em sua integridade e lealdade ao Explorer Club, e ele permaneceu firme em sua recusa independentemente de o cozinheiro do navio ou o presidente da república terem tentado persuadi-lo para conseguir uma explicação. Apesar do estado humilhante em que foi encontrado no oceano, ele não agiu de maneira indigna. Além disso, em vez de ficarem bravas com sua recusa, as pessoas ao seu redor lhe deram o apoio necessário para sua missão de chegar a São Francisco e ao Explorer Club. Ele as havia convencido.

Uma lição fundamental dessa história é que você *pode* dizer não para a pessoa que o resgata, ao cozinheiro que o alimenta, ao médico que o ajuda a recompor sua vida e até mesmo ao presidente do país, se sua recusa transmitir autenticidade e estiver fundamentada em sua identidade.

Espero que você, caro leitor, esteja agora pronto para acessar a caixa de ferramentas da recusa empoderada. Agora que compreendemos as facetas da recusa empoderada, por que e como ela funciona, como podemos nos tornar melhores em dizer não de forma empoderada? Quais habilidades precisamos aprender? Quais competências precisamos desenvolver para conseguir estabelecer uma recusa empoderada quando for a hora? Na parte seguinte do livro, vamos nos aprofundar nas três competências que precisamos desenvolver e praticar para dominar a A.R.T. (**A**utoconsciência. **R**egras, não decisões. **T**otalidade do eu) da recusa empoderada que o coloca no controle de sua vida.

É aqui que nossa jornada para praticar a arte da recusa empoderada começa. Vamos mergulhar de cabeça!

PARTE 2

A A.R.T. DA RECUSA EMPODERADA: COMPETÊNCIAS PARA CRIAR SUA RECUSA EMPODERADA

CAPÍTULO 4

Olhando Internamente para Desenvolver a Autoconsciência

Às margens do Rio Pampa em Kerala, um estado ao sul do subcontinente indiano, fica a minúscula vila de Aranmula. As famílias que ocupam as casas e as oficinas de palha que salpicam as margens do Pampa são descendentes de oito famílias que fundaram a vila há cerca de quinhentos anos. Segundo os rumores, um chefe real da área tinha o sonho de construir um grande templo, então contratou artesãos especialistas e suas famílias no estado vizinho, Tamil Nadu, para trabalharem nos espelhos do templo Parthasarathy.

Hoje, a aparência de Aranmula é muito semelhante a qualquer vilarejo ribeirinho ao sul da Índia, com uma escola, uma clínica médica, um mercado semanal e, é claro o templo Parthasarathy dominando o cenário. Porém, de comum essa vila não tem nada. É o centro de uma indústria produtiva famosa pela criação de seu carro-chefe: *Aranmula kannadi*. *Kannadi* é a palavra para espelho em malaiala, a língua do povo de Kerala. Mas o *kannadi* de Aranmula é muito diferente dos espelhos prateados comuns que todos conhecemos e usamos com frequência.

A singularidade do *kannadi* de Aranmula surge do fato de que é um espelho de primeira superfície, em que o material refletivo, uma liga de metal altamente polido de estanho e chumbo, é a própria camada refletiva. Ele difere dos espelhos convencionais, cujo material refletivo, tipicamente mercúrio ou alumínio, repousa abaixo de uma camada transparente de vidro ou acrílico. Reza a lenda que foi uma fonte divina que revelou a composição da liga para um dos artesãos originais do templo

Parthasarathy durante um sonho. Ela permanece sendo um segredo comercial passado de uma geração a outra de artesãos durante os últimos quinhentos anos.

Na Índia do Sul, o *kannadi* de Aranmula é considerado um símbolo auspicioso que representa a pureza da alma. Dizem que ele traz prosperidade e sorte ao seu proprietário, de tal forma que é um dos itens auspiciosos ou *ashtamangalyam* que acompanham as noivas da Índia do Sul aos seus novos lares no dia de seus casamentos. Esse *kannadi* simboliza a verdade imaculada, e seu uso diário instiga a autorreflexão como um caminho para o crescimento pessoal, o sucesso e a prosperidade.

A Recusa Empoderada Começa ao Olhar para Dentro de Si

Quando ganhamos autoconsciência, aumentamos o número de recursos do autoconhecimento que podemos usar para informar nosso comportamento e moldar nossas ações. Ao dedicarmos um tempo para olharmos nós mesmos com clareza, entenderemos nossos traços, motivações e comportamento. E obtemos insights sobre nossos valores, nosso propósito e sobre o que consideramos significativo e engajador. Tornamo-nos familiares com nossos objetivos, desejos e ambições, e também com nosso arsenal de talentos, habilidades, conhecimentos e experiências para transformar nossas aspirações em realidade. Com o autoconhecimento, ganhamos uma compreensão clara do que somos singularmente capazes de fazer e do que podemos oferecer. A sabedoria que obtemos por meio da introspecção nos permite agir de forma autêntica e de acordo com nosso verdadeiro eu.

Uma das características que nos faz humanos e nos diferencia de outras espécies do reino animal é essa capacidade de autopercepção. As pesquisas mostram que os humanos são singularmente capazes de mover sua atenção do ambiente externo e olharem para dentro de si mesmos — e também fazer o contrário, olhar para si mesmos sob a perspectiva dos outros.[1] Quando olhamos internamente, podemos fazer isso de duas maneiras.[2] A primeira é a *autoconsciência particular* ou *interna* que emerge quando prestamos atenção em nossos próprios pensamentos, sentimentos e traços. A autoconsciência particular significa ter uma compreensão profunda de suas próprias necessidades e impulsos, suas forças e fraquezas pessoais, seus valores, preferências, objetivos e suas reações emocionais. No entanto, há outra dimensão da autoconsciência que é igualmente valiosa, e é a *autoconsciência pública* ou *externa*. Essa faceta envolve entender como os outros nos veem, e isso nos permite sentir mais empatia em relação a eles e considerar suas perspectivas. Nossa capacidade de prestar atenção ao nosso "espelho do eu"[3] e compreender o que os outros realmente pensam de nós nos ajuda a funcionar de forma mais eficaz em nossos grupos sociais. Saber como as outras pessoas nos veem nos dá uma compreensão de em qual pé estamos em nossos relacionamentos. A percepção do eu e nossa identidade são moldadas não apenas por nossa autoconsciência interna, mas também por nossas interações com outros e as percepções que eles têm de nós como consequência de tais interações.

Talvez um dos benefícios mais cruciais da autoconsciência seja uma lente de tomada de decisões. A autoconsciência, particular ou privada, concede-nos uma perspectiva proveitosa pela qual podemos decidir o que é importante ou trivial para nós. Ela nos ajuda a escolhermos as ações que têm benefícios a longo prazo e nos encoraja a desistirmos das ações que nos trazem apenas ganhos a curto prazo. As pessoas autoconscientes também transpiram autoconfiança e expressam poder pessoal no posicionamento que assumem.[4] Elas conhecem suas capacidades e tomam decisões sensatas, comunicam-se de forma mais eficaz e desenvolvem relacionamentos fortes — qualidades que as prepara para o sucesso. De fato, os líderes autoconscientes são levados mais a sério, têm funcionários mais satisfeitos e gerenciam empresas mais lucrativas.[5]

Uma pessoa autoconsciente conseguirá recusar uma oferta de trabalho financeiramente tentadora quando esta não se vincula com seus valores ou prioridades a longo prazo. Por contraste, alguém que não tem autoconsciência pode aceitar um trabalho por causa do dinheiro ou prestígio, mas isso pode acabar resultando em sentimentos desconfortáveis de inautenticidade e conflitos internos. Não é à toa que as pessoas autoconscientes são mais propensas a terem uma reputação de fazerem o que pregam. Certamente, um dos presentes da idade é que temos mais dados sobre nós mesmos para entender e refletir, desenvolvendo o autoconhecimento. O papa João Paulo II meditou, certa vez: "quanto mais areia passa pela ampulheta de nossa vida, mais claramente podemos ver através dela."

Lembre-se de que um aspecto central da recusa empoderada é fundamentá-la em sua identidade ao dar voz aos seus valores, prioridades, crenças e preferências. Devemos aprender como investir na autorreflexão para colhermos auto-insights valiosos que possam embasar nossa recusa empoderada. Por exemplo, se você quiser dizer não, mas não consegue identificar o motivo subjacente à sua inclinação, deve perguntar a si mesmo se está apenas procrastinando, sentindo-se preguiçoso ou com medo da tarefa. Para que a recusa empoderada funcione, ela deve refletir sua verdadeira identidade, e não a análise superficial de uma situação que possa mudar de um dia para outro. Ela precisa refletir aquilo com o que você está comprometido, as coisas com que se preocupa, seus objetivos e o que você quer fazer com sua vida. A recusa empoderada não funciona para reparos temporários e objetivos a curto prazo. Em um estudo, Henrik Hagtvedt e eu demonstramos que usar as palavras *eu não*, aquelas que nos "dão confiança", produziram resultados negativos quando foram usadas para refletir um objetivo a curto prazo ou temporário. Sob uma perspectiva linguística, dizer "*eu não* comerei sobremesa por duas semanas até o casamento" simplesmente não faz sentido,[6] visto que o *eu não* conota um posicionamento permanente ou uma preferência pessoal.

A recusa empoderada exige que vejamos a nós mesmos claramente sem as distrações, distorções e aberrações que nossa situação atual possa nos impor. Pense nisto: se você não se levar a sério, ou se boicotar seus próprios valores e desonrar suas próprias intenções, como pode esperar que os outros não façam o mesmo? Em última instância, a recusa empoderada é mais eficaz quando surge de seu olhar interno. Ela se fundamenta na hipótese de que quando você olha para dentro de si, não sairá de lá de mãos vazias.

O "R" na A.R.T. da recusa empoderada envolve colocar regras simples, ou normas pessoais, em vigor para expressar sua recusa. Contudo, um primeiro passo fundamental no desenvolvimento de uma norma pessoal é o "A" — autoconsciência e compreensão do contexto e da base para instituir essa regra, para início de conversa. Como veremos, com uma autoconsciência melhorada, podemos desenvolver uma compreensão mais profunda de como gostamos de agir e por que agimos assim.

Desenvolvendo uma Mentalidade Reflexiva

Uma maneira de ganhar autoconsciência é por meio da introspecção e da autorreflexão. A coach executiva Jennifer Porter observa que as pessoas mais difíceis de orientar são aquelas que não investem em autorreflexão para ganhar autoconsciência.[7] Sendo assim, o que exatamente é a autorreflexão? É o pensamento e a análise cuidadosos e profundos com os quais nos engajamos para aprender mais sobre nós mesmos — nossos pensamentos, emoções, crenças e ações. A autorreflexão fornece significado e compreensão sobre como atuamos e como gostaríamos de atuar. A autorreflexão consciente e construtiva pode aumentar a felicidade e a produtividade.

Veja, por exemplo, como um estudo feito com profissionais do Reino Unido, que foram encorajados a passar o tempo de deslocamento até o trabalho pensando e fazendo planos sobre o dia, revelou que eles se sentiam mais felizes e produtivos, e menos estressados, do que aqueles que não fizeram o mesmo.[8] Isso pode explicar a imensa popularidade dos diários de gratidão que encorajam a autorreflexão sobre coisas pelas quais somos agradecidos e que aumentam os sentimentos de felicidade e bem-estar.

Outras fontes de informação sobre nós mesmos são as pessoas que nos conhecem e que interagem conosco. A estratégia do melhor eu refletido[9] é uma ferramenta proveitosa inventada por um grupo de pesquisadores do comportamento organizacional para nos ajudar a entender como somos vistos no mundo ao obter e usar o feedback de outros em quem confiamos. Ao fazermos a principal pergunta desse exercício, "quando fui minha melhor versão?", podemos obter insights sobre forças que talvez não enxerguemos e que não damos importância. Quando conduzo o exercício do melhor eu refletido em minhas aulas, é comum que os participantes se sintam encorajados pela nova compreensão que obtêm de si mesmos. Eles apreciam o fato de que as pessoas que interagem com eles quase sempre apontam que são "profissionais", "bons ouvintes" ou "adaptáveis" — aspectos que não destacariam, talvez porque não valorizem esses aspectos centrais de si mesmos. Por exemplo, para você, pode ser algo certo que entregará *o que* prometeu, *quando* prometeu. Todavia, os outros o veem como confiável. Embora sua habilidade de lidar com um feedback difícil e de perseverar apesar das dificuldades seja simplesmente uma parte de como você pode agir, os outros admiram sua resiliência e fortitude. Esse feedback 360° nos oferece um insight valioso sobre como somos vistos pelas pessoas e o impacto que já causamos no mundo.

Quando o assunto é obter feedback dos outros, às vezes precisamos exigir a verdade sincera. As pesquisas mostram que as pessoas que estão em posições de poder e aquelas que são consideradas especialistas têm menos chances de receber um feedback sincero das pessoas ao seu redor. Executivos seniores ficam blindados não apenas dos problemas organizacionais, mas também de informações confiáveis sobre si. Líderes correm o risco de ficarem cercados por uma equipe que só concorda com eles, pessoas que "criam uma câmara de ecos que amplifica suas opiniões, em vez de enriquecê-las."[10] Não é à toa que Abraham Lincoln, conhecido por sua propensão à introspecção profunda, criava equipes compostas por seus próprios rivais (homens que foram seus adversários durante as eleições) com perspectivas diferentes para ajudá-lo, como o novo presidente eleito, a ter sucesso em suas tarefas mais urgentes. A sabedoria que ele obteve com a autoconsciência interna e externa estimulou Lincoln a "juntar seus oponentes insatisfeitos, criar o gabinete mais incomum da história e mobilizar seus talentos para a tarefa de preservar a União e vencer a guerra."[11]

A autoconsciência é o primeiro passo para a sabedoria e o domínio pessoal. Ela abre o caminho para vivermos a melhor vida possível. Como ficará evidente nas próximas páginas, é uma competência crucial a ser desenvolvida para você conseguir dizer não de forma mais eficaz. Com ela, podemos ver mais claramente o que queremos fazer da nossa vida e identificar nosso propósito e aquilo que nos é significativo. Ter um propósito claro torna mais fácil a escolha de nos engajarmos com o "bom trabalho" e a reconhecer do que teríamos que abrir mão para fazermos coisas que não estão alinhadas com ele (contrapartidas e custos de oportunidade).

Navegando pelo Mar de Sua Vida

Três conceitos fundamentais e interconectados podem nos ajudar a navegar pelo mar de nossa vida, ajudando-nos a identificar o que valorizamos e a buscar o que nos é significativo. O primeiro conceito, o de "propósito", ajuda-nos a entender o "porquê" de nossa existência. Uma vez que você sabe qual é seu porquê, pode identificar suas prioridades pessoais e profissionais mais importantes e reconhecer o que "bom trabalho" significa para você. Bom trabalho, o segundo conceito, é como nosso propósito brilha por meio do que fazemos e o impacto que deixamos neste mundo. Muitas vezes, aceitar novas oportunidades é tentador, mas quando somos motivados por nosso propósito de nos engajar com o bom trabalho, reconhecemos instantaneamente os "custos de oportunidade" de assumir tarefas que não estão alinhadas com nosso propósito. Esse é o terceiro conceito interconectado, e significa reconhecer que quando dizemos sim para uma coisa, podemos estar dizendo não a outra, possivelmente mais significativa. Como tal, precisamos nos tornar adeptos da avaliação das contrapartidas a serem consideradas com qualquer decisão de modo a cumprirmos com nosso propósito e fazermos um trabalho bom e significativo.

Conhecendo seu "porquê"

Entende-se propósito como "uma intenção estável e generalizada de realizar algo que seja, ao mesmo tempo, significativo ao eu e consequente ao mundo além do eu."[12] Ter uma intenção significativa pode nos ajudar a manter o foco nas coisas que nos são mais importantes, como família, amigos, fé, trabalho e assim por diante. Nosso propósito permite estabelecermos prioridades em nossa vida, concedendo-nos a permissão de que precisamos para dizer não às pessoas ou às atividades que não sustentam nosso objetivo. Talvez, e mais importante, ele nos dá a sensação de que estamos fazendo uma diferença no mundo.

No mundo empresarial, Simon Sinek popularizou o que ele chama de a ideia mais simples do mundo: identificar seu "porquê". Em um TED talk popular, Sinek explica sua teoria do "círculo dourado", dizendo que a maneira de inspirar cooperação e confiança é pensar, agir e se comunicar através de lentes centradas no propósito.[13] Ele enfatiza que "as pessoas não compram o que você faz, mas *por que* você faz isso." Ele argumenta, ainda, que é fácil para pessoas e organizações descreverem o que fazem. Tente você mesmo. Talvez consiga descrever muito facilmente como passa seu dia fazendo o que faz. Porém, é necessário empenho para identificar *por que* você faz o que faz. Seu porquê é a razão ou a motivação convincente que conduz você e seu trabalho.

Ken Burns, documentarista premiado, dirigiu e produziu alguns dos documentários mais aclamados já feitos, como *Brooklyn Bridge* em 1981, nominado ao Oscar, e *The National Parks: America's Best Idea*. Durante os últimos 40 anos, o trabalho de Burns vem refletindo seu propósito: buscar uma resposta à pergunta "quem somos, como estadunidenses?"

A clareza de propósito tem a capacidade extraordinária de nos ajudar a escolher como abordamos nosso trabalho e nossa vida, além de nos ajudar a decidir o que aceitar e o que recusar. Alinhado com seu propósito, Burns escolhe exclusivamente fazer filmes sobre a história dos EUA. Ele não aborda seu assunto por meio de movimentos políticos e sociais, como um historiador tradicional o faria. Em vez disso, ele geralmente começa com narrativas pessoais e, ao compartilhar a narrativa da história "de baixo para cima", consegue ajudar os telespectadores a descobrir um pouco mais sobre quem são, como estadunidenses. O abrangente sentimento de propósito de Burn se tornou sua assinatura, moldando os projetos que ele aceita fazer e a maneira em que produz sua obra.

Stephen Covey observou, certa vez: "se a escada não está encostada na parede, cada degrau que subimos só nos leva ao lugar errado mais rápido." Conhecer nosso propósito é encostar nossa escada na parede certa, para que saibamos buscar o que é importante e significativo para nós, com cada grama de esforço investido.

O que "bom trabalho" significa para você?

Desde sua criação em 1954, o Centro de Estudos Avançados em Ciências Comportamentais da Universidade Stanford (CASBS, sigla em inglês) reúne líderes de pensamento vindos de diversas disciplinas comportamentais para tratar de algumas das questões mais pungentes e enigmáticas enfrentadas pelos humanos. Não é à toa, portanto, que quarenta anos depois, no terceiro trimestre de 1994, os psicólogos Howard Gardner, Mihaly (Mike) Csikszentmihalyi e Bill Damon encontravam-se debatendo sobre questões de criatividade e moralidade durante o ano que passaram no CASBS, debates esses que se fundiram em sua teoria sobre o "bom trabalho".

O que é um bom trabalho? Gardner e seus colegas propuseram que ele é caracterizado como um "trabalho de excelente qualidade técnica, realizado de forma ética e socialmente responsável, além de ser engajador, desfrutável e causar boas sensações."[14] Para nós, como indivíduos, fazer um bom trabalho envolve nos engajar com um trabalho que traga à tona nossos talentos, habilidades e conhecimentos singulares (excelente), que seja emocionalmente gratificante e aprazível de fazer (engajador), além de também ser bom em um sentido moral e que pareça ser a coisa certa a se fazer (ético). Tais mentes criativas vislumbraram esses três elementos se unindo, como as fitas do DNA que trabalham juntas para formar um bom trabalho.

Como você pode imaginar, o bom trabalho é muito pessoal e varia de uma pessoa para a outra. É pessoalmente significativo e reflete os valores que você sustenta. É realizado por meio de uma reflexão cuidadosa e um esforço constante, não sendo como o item de uma lista que você pode simplesmente riscar. A ex-primeira-dama Eleanor Roosevelt destacou a importância crucial de saber o que você mais valoriza. Ela disse: "para ser maduro, você precisa perceber o que mais valoriza. É extraordinário descobrir que, comparativamente, poucas pessoas atingem tal nível de maturidade. Parece que nunca pararam para considerar o que lhes é valioso. Despendem grandes esforços e às vezes fazem sacrifícios enormes para valores que, fundamentalmente, não atendem nenhuma necessidade real para si. Talvez tenham assimilado os valores de suas profissões ou trabalhos específicos, de sua comunidade ou vizinhos, de seus pais ou familiares. Não chegar a uma compreensão clara sobre quais são os seus valores é um trágico desperdício. Você não entendeu absolutamente nada sobre qual é o propósito da vida."[15]

Apresento aqui a ideia sobre o bom trabalho para que cada um de nós possa identificar o que ele significa nas esferas em que atuamos e identificar as tarefas que talvez aceitemos e que *não* constituem um bom trabalho.

Quando leciono, tendo a soltar frases provocadoras. Por exemplo, é comum eu citar Annie Dillard, que disse, "a forma em que você passa seus dias é a forma em que passa sua vida", e logo em seguida, já lanço o desafio: "se você me mostrar sua agenda, será que eu conseguirei discernir seu propósito? Sua agenda revela a busca por um bom trabalho?" A maioria dos alunos recua, pois nossas agendas nem sempre estão alinhadas com o que consideramos ser importante e significativo para nós. Caso sua agenda esteja repleta de atividades sem inspiração e que não atendem aos seus próprios parâmetros de bom trabalho, está na hora de fazer uma bela limpeza.

Laura Vanderkam, autora do livro *168 Hours* [sem publicação no Brasil], destaca que "a maioria das pessoas que alegam estar sobrecarregadas trabalham menos do que acham, e muitas das maneiras pelas quais o fazem são extraordinariamente ineficientes. Chamar alguma coisa de 'trabalho' não a torna importante ou necessária." A partir de sua pesquisa, ela conclui que todos temos tempo suficiente para fazer o que nos é mais importante. De maneira implícita, ela está mostrando que, antes de elaborarmos nossa agenda, precisamos saber o que é significativo e importante e, só então, começar a estabelecer compromissos. Greg McKeown, autor de *Essencialismo*, descobriu, para sua surpresa, que ao cortar o grosso de sua agenda, pular reuniões que considerava sem importância e eventos que, em sua opinião, seriam vazios e inúteis, tornou-se mais produtivo e valorizado pelos outros. Em suas palavras, "a questão do essencialismo não trata de fazermos mais coisas; a questão é como fazer as coisas certas."[16] O essencialismo é uma questão de termos um foco apurado para fazer apenas o bom trabalho.

Contrapartidas e custos de oportunidade

Não muito longe de onde o psicólogo Howard Gardner trabalhou em Cambridge, fica a cidade de Concord, Massachusetts, lar de Henry David Thoreau. Em seus escritos, Thoreau comentou sobre o que os economistas chamam de custo de oportunidade: "o preço de qualquer coisa é a quantidade de vida que você troca por isso." O custo de oportunidade é um termo muito usado em economia para descrever "a avaliação alocada sobre as mais valiosas alternativas ou oportunidades rejeitadas".[17]

O Dicionário Oxford de Língua Inglesa (2010) descreve o custo de oportunidade como "a perda de outras alternativas quando uma delas é escolhida", e os cientistas comportamentais tendem a vê-lo em termos de uma contrapartida de recursos de tal modo que investir recursos (tempo, energia, dinheiro) em uma coisa resulta em não tê-los mais disponíveis para investir em outra coisa, em algo que poderia vir a ser uma opção melhor.

Parece bem simples. Assim, talvez você pense que faria total sentido que as pessoas considerem os custos de oportunidade antes de tomar uma decisão, certo? Errado! Há uma base considerável da literatura de economia comportamental mostrando que, como seres humanos, ignoramos descaradamente os custos de oportunidade. Tendemos a considerar apenas a atratividade das opções na mesa ao decidir como investir nossos recursos, sem pensar sobre a possibilidade delas serem uma opção errada que não deveríamos sustentar. Consideremos um exemplo simples: Maria é arquiteta e tem a oportunidade de escolher entre dois projetos de prédios que provavelmente a manterão ocupada pelos próximos três anos. Seu processo de decisão envolve uma comparação entre os dois projetos, mas não leva em conta o projeto futuro de uma escola (sua área de paixão) no qual investiria seus esforços com mais vontade. Essa falha técnica na tomada de decisão é referida como *negligência do custo de oportunidade*.

Sem qualquer surpresa, as pesquisas mostram que quando as pessoas consideram os custos de oportunidade, elas obtêm mais da vida do que aquelas que os negligenciam.[18] Por sorte, reconhecer as contrapartidas e desenvolver a habilidade e a compreensão para calcular os custos de oportunidade é algo que pode ser aprendido. As pesquisas indicam que quando você encoraja as pessoas a considerar caminhos alternativos nos quais seus recursos podem ser utilizados, há mais chances de que considerem os custos de oportunidade.[19]

Não é à toa que as pessoas que se planejam têm mais chances de considerar os custos de oportunidade, pois estão mais conscientes sobre as restrições de recursos e das contrapartidas à medida que planejam. Imagine que você reservou um horário no domingo à noite para planejar sua semana. Quando abre a agenda e vê os horários disponíveis, percebe rapidamente que o tempo disponível para fazer um bom trabalho é finito. Durante a semana, você pode agir de forma reativa e aceitar qualquer compromisso que aparecer, ou pode identificar os horários produtivos e atribuir tarefas importantes a eles. Gosto de aconselhar meus alunos de doutorado (assim como aos colegas professores) a "pagar a si mesmo primeiro". Com isso, quero dizer que é importante separar um momento todos os dias — mesmo que sejam só trinta minutos — para fazer sua própria pesquisa e tarefas escritas antes de quaisquer outras. Você precisa separar um momento para se planejar, assim como ser seletivo com as coisas que aceita fazer, e disciplinado para abrir mão de antigos compromissos e atividades, abrindo espaço para novos. Se você não tem uma singularidade de propósito e uma direção intencional com relação a como quer passar seu tempo, é muito provável que não ficará nada feliz com onde acabará chegando.

O custo de oportunidade é o preço que você paga quando faz escolhas que não estão alinhadas com o que considera ser um bom trabalho. Reconhecer os custos de oportunidade e calcular as contrapartidas que precisamos assumir pode impulsionar sua recusa empoderada. Lembre-se, as pessoas sempre nos pedirão coisas. Visto que as outras pessoas importam,[20] prestamos atenção aos seus pedidos, que surgem de inúmeras formas — de convites, ofertas e conselhos a solicitações, favores e sugestões. Qualquer coisa que consuma tempo e energia ou que demande sua atenção é um pedido. Com muita frequência, impomos certos pedidos a nós mesmos. Não parecem pedidos, mas são demandas de nosso tempo que aparecem nos bipes e notificações de nossos apps e dispositivos. O blogueiro Niklas Göke captou isso, e disse: "nossa lista de afazeres é um conjunto de pedidos. Assim como sua caixa de entrada, as mensagens no Facebook, no Instagram e as notificações no Twitter. Pedidos, pedidos e mais pedidos. E ainda nem chegamos à parte dos amigos nos pedindo favores. Quem dirá das oportunidades comerciais."[21]

Se agíssemos apenas seguindo a noção de que "as outras pessoas importam", passaríamos nosso dia alvoroçados, seguindo os caprichos e as vontades daqueles ao nosso redor. O que a expressão "outras pessoas importam" deixa implícito é que você também importa. Ao considerar as solicitações dos outros, precisa ponderar não apenas os benefícios a eles, mas também os custos que recaem sobre você.

Decifrando o Pedido

O *kannadi* de Aranmula nos inspira a separar um tempo para olharmos profundamente em nosso interior e ganharmos mais consciência quanto à pessoa que somos. A autoconsciência aprofundada é uma competência fundamental para você conseguir dizer não. Seja o pedido de um amigo ou colega, um pedido pessoal ou profissional, uma solicitação para se engajar em alguma atividade ou um apelo para ajudar alguém que precisa do seu talento, aprender a criar sua recusa empoderada se resume à autoconsciência.

Os pedidos não são iguais. É preciso aprender a decifrá-los. Você precisa desenvolver uma lente orientada em direção ao propósito que o ajudará a separar as atividades "boas para mim" das "ruins para mim". O mais importante a ter em mente é que uma solicitação não é uma exigência — é uma oferta que você precisa decidir aceitar ou não. Como sabemos, há uma diferença entre um sim estrondoso e um sim relutante. É quando você está guinando para um sim relutante que a recusa empoderada será mais útil.

Em um mundo ideal, quando qualquer demanda aparece em seu caminho, seja por e-mail, WhatsApp ou pessoalmente, é importante entender o que a tarefa realmente é. Para tanto, é preciso ouvir à solicitação sem julgamentos. Dê a ela sua atenção total e faça perguntas, se necessário. A linguagem corporal que você demonstra durante a solicitação precisa ser confiante e segura. Se precisar anotar alguns detalhes essenciais sobre ela, faça-o para ajudá-lo a tomar a melhor decisão possível para ambas as partes. Uma vez entendida a solicitação, você precisa encontrar habilmente os principais atributos em termos de custos e benefícios.

Desenvolva um Coup d'oeil à la Napoleão

De acordo com William Duggan, autor de *O Estalo de Napoleão: o Segredo da Estratégia*, um dos motivos pelos quais Napoleão Bonaparte venceu mais batalhas do que qualquer outro general na história registrada foi que ele passou anos estudando diversas guerras para aprender como a estratégia militar era aplicada. Com esse conhecimento, ele conseguia fazer uma rápida conexão entre uma nova situação e os exemplos que havia armazenado na memória.[22] Em sua obra clássica *Da Guerra*, Carl von Clausewitz descreve a habilidade de Napoleão para discernir de primeira as vantagens e desvantagens táticas de um terreno como *coup d'oeil*, cujo significado literal é "golpe de vista".

Uma característica que diferencia os especialistas dos novatos é a habilidade de reconhecer atributos ou dimensões-chave das coisas e categorizá-los ou dividi-los em caixas. Os especialistas tendem a ter sistemas bem desenvolvidos em operação para entender rapidamente um problema quando este surge, chegar à causa raiz da questão e obter possíveis soluções mais rápido do que os novatos.

Precisamos desenvolver nosso próprio *golpe de vista* para decifrar os pedidos que surgem em nosso caminho.

Se você quer ser um especialista em dizer sim ou não às demandas e solicitações, precisa de um sistema em operação para filtrar esses pedidos — separar o trigo (os sins retumbantes) do joio (as coisas às quais deveria e quer dizer não). O objetivo é conseguir obter um esquema de categorização com base nas coisas com que se importa, no que o bom trabalho significa para você e em como suas escolhas refletem seus valores, prioridades e preferências. Ao separar o "bom para mim" do "ruim para mim" com base na autorreflexão e usando as lentes orientadas ao propósito, transformamos em óbvia a decisão de dizer não, bem como tornamos os motivos subjacentes à decisão em algo mais convincente.

Consideremos um dos esquemas mais simples de categorização, uma análise simples de custo x benefício para fazermos uma escolha baseada em motivos. Isso exige uma avaliação de quais são os custos de concordar com a solicitação e como eles se comparam aos benefícios que a pessoa que fez a solicitação obterá caso você diga sim. Primeiro, vamos examinar como identificar os custos e benefícios altos e baixos antes de entrarmos na categorização.

Um *pedido com alto custo* é aquele que exige que você invista muito tempo, energia e pensamento. Pode até ser algo que não queira fazer porque vai contra seus valores, não é uma prioridade para você ou é algo que não gosta de fazer. Um *pedido com baixo custo* pode ser algo que lhe seja fácil fazer ou que esteja alinhado com seu propósito.

Depois de avaliar o custo para si mesmo, analise externamente para determinar o verdadeiro *benefício aos outros*. Com esse exercício, você procura estabelecer se o custo que lhe incorrerá terá um benefício significativo para outra pessoa. Um *pedido com poucos benefícios aos outros* não beneficiará de forma substancial aquele que lhe fez a solicitação, ou será um que simplesmente precisa ser feito, não importa por quem. Esse tipo de pedido pode ser um do tipo que é realizado por hábito, porque "é assim que fazemos as coisas". Um *pedido com muitos benefícios aos outros* é normalmente aquele ao qual você está pronto para atender, que está alinhado com sua expertise e que expande o impacto que você pode causar no mundo.

Após desenvolvermos um *coup d'oeil* à la Napoleão, conseguiremos identificar rapidamente a categoria do pedido e treinar nosso cérebro para deixar de fazer do "sim" nossa resposta padrão. Uma vantagem extra em uma resposta negativa rápida é que as pessoas parecem entender a deixa de que é um posicionamento firme. Ficar enrolando e debatendo pode sugerir ao solicitante que estamos incertos sobre nosso posicionamento, momento no qual a pessoa pode nos dar motivos pelos quais deveríamos dizer sim.

Há quatro tipos de pedidos com base na estrutura de custo a si/ benefício aos outros, ilustrados na Figura 4.1.

Diga sim aos pedidos do tipo "passe o sal", com baixo custo e muito benefício

Imagine que você está à mesa do jantar e alguém lhe pede para passar o sal, e o saleiro está logo à sua frente. Você o pega instantaneamente e o passa. Todos atendemos a pedidos que nos trazem um baixo custo e muito benefício ao outro. Como professora, faço algumas coisas com um custo relativamente baixo e com benefícios exponencialmente múltiplos para meus alunos. Escrever cartas de recomendação, dar feedback sobre as apresentações dos alunos e simular entrevistas de emprego são solicitações do tipo "passe o sal" para mim. Dizer sim a esse tipo de pedido vale a pena, pois o enorme benefício ao outro compensa o baixo custo a você. No entanto, como veremos adiante sobre a armadilha da galinha, precisamos administrar o número de vezes em que aceitamos passar o sal, uma vez que os custos podem subir.

Figura 4.1: Decifrando o Pedido

Custo para Você	Benefício aos Outros	
	Muito	Pouco
Baixo	**"Passe o Sal"** Diga sim, mas sem exagerar. Lembre-se: de grão em grão a galinha enche o papo.	**"E-mail, Tuíte, Publicação"** Diga não, provavelmente é um trabalho de merda. Faça o possível para eliminá-lo por completo.
Alto	**"Jornada do Herói"** Diga sim, mas só depois de garantir que os benefícios aos outros sejam reais.	**"Faça sua Famosa Lasanha"** Diga não. Se for uma tarefa sem promoções, assegure-se de que os outros também participem.

Diga não aos pedidos do tipo "e-mail, tuíte, publicação", com baixo custo e pouco benefício

O contrário de fazer um bom trabalho é fazer (perdoe meu palavreado) um trabalho de merda. O antropólogo Davi Graeber documentou meticulosamente os trabalhos de merda nos quais as pessoas (infelizmente) se engajam. De acordo com ele, esse tipo de trabalho é aquele que "se fosse eliminado, não faria nenhuma diferença perceptível no mundo."[23] Se esse tipo de trabalho desaparecesse amanhã, poderia, de fato, tornar o mundo um lugar melhor.

Considere o exemplo a seguir: conheci uma jovem, a quem chamaremos Tracy, em um voo que ia de Houston a Nova York. Começamos a jogar conversa fora, de forma educada. Para ilustrar como a cidade do Texas em que vivia era pequena, ela disse que havia só um semáforo na rua principal. À medida que conversávamos, ela me contou que trabalhava em uma empresa local e eu mencionei que era professora de marketing. Logo que ouviu isso, seus olhos brilharam e ela disse, "nossa, talvez possa me ajudar com um problema do meu trabalho." Foi assim que ela descreveu seu dilema: "minha chefe leu em algum lugar que você precisa tuitar de duas a três vezes por dia sobre sua empresa, e me passou essa tarefa. É o que mais me causa estresse no trabalho, pois não sei o que dizer sobre nossa empresa em nossa minúscula cidade duas ou três vezes por dia." Senti uma empatia profunda pela jovem, ao mesmo tempo em que um pensamento surgiu rápido em minha mente (e que não expressei em voz alta): *esse é um trabalho de merda.*

É uma pena para Tracy, e para tanta gente, que outras pessoas — supervisores, chefes, familiares e até pais — por vezes distribuam trabalhos de merda, e cabe a nós decidir juntar a coragem para sermos firmes e dizermos não a essas tarefas, ou então, encontrarmos uma maneira inteligente de realizá-las. Para concluir a história de Tracy, eu disse a ela que deveria combater o fogo com fogo. Aconselhei-a a encontrar artigos sobre "fatiga de publicações" e compartilhar com sua chefe para demonstrar que tuitar aos montes pode às vezes sair pela culatra. O importante é que, ao não ter que inventar três novos tuítes por dia, Tracy pode encontrar uma forma de criar um engajamento mais interessante nas redes sociais que seja mais eficaz e menos estressante para ela.

Lembre-se que um dos benefícios da recusa empoderada é que se sentir empoderado aumenta sua empatia pelo solicitante. Em termos de pedidos com baixo benefício, você pode pedir ao solicitante que avalie esses tipos de demandas por si só, perguntando coisas como "isso é mesmo necessário" ou "por que não deixar isso para mais tarde?". Isso pode ajudar vocês dois e determinar o real motivo para o pedido, bem como se é uma prioridade em termos de tempo e atenção. Você pode conversar sobre a possibilidade de haver alternativas que não exijam tanto esforço ou que possam ser apenas delegadas ou terceirizadas.

Diga não aos pedidos do tipo "faça sua famosa lasanha", com alto custo e pouco benefício

Há alguns pedidos que são simplesmente descuidados e feitos de improviso, em geral durante conversas casuais. São irrefletidos, pois não beneficiam realmente o solicitante, mas podem ser muito custosos para você. Imagine uma situação em que uma amiga o convida para uma festa que está preparando. Ao falarem sobre os preparativos, ela de repente se anima e diz: "você poderia fazer aquela sua lasanha famosa? É tão deliciosa e todos vão adorar!" Realmente, você faz uma ótima lasanha e, sim, as pessoas a adoram, mas consome seu tempo e é tedioso fazê-la, e nem é sua festa! Você deveria dizer sim? Muitos diriam "claro" ou "pode ser" apenas porque não sabem como sair dessa.

Alguma vez você disse sim a um pedido do tipo "faça sua famosa lasanha"? O que aprendeu com isso? Para os pedidos que lhe trarão um alto custo, é importante investir tempo logo no início para entender quais benefícios isso lhe trará ao aceitá-lo. Lembre-se de que o benefício aos outros é um palpite ou uma previsão. É comum superestimarmos o benefício que daremos aos outros em resposta a suas solicitações. Tendemos a pensar que somos escolhidos de maneira singular para uma tarefa específica e que beneficiaremos muito os outros. Se estivermos pensando assim, precisamos tomar um chá de realidade para avaliar o quanto achamos que nossa tarefa será importante, ou o benefício que conferirá ao solicitante. No caso do pedido da lasanha, você deve conseguir identificar de forma instantânea e fácil um pedido improvisado. Faça diversas perguntas e procure entender se e por que o solicitante acha que isso é importante e quais benefícios espera obter de seu investimento. Se o benefício real que o solicitante obterá é relativamente pequeno, fará sentido você dizer não e acabar com a agonia da decisão.

Avalie cuidadosamente os pedidos do tipo "jornada do herói", com alto custo e muito benefício

Seja nos mitos antigos ou nas histórias modernas de aventura, a jornada do herói é um arquétipo em que um herói parte para o desconhecido sob um grande custo pessoal a serviço de um bem maior. A popularidade dessa narrativa ao longo dos anos e em diversas culturas surge do apelo universal por uma vida altruísta e por fazer algo bom para os outros.

Os pesquisadores encontraram diferenças fundamentais entre uma vida feliz e uma vida significativa.[24] Embora satisfazer seus desejos e necessidades leve à felicidade, isso nem sempre contribui para uma vida de significado. O significado, por contraste, está associado a ser um doador em vez de um tomador, e também ajudar os necessitados e fazer coisas que beneficiem os outros. Notavelmente, uma vida significativa envolve o autossacrifício e é muitas vezes associada ao estresse e à ansiedade, mas o custo pessoal que você aceita ao viver uma vida de significado se equilibra pelo impacto que você pode causar no mundo. Como Ralph Waldo Emerson observou, "o propósito da vida não é sermos felizes. É sermos úteis, honráveis, compassivos, causar uma diferença pelo fato de termos vivido, e vivido bem."

Certamente, um pedido do tipo "jornada do herói" é um dos mais difíceis para sabermos como responder. Dado que é uma solicitação com um alto custo para você, embora com muitos benefícios aos outros, é importante investigar o máximo possível sobre ele antes de embarcar na jornada. É essencial esclarecer o que o pedido realmente envolve, seu grau de importância e quais as opções para seguir em frente com ele. Você pode pedir mais detalhes sobre a demanda — o que é totalmente apropriado, mesmo quando estiver inclinado a dizer sim. Quanto mais você e o solicitante estiverem alinhados logo de cara, melhor será a decisão que você conseguirá tomar. Muitas vezes, uma conversa sincera de dez minutos com o solicitante pode ajudá-lo a decidir se você deve ou não se engajar nessa atividade de alto custo. Se, depois da conversa, ainda chegar à conclusão de que não é para você, será preciso embarcar em uma abordagem de recusa empoderada.

Estas são algumas perguntas que você pode considerar fazer ao tentar decidir qual resposta deverá dar:

- ➤ Eu quero fazer isso?
- ➤ Tenho os recursos — tempo, energia e dinheiro — para isso no momento?
- ➤ Isso está alinhado com meus valores e propósito? É uma prioridade neste momento?
- ➤ Isso agregará valor à minha vida? Será divertido? Será recompensador?
- ➤ Estou dizendo sim só porque estou com medo de dizer não, ou porque não sei como sair desta?
- ➤ Do que precisarei abrir mão se disser sim?

Outra coisa útil a ter em mente é que você sempre pode pedir mais um tempo. Tomar uma decisão no momento — especialmente para um pedido com alto custo e muito benefício — pode resultar em você fazer o que não quer e precisar ficar comprometido com isso por mais tempo do que deseja.

Para vivermos uma vida significativa, regularmente tomamos decisões do tipo da jornada do herói. Mas o que é significativo para você pode não sê-lo para outro. O significado pode ser muito pessoal. Talvez você aumente trinta minutos em seu trajeto até o trabalho para poder levar seu filho a uma escola mais adequada às necessidades dele. Talvez aceite a responsabilidade de ser um mentor. Talvez se voluntarie em uma caridade local ou aceite uma função de liderança em uma organização para poder usar seu talento e melhorar o mundo.

Você também pode dizer não a um pedido com alto custo e muito benefício se não for o melhor momento ou se seu propósito o levar a tomar uma decisão diferente de vida. Um pedido do tipo jornada do herói também pode surgir em seu próprio interior, uma ideia que retomaremos mais tarde no livro. Mas o essencial a ter em mente é avaliar o pedido usando lentes orientadas ao propósito.

Duas Armadilhas a Evitar com a Autoconsciência Aprofundada

Apesar da vantagem deste exercício de categorização, visto que tanto os custos quanto os benefícios são percepções, muitos pedidos do tipo "passe o sal" podem se tornar rapidamente custosos a você. Uma solicitação do tipo "faça sua famosa lasanha" pode ser enquadrada como "jornada do herói", caso um solicitante hábil exagere os benefícios por meio de elogio, agrado e bajulação. Vamos examinar duas armadilhas com as quais devemos ter cuidado, pois é *muito* fácil cair nelas.

A armadilha da galinha: estou subestimando o custo?

Mesmo quando o custo para nós é baixo e há muito benefício para os outros, pedidos do tipo "passe o sal" podem se multiplicar. É aqui que um provérbio atribuído ao presidente George Washington é muito útil: *many mickles make a muckle* [o equivalente em português a "de grão em grão a galinha enche o papo"]. Vale a pena adotá-lo quando perceber que está dizendo sim a muitas coisas só porque são solicitações simples que não tomam muito tempo. Você pode dizer a si mesmo: "mas veja só, é algo tão pequeno, deixa comigo" ou "não tomará tempo nenhum". Essa é a armadilha da galinha.

Importante: os "grãos" também podem ser atividades pequenas e bem-intencionadas que não contabilizam muito no fim. Se já está operando em sua eficiência máxima e ainda precisa cortar atividades de sua agenda, só resta cortar as coisas boas. Talvez você já esteja participando de muitos conselhos administrativos, engajado em demasiados projetos no trabalho ou voluntariando para diversos eventos no colégio do seu filho. Às vezes, precisará tomar a decisão de cortar algumas coisas boas, por mais prazerosas que sejam.

Certamente, é muito doloroso dizer não a boas oportunidades, mas você precisa reconhecer que às vezes elas não estão alinhadas com aquelas que você estabeleceu a si mesmo. Warren Buffett diz para escrevermos uma longa lista de coisas que queremos e priorizá-las. Todas são boas, e talvez ótimas oportunidades, mas ele recomenda escolhermos as cinco principais e relegar o resto a uma lista de coisas a "não fazer", pelo menos até que tenhamos completado aquelas cinco escolhidas. Uma lição principal da armadilha da galinha é não se especializar em coisas menos importantes.

A armadilha "só você pode fazer isso": estou superestimando o benefício aos outros?

O benefício aos outros é um palpite ou uma previsão, e é comum superestimarmos o benefício que estamos concedendo aos outros em resposta às solicitações. Ao fazer um pedido, as pessoas geralmente nos persuadem com bajulação e elogios. Elas podem sugerir que somos escolhidos de forma única para fazer determinada tarefa. Antes de dizer sim a uma tarefa com alto custo para nós, precisamos avaliar o verdadeiro benefício que ela dará ao solicitante.

Um dos pedidos mais insidiosos do tipo "faça sua famosa lasanha" é aquele que envolve tarefas sem promoção. As pesquisadoras Linda Babcock, Maria Recalde e Lise Vesterlund diferenciam as tarefas com promoção das sem, e definem as segundas como "aquelas que beneficiam a organização, mas provavelmente não contribuem para a avaliação de desempenho e para o avanço da carreira de alguém." Elas as descrevem como "tarefas corriqueiras no trabalho, como organizar uma festinha, assim como um conjunto muito mais amplo de atividades, como fazer uma inscrição para um colega, participar em um conselho de baixo escalão ou fazer trabalhos rotineiros que não exigem muita habilidade ou produzam muito impacto."[25] O que piora ainda mais as coisas é que as mulheres são as mais propensas a receber pedidos de tarefas sem promoção, e quase sempre as aceitam.[26] Agora que sabe disso, depende de você ver uma tarefa sem promoção pelo que ela realmente é. Antes de dizer sim, avalie um pedido usando seu propósito e o que considera bom trabalho como sua lente. Reserve um momento para calcular os custos de oportunidade e as contrapartidas que precisará assumir. Se fizer isso, terá mais chances de testemunhar as tarefas corriqueiras do trabalho serem distribuídas de forma mais igualitárias entre todos.

Para evitar as armadilhas "da galinha" ou "só você pode fazer isso", precisamos nos sentir confortáveis em identificar os pedidos com base nos custos a nós mesmos e ponderá-los em relação aos benefícios que os outros podem obter ao dizermos sim. Se preferir, pode tirar uma foto ou um print da Figura 4.1: Decifrando o Pedido, e aprender a identificar os diferentes tipos de pedidos que surgem em seu caminho.

Reconhecendo Quando se Tornar o Administrador de Sua Vida e Quando Ser Apresentado à Vassoura

Em seu livro *Insight* [sem publicação no Brasil], Tasha Eurich nos aconselha a fazermos as perguntas certas a nós mesmos para acessarmos nossa identidade e entendermos quem realmente somos, em vez de quem *queremos* ser. Seu estudo envolveu identificar como as pessoas se classificam nas dimensões interna e externa da autoconsciência. A classificação "agradar a todos" é uma a se evitar, especialmente no contexto de dizer não. As pessoas nessa categoria têm um foco extremo nos outros (autoconsciência externa) e um autoconhecimento consideravelmente menor. Estão tão orientadas a aparentar algo específico aos outros que podem deixar de lado o que lhes é importante. De acordo com Eurich, essas pessoas "tendem a fazer escolhas que não estão a serviço de seu próprio sucesso e realização". Por contraste, as pessoas "conscientes" têm um nível alto de autoconsciência interna e externa. Elas tendem a ter uma boa ideia de quem são e do que querem realizar, mas também prestam atenção aos conselhos e opiniões dos outros, valorizando-os. Essa é a categoria que devemos almejar para decidirmos as coisas às quais dizermos não, e quando fazer isso.

Como pessoas conscientes, precisamos adotar uma visão do todo para medirmos o valor das tarefas que nos são dadas e que precisamos fazer, em comparação com aquelas que aceitamos fazer mesmo quando não precisamos. Especificamente no início de nossas carreiras, talvez passemos muito tempo fazendo o que pode ser descrito apenas como trabalho maçante — tarefas que nos fazem sentir insatisfeitos e inúteis, especialmente à luz do que talvez vejamos como um desperdício do nosso talento. Embora a ambição e os sonhos possam nos fazer querer acelerar nossa carreira e pular tal labuta no início, precisamos parar e reconhecer (com a já mencionada autoconsciência) que essas não são tarefas às quais podemos realmente dizer não, pois são muitas vezes (e infelizmente) ritos de passagem. O industrialista Andrew Carnegie acreditava que os trabalhadores jovens deveriam ser "apresentados à vassoura". Com isso, ele queria dizer que é o trabalho duro que desenvolve o caráter e cria uma boa ética profissional, assim, quando os jovens entram para a força de trabalho, eles deveriam aceitar de bom grado o trabalho que precisa ser feito, mesmo quando as tarefas parecem ser inúteis e inferiores, pois é por meio de sua realização que eles desenvolvem uma ética profissional que facilitará seu sucesso posterior. Considere, por exemplo, a transição que uma pessoa faz ao deixar de ser aluno de doutorado e passa a ser professor, de médico residente a "doutor" ou de produtor assistente a diretor de filmes. E um trabalho duro não destinado aos fracos ou desmotivados. Claramente, embora nem sempre seja divertido ser um aluno de doutorado (posso confirmar isso pessoalmente), um médico residente ou um auxiliar no set de um filme, quando estamos nesse estágio da nossa carreira, recebemos tarefas às quais é impossível dizer não. No sofrimento da labuta das tarefas longas e tediosas que caracterizam essas transições, sem dúvida nenhuma sentiremos reatividade e desejo de dizer não. No entanto, precisamos usar nossa autoconsciência para entender o estágio como ele é — um período temporário de nossa vida em que nossa coragem está sendo testada para que a autodisciplina e o profissionalismo sejam incrustados em nossa identidade.

Consequentemente, a recusa empoderada não é uma ferramenta a ser usada para dizer não às coisas que são sua responsabilidade, parte das exigências de seu trabalho nas fases da vida em que se encontra, ou porque você se considera bom, talentoso ou capaz demais para essa tarefa. Pelo contrário, a recusa empoderada deve ser usada para dizer não às coisas que aceitamos voluntariamente fazer quando não queremos *e* não precisamos fazê-las.

Resumindo o que aprendemos neste capítulo, sem a autoconsciência e a prática reflexiva, estaremos inclinados a dizer sim quando queremos dizer não. Todavia, com ela, podemos dizer não de forma frequente e eficaz. A autoconsciência pública e particular nos dá o insight de que precisamos para conseguir dizer não sem sacrificar nossos relacionamentos ou reputação. Podemos fazer uso de nossa autoconsciência particular, ou interna, para nos manter focados no que realmente queremos para nós, o que nos permite negar os pedidos que não se alinham aos nossos valores, prioridades e preferências. Podemos usar nossa autoconsciência pública, ou externa, para nos ajudar a discernir a perspectiva do solicitante, abordar o pedido e responder a ele à luz de tal compreensão.

A autoconsciência nos ajuda a sermos os administradores de nossas próprias vidas. É quando desenvolvemos uma profunda autoconsciência que nos tornamos sábios em relação ao nosso interesse mais verdadeiro (engajar-nos no bom trabalho motivados pelo propósito) e desenvolvemos as ferramentas para aplicar o que tal sabedoria dita (calcular os custos de oportunidade, avaliar as contrapartidas e conduzir uma análise de custo x benefício para qualquer pedido que nos façam). Quando nos dermos o presente da autoconsciência, seremos menos influenciados pela multidão e mais orientados a seguir o chamado de nosso coração.

✕✕✕

CAPÍTULO 5

Crie Regras, Não Decisões

O locutor e apresentador da ESPN, Stuart Scott, disse: "a vida consiste em duas datas com um tracinho no meio. Faça o tracinho valer a pena." Armado com o autoconhecimento sobre quem você é, o que considera importante e significativo, e como prefere que as coisas sejam, chegou a hora de estabelecer algumas regras simples — que gosto de chamar de normas pessoais — que podem traduzir esse autoconhecimento em como você vive sua vida.

O guru da produtividade Brian Tracy escreveu: "Nunca há tempo suficiente para fazer tudo, mas sempre há tempo suficiente para fazer as coisas mais importantes." Embora a autoconsciência as identifique em sua vida, as normas pessoais o ajudam a priorizá-las. Quando usamos o conhecimento que temos de nós mesmos para criarmos uma vida melhor, não vivemos, apenas — crescemos e prosperamos.

Considere a romancista premiada Isabel Allende, muito conhecida, pelo menos para aqueles de nós que gostam de ficção. Ela publica regularmente romances brilhantes e tocantes que expressam uma compreensão profunda da natureza humana e a maneira em que o mundo às vezes funciona. Alguns desses livros viraram filmes que a própria Allende produziu. Ela administra uma organização filantrópica de sucesso e faz palestras com frequência sobre o empoderamento e a inspiração das mulheres. Há alguns anos, tive o privilégio de vê-la palestrar para uma imensa plateia de mulheres na Conferência Anual de Mulheres do Texas. Ela encantou o ambiente com uma combinação instigante de humildade, elegância e storytelling. Como é que ela consegue fazer isso? Como ela faz isso *tudo*?

Felizmente para nós, Allende compartilhou em inúmeros artigos e entrevistas o que ela pensa sobre sua vida e como a administra para "fazer o tracinho valer a pena". Sua escrita é o carro-chefe. É sua principal plataforma, e ela cria tempo e espaço para isso. Ela tem uma norma pessoal que torna a escrita de seus romances uma prioridade sobre todas as outras coisas que possam estar acontecendo em sua vida. Em um artigo publicado na *Harvard Business Review*, suas palavras foram citadas: "minha vida é corrida, então preciso reservar alguns meses do ano para me recolher. Preciso de tempo e silêncio, ou nunca conseguirei escrever. Ter uma data inicial é bom para mim e para todos ao meu redor. Eles sabem que, a partir de 8 de janeiro, não estou mais disponível."[1]

O fato é que essa tradição teve início no dia 8 de janeiro de 1981, quando começou a escrever uma carta ao seu falecido avô, que se transformaria no romance *A casa dos espíritos*.[2] Ter uma norma pessoal para começar a trabalhar em um projeto significativo e em uma data que possui significado pessoal serve como um sinal não apenas a si mesma, mas também aos outros, que entendem e respeitam a dedicação que Allende tem ao seu ofício.

Ao instituir e aplicar uma norma pessoal que segue consistentemente ano após ano, e uma que também pode compartilhar com os outros, Allende consegue dizer não a outros engajamentos que surgem em seu caminho, sem ter que se preocupar com seus relacionamentos ou reputação. Essa regra pertence, ao que parece, a um sistema de regras que ela criou para alinhar como vive à altura de sua identidade como escritora. Ela segue uma rotina diária muito exigente, trabalhando em seu computador de segunda a sábado, das 9h às 19h. Fica aparente que Allende está profundamente consciente de como quer passar seu tempo, tendo, ainda, uma compreensão clara do tipo de coisas que solicitam a ela e como pretende responder. Outro indicador desse foco intenso é facilmente encontrado em seu site. Na página de contato (*isabelallende.com/en/contact*), ela deixa instruções claríssimas sobre quem contatar para os diferentes pedidos que as pessoas possam fazer. Em vez de precisar responder a e-mails de todos os tipos, ela aplica uma estrutura delegatória, algo que pode funcionar para a maioria dos autores, palestrantes, produtores de filmes e filantropos. Notadamente, ela também apresenta uma seção intitulada "O que não faço", semelhante à lista de Edmund Wilson. É tal singularidade de propósito que permite a Allende não apenas assumir diversas funções diferentes, mas fazer isso com o estilo e a elegância de sua escolha.

Está claro para Isabel Allende, como deveria estar para cada um de nós, que todas as escolhas que fazemos em cada minuto do dia podem moldar o resultado de nossa vida.

Vamos entender o poder das normas pessoais para que nos ajudem a alcançar a excelência e o significado que buscamos. É uma forma de usar nossos recursos — tempo e energia — para as coisas que queremos fazer e, o que é importantíssimo, para conceder-nos a base a partir da qual diremos não às coisas que não queremos fazer. Analisaremos o conceito das normas pessoais e como a fundamentação de sua recusa em normas pessoais que dão voz a seus valores, prioridades, princípios e preferências aumenta sua eficácia.

Normas Pessoais

As normas pessoais são um conjunto estabelecido de regras simples que criamos para nós mesmos, fundamentadas em nossa identidade singular, que orientam nossas decisões e moldam nossas ações. Por meio da autoconsciência aprofundada, tornamo-nos familiares e nos sentimos à vontade com nosso eu autêntico — a constelação de nossos valores, prioridades, princípios e preferências que nos tornam únicos. Assim como nosso DNA nos torna únicos e é nossa impressão digital biológica, nossos contextos, experiências de vida, estruturas de crença, talentos e habilidades são distintivamente únicos também, e constituem nosso *DNA psicológico*.

Notadamente, uma norma pessoal é diferente de outras ideias relacionadas, como objetivos ou limites. Ganhar clareza sobre essas diferenças é crucial e pode moldar como você estabelece a sua norma pessoal. Objetivos são aspirações que você estabelece para si mesmo, ao passo que uma norma pessoal é uma maneira de agir no mundo. Você pode criar uma norma pessoal para atingir um objetivo, porém, como observou George Leonard em seu livro *Maestria*, a verdadeira maestria é ausente de objetivos. O autor e podcaster Ryan Hawk menciona com frequência que não estabelece objetivos; ele apenas organiza os processos e define procedimentos para realizar as coisas, e começa a fazê-las. O guru da liderança John Maxwell propõe, de forma semelhante, que as pessoas precisam focar o crescimento, e não os objetivos. O crescimento é um processo holístico e contínuo que transforma como conduzimos nossa vida.

As pesquisas mostram que a mudança é mais eficaz quando implementada de forma gradual, aos pouquinhos. Enquanto os objetivos são destinos aonde você quer chegar, as normas pessoais são um manual de operações customizado ao seu DNA psicológico — a forma com a qual você faz as coisas, pensa nelas, faz escolhas e adota comportamentos que são importantes e pessoalmente significativos.

Meus alunos geralmente fazem um intercâmbio entre o termo *norma pessoal* e o uso popular da palavra *limite*. Embora as normas pessoais e os limites possam parecer semelhantes, vejo-os como sendo diferentes. Permita-me explicar o porquê. Um limite é um muro ou uma barreira que você estabelece para manter alguém ou algo distante. Por contraste, uma norma pessoal é uma regra que você cria para si mesmo de modo a viver sua vida de acordo com o que considera significativo e cheio de propósito. Os limites dizem respeito a manter outras pessoas distantes; as normas pessoais são sobre dar a si mesmo a oportunidade de expressar quem você é e realizar o que deseja.

Imagine a seguinte situação: você tem uma propriedade rural e algumas de suas galinhas foram furtadas à noite e, sendo assim, talvez coloque algumas cercas para protegê-las de predadores. Os limites são uma proteção contra a ameaça; eles o ajudam a evitar certos resultados negativos. Por outro lado, as normas pessoais são projetadas por e para você. Você as estabelece, não em resposta a uma ameaça interna, mas ao olhar internamente e usar seu autoconhecimento para chegar a soluções sustentáveis e criativas de modo a alcançar a vida que quer levar. Continuando a analogia rural, você começaria ao priorizar a segurança e o bem-estar de suas galinhas como uma norma pessoal. Para tanto, talvez instale não apenas cercas com vedação de arame, mas também verifique regularmente a vedação para se assegurar de que as galinhas não tenham uma rota de fuga; talvez também coloque redes protetoras sobre o galinheiro para impedir que gaviões ataquem suas galinhas; você pode, como uma alternativa natural, instalar casinhas de pássaros para abrigar os pequenos e impetuosos bem-te-vis, que enfrentam os gaviões apesar de seu tamanhinho; ou, então, talvez recorra à alta tecnologia e instale câmeras infravermelho que o ajudem a decifrar o mistério das galinhas sumidas. Como esse exemplo ilustra, um limite é uma resposta a ameaças externas específicas, mas uma norma pessoal faz parte de um sistema operacional projetado para realizar aquilo que você julga o mais importante.

Considere o já mencionado momento de pedido de casamento em um estádio. Quando um pedido nos é feito, deparamo-nos com três perguntas abrangentes: (1) devo dizer sim ou não?; (2) se decidir dizer não, como o comunico de forma empoderada e sem abrir espaço para uma reação?; e (3) quando digo não, como faço isso de tal maneira que mantenha meu relacionamento e assegure minha reputação com o solicitante? Como já vimos, devemos dizer não aos pedidos do tipo "faça sua famosa lasanha" (alto custo/pouco benefício), do tipo "e-mail, tuíte, publicação" (baixo custo/pouco benefício), ocasionalmente aos do tipo "passe o sal" (baixo custo/muito benefício) quando são muito numerosos e, também, aos pedidos do tipo da "jornada do herói" (alto custo/muito benefício), quando for uma jornada que não esteja alinhada com nosso propósito. Mas como? Nossas normas pessoais servem como uma proveitosa infraestrutura subjacente para facilitar nossas respostas a esses diferentes pedidos. Elas fundamentam sua recusa empoderada, tornando-a mais persuasiva.

Resumindo, as normas pessoais são regras simples que você estabelece a si mesmo e que:

1. Surgem de sua identidade;
2. Refletem seus valores, prioridades, princípios e preferências;
3. Ajudam a orientar suas decisões e moldar suas ações para que alcance seu propósito singular de uma forma que lhe seja conveniente.

Visto que as normas pessoais se fundamentam no que você quer e abrem o caminho para que alcance seus objetivos, elas melhoram a qualidade e a experiência da jornada. O romancista de faroestes Louis L'Amour observou que "a coisa a ter em mente ao viajar é que o mais importante é o caminho, e não o destino. Viaje rápido demais e deixará passar tudo aquilo pelo qual está viajando."

A Estrutura DREAM

O filósofo Jean-Jacques Rosseau afirmou que "sermos motivados apenas por nossos desejos é escravidão, enquanto obedecermos a uma lei que impusemos a nós mesmos é liberdade." Inspirados por essa citação, podemos considerar as normas pessoais como regras que impomos a nós mesmos (ou expressamos aos outros) para vivermos a vida significativa e com propósito que desejamos. Dito de outro modo, uma norma pessoal é um curso de ações que você adota para si mesmo como método de fazer as coisas que lhe são importantes. As regras autoimpostas são libertadoras, visto que representam seu livre-arbítrio para viver de acordo com seus próprios princípios.

Alguns anos atrás, desenvolvi uma estrutura que denominei DREAM [sonho, em inglês] (**D**iagnosticar — **R**efletir — **E**stabelecer — **A**gir — **M**onitorar) para auxiliar os participantes de meus cursos a passarem, sistematicamente, pelos passos de como estabelecer normas pessoais a si mesmos de modo a levarem e viverem uma vida melhor. Vejamos rapidamente os passos dessa estrutura para aprender como estabelecer normas pessoais para nós mesmos (veja a Figura 5.1).[3]

Passo 1: Diagnosticar o problema. Todos queremos mudar algumas coisas em nossa vida, mas nem sempre queremos fazer o trabalho necessário para que seja uma mudança significativa. Para que qualquer mudança ocorra, o primeiro passo é identificar a área de sua vida que precisa dela. Seja o mais específico possível com relação ao problema, de modo a criar uma norma pessoal customizada. Seu problema pode ser não ter tempo ou energia para se exercitar, ou ficar distraído no trabalho por causa do Twitter ou de outra rede social. Considere o caso de Jamie Bakal, consultora educacional em Los Angeles. Ela gostava do trabalho e o fazia bem, mas tinha dificuldades para conseguir equilibrar o trabalho e as atividades domésticas nos primeiros meses da pandemia de Covid-19. Em um artigo publicado no *Washington Post* que escrevi com Jennifer Wallace, descrevemos como Jamie desenvolveu novas regras para ajudar a guiar como ela vivia e trabalhava em um mundo no qual os limites entre as duas atividades haviam desaparecido.[4]

Ao diagnosticar seu problema, cuide para distinguir entre um problema real e um imaginário. Às vezes, somos resistentes a tarefas que consideramos intimidadoras e queremos evitá-las, ou, então, achamos uma tarefa simplória demais, mesmo que esteja dentro da alçada de nossa responsabilidade. Pare por um momento para ter a certeza de que seu problema é real, e não imaginário, criado por sua psiquê para fugir do cumprimento de uma responsabilidade.

Passo 2: Refletir. Este estágio envolve refletir sobre como você quer as coisas depois de ter definido a região geral em que deseja executar a mudança. Para ser mais proativo, mas de uma forma tanto orientada aos valores quanto autêntica, você precisa ter uma boa noção sobre por que quer mudar. Quais valores e princípios não estão sendo respeitados em sua vida? Por exemplo, o desejo de começar uma rotina de exercícios pode estar relacionado aos seus valores de se manter saudável e ao desejo de ter uma boa aparência e de se sentir bem. Deixar de ser consumido pelo feed de seu Twitter pode ser algo motivado por um desejo crescente de ser mais produtivo ou de cultivar um estado de mente mais consciente. No caso de Jamie, ela identificou duas áreas de mudança com base em suas prioridades (privacidade durante as reuniões de trabalho) e estressores (interrupções dos filhos).

Vale a pena notar uma diferença sutil entre dois grupos de *porquês* que podem surgir durante a autorreflexão. Um tem o *porquê orientado ao propósito*, que revela o que consideramos importante e significativo, e o outro é o *porquê* da espiral negativa *orientado à situação*, "*por que me sinto assim?*", que busca entender os motivos para nossos sentimentos. Vamos entender a diferença.

Uma pergunta padrão que as pessoas talvez façam durante a introspecção é *por que me sinto assim?* Quando refletimos, tentamos instintivamente entender nossos sentimentos e as situações nas quais nos encontramos. Talvez questionemos *por que* ficamos nervosos depois de uma conversa, *por que* nos sentimos sobrecarregados no trabalho, *por que* é tão difícil encontrar tempo para se exercitar ou *por que* um estranho nos lançou um olhar de desaprovação. Em vez de ficarmos remoendo esse tipo de *porquê*, procure substituí-lo por perguntas mais orientadas à ação: *qual mudança estou buscando? O que prefiro que aconteça?* Tasha Eurich escreve: "gosto de usar uma ferramenta simples que chamo de *O Que, não Por Que*. As perguntas com *por que* podem nos aproximar de nossas limitações; as com *o que* nos ajudam a vermos nosso potencial. As perguntas com *por que* trazem emoções negativas; as com *o que* nos mantêm curiosos. As perguntas com *por que* nos prendem ao passado; as com *o que* nos ajudam a criar um futuro melhor."[5]

Usar um *porquê orientado à situação* durante a autorreflexão pode levar a novas emoções desagradáveis e nos fazer chegar a conclusões infundadas e avaliações improdutivas. *O que* nos ajuda a focarmos a realidade de uma situação, ao passo que *por que* nos incita a encontrarmos um motivo — qualquer um — para a entendermos. Quando nos concentramos no problema e fazemos uma pergunta com *o que*, em vez de *por que*, tiramos da equação emoções confusas como culpa, medo, preocupação e arrependimento.

Um evento de que participei teve a participação especial de Stephanie Cox, na época, a presidente norte-americana da Schlumberger, uma enorme empresa prestadora de serviços para campos de petróleo. Ela foi convidada para oferecer alguns conselhos práticos sobre gestão de tempo e revelou uma norma pessoal que mantinha: "não digo sim para um pedido que levarei cinco minutos para realizar." Ela descreveu como era frequente que seus colegas a abordassem nos corredores para fazer uma "perguntinha", ou pedindo "apenas cinco minutos de seu tempo". Essas conversas rápidas causavam distração e estresse. Em vez de passar tempo pensando *por que* esse tipo de pedido ocorria, ela considerou *o que* preferiria que acontecesse. E inventou uma maneira conveniente de resolver o problema. Começou a pedir que seus colegas lhe enviassem um e-mail para marcar um horário, e deveriam incluir uma breve descrição do que gostariam de conversar a respeito. Essa regra simples ajudou Cox a gerenciar seu tempo e permitiu que estivesse mais bem preparada para a reunião, quando ocorresse.

Use o passo "Refletir" da estrutura DREAM (Figura 5.1) para ganhar a autoconsciência de que precisará para criar uma norma exitosa para sua vida.

Figura 5.1: A Estrutura DREAM para Estabelecer uma Norma Pessoal*

Diagnosticar   IDENTIFIQUE OS PROBLEMAS

PERGUNTE

- Há um hábito que preciso mudar?
- Um comportamento que não está dando certo para mim?
- Algo que eu quero que aconteça, mas não está acontecendo?
- Algo que não quero que continue acontecendo, mas persiste?

Refletir   OLHE INTERNAMENTE COM COMPREENSÃO

PERGUNTE

- Por que quero mudar?
- Quais valores não estão sendo mantidos?
- Quais princípios estão sendo desafiados?
- Quais prioridades estão sendo negligenciadas?
- Quais preferências não estão sendo atendidas?

Estabelecer   FORMULE A NORMA

PERGUNTE

- Qual é o alvo? Preciso anunciar, fazer uma autoconversa, ou ambos?
- Qual forma minha norma pessoal deve ter? Deve ser uma regra decisória? Um ritual ou um preceito?
- Posso usar como referência, copiar ou pegar emprestado aquilo que funciona para outra pessoa?

Agir   COMECE E IMPLEMENTE

PERGUNTE

- Quais são as coisas às quais preciso dizer "não"?
- Estou recebendo reações de mim mesmo ou dos outros?
- Há algo me impedindo e que preciso resolver?
- O que preciso alterar ou ajustar?

Monitorar   ATUALIZE E MUDE

PERGUNTE

- O que está e não está dando certo para mim?
- Há um problema ou conflito que preciso resolver?
- Minhas circunstâncias mudaram? E minhas expectativas (trabalho ou vida)?
- O sucesso parece diferente para mim agora?

---

*   Adaptada de: PATRICK, Vanessa. "Getting to Gutsy: Using Personal Policies to Enhance (and Reclaim) Agency in The Workplace". *Rutgers Business Review* 6, n. 2, 2021.

Passo 3: Estabelecer. Agora que entendemos *o que* diminuirá ou até removerá o problema de nossa vida, precisamos estabelecer uma norma pessoal para resolver as questões de forma consistente ao longo do tempo. Ao projetar uma norma pessoal para dizer não, considere *a quem* precisa dizer não — o alvo de sua norma pessoal. Denominaremos o uso da norma para dizer não aos outros de *anúncio*, e o uso de uma norma pessoal para dizer não a si mesmo de *autoconversa*. Devemos concordar que a recusa empoderada é uma super-habilidade que pode ser usada para dizer não a outros que estejam tentando fazer você concordar com o que eles querem, assim como para si mesmo (para afastá-lo da tentação, ajudá-lo a seguir seus objetivos, gerenciar sua vida digital/virtual ao dizer não aos seus dispositivos).

Anúncios são normas pessoais que você precisa comunicar aos outros, pois são eles que o estão afastando do que acredita ser importante e significativo. Caso se sinta levado para uma direção diferente da que considera "bom trabalho", será preciso fazer anúncios. Está passando o dia todo em reuniões e ficando sem tempo para fazer o que é realmente importante? Então precisa criar um tempo para o "trabalho focado" (à la Cal Newport). Talvez possa tornar isso possível se reservar uma porção de horários em sua agenda para trabalhar naquilo que precisa ser feito. Você também precisará anunciar às pessoas que não estará disponível, o mesmo que faria caso tivesse uma reunião marcada. (Pode dizer: "sinto muito, vou pular essa. Tenho outro evento na minha agenda para o mesmo horário.") Se você viaja bastante, mas descobriu que os voos noturnos não lhe fazem bem, desenvolva uma norma pessoal para comunicar que você não pega voo corujão. (Pode anunciar: "não pego voos noturnos.") Se precisa garantir o tempo com a família no fim do dia, um exemplo de anúncio seria dizer à sua equipe no trabalho que você está indisponível entre 17h e 20h (pode dizer: "não faço reuniões entre 17h e 20h" ou "não estou disponível entre 17h e 20h").

Autoconversa é uma norma pessoal que você estabelece a si mesmo para manter-se focado nas tarefas ou nos comportamentos que lhe são importantes. Entraremos em mais detalhes sobre a autoconversa posteriormente no livro, mas vale a pena ter em mente que a voz mais influente é normalmente aquela em sua cabeça, que conversa com você o tempo todo e todos os dias. Se quiser desenvolver uma rotina de exercícios, poderia considerar o conselho que o pai da autora Gretchen Rubin lhe deu quando ela estava no ensino médio: "tudo que precisa fazer é calçar os tênis de corrida e deixar que a porta da frente se feche atrás de você." Rubin descreve como não fica mais discutindo se vai ou não correr. Em vez disso, em um horário designado, ela se prepara, dá o nó nos cadarços, sai de casa e fecha a porta atrás de si. Após realizar esses primeiros passos essenciais, ela começa então a correr ou vai para a academia. Se você tem vergonha de falar em público e quer mudar isso, pode criar uma norma pessoal para se oferecer a falar com clientes potenciais para superar sua ansiedade. Pode ser difícil no início, mas a prática regular pode lhe dar a dose extra de confiança necessária.

Algumas normas pessoais precisam ser anúncios que fazemos aos outros *e também* uma autoconversa com nós mesmos. Uma colega professora trabalha home office nas quartas-feiras. Quando tomou essa decisão, precisou informar não apenas aos colegas do quadro docente e a seus alunos de doutorado que não estaria disponível no campus nesse dia, mas também precisou resistir à tentação de dar um pulinho em seu escritório para fazer alguma coisa durante um dia que havia designado que trabalharia de casa. Ter a autodisciplina para manter sua própria norma pessoal serve como um sinal para os outros e para si mesmo da importância que os valores subjacentes à sua norma pessoal possuem. Lembro-me de uma longa conversa que tive com um sábio amigo da pós-graduação que perguntou, retoricamente, "por que os outros nos levariam a sério se nós não nos levamos?"

Também pode ser útil compartilhar suas normas pessoais com outros para que possam ajudá-lo a mantê-las. Linda Babcock, professora de economia na Universidade Carnegie Mellon, identificou um problema. Estava passando tempo demais no trabalho fazendo favores e tarefas que a desviavam do trabalho real que os professores universitários precisam fazer.

É uma situação familiar demais que muitas vezes surge nas aulas de liderança que leciono, customizadas especificamente para mulheres acadêmicas. Elas têm mais chances de serem abordadas com pedidos para fazer coisas que vão além de pesquisar e lecionar (as reais tarefas que promovem na academia), como escrever cartas de recomendação, dirigir ou ajudar em comissões universitárias ou participar de inúmeras forças-tarefas (que são tarefas invisíveis sem qualquer promoção). Muitas dessas tarefas são importantes e estão alinhadas com seus propósitos, porém, várias vezes podem se acumular (lembre-se da armadilha da galinha), e muitas vezes não são gratificantes e apenas precisam ser feitas. Perguntei certa vez a um líder acadêmico por que essas tarefas que consomem um tempo enorme (participar de uma força-tarefa pode ser um compromisso semanal que dura entre seis semanas a um ano) e muitas vezes são inconvenientes (dar orientação acadêmica às 18h de uma sexta-feira) não são "contadas" para os aumentos e promoções? E obtive esta resposta: "não temos um mecanismo para contá-las, então precisamos presumir que você as faz porque quer." Esta é a crua realidade: as pessoas presumem que você escolhe aceitar tarefas porque quer, e porque estão alinhadas com o que você valoriza, quando, na verdade, muitos (em minha experiência) aceitam muitas tarefas (desagradáveis e inconvenientes) seguindo sua noção de dever e responsabilidade.

Voltando a como Linda Babcock abordou esse problema: ela percebeu que provavelmente não estava sozinha em tal dilema, então entrou em contato com algumas amigas que se uniram para falar das dificuldades que enfrentavam, mas também sobre como recusar as solicitações que apareciam em seu caminho. Essa foi a gênese do que Babcock chama de clube do "Simplesmente Não Consigo Dizer Não". O clube criou um grupo de apoio de mulheres com ideias semelhantes que ajudavam umas às outras a decidir se dizer sim a uma solicitação "agregaria valor". Lise Vesterlund, uma das integrantes originais do clube, explica como isso a ajudou. Ela disse, "o clube me fazia perguntar sempre: 'do que você vai abrir mão para fazer esse favor?' Não conseguia fazer isso antes." Ela também descobriu que ter o apoio do clube a ajudou a parar de pedir desculpas ou de oferecer longas explicações quando dizia não aos pedidos.[6] Usando o exemplo dessa experiência, você pode decidir criar um "clube do não". Pode ser útil compartilhar quais são suas normas pessoais com os confiáveis integrantes do clube. Quando receber um pedido e compartilhá-lo com o grupo, é provável que os integrantes estarão mais bem preparados do que você para ver um desalinhamento entre o pedido e suas prioridades.

Visto que surgem de sua identidade, as normas pessoais são ferramentas úteis que nos fornecem as lentes através das quais decidimos o que aceitar fazer. Também nos oferecem a infraestrutura ("É minha norma...") para sustentar uma recusa empoderada e garantir a consistência e a longevidade dessa resposta ao longo do tempo.

Passo 4: Agir. Falaremos posteriormente neste livro sobre decretar nossas normas pessoais e torná-las uma realidade quando comunicamos nossa recusa empoderada, então, segura aí. Por ora, destacarei a importância de implementar um sistema de normas pessoais para ajudá-lo a eliminar o problema.

Voltemos ao caso de Jamie. O anúncio que fez a suas filhas de 7 e 9 anos foi: "a menos que se machuquem ou que a casa esteja pegando fogo, por favor, não me interrompam durante minhas reuniões de trabalho." Como nenhuma das meninas tinha celular, ela configurou o iMessage nos computadores delas, vinculando tanto seu número como o de seu marido. A ressalva é que elas teriam o privilégio de usar o iMessage *apenas* para fazer as tarefas escolares ou obter ajuda com colegas de sala. Ao estabelecer diretrizes claras, Jamie conseguiu resolver um problema desafiador enfrentado por inúmeros pais e mães que passaram a trabalhar home office durante a pandemia.

Com base no que aprendemos até aqui sobre as normas pessoais, provavelmente você concordará que transformar seus objetivos, resoluções ou limites pretendidos em normas pessoais os torna mais passíveis de serem concretizados. Por exemplo, posso estabelecer um *objetivo* para me exercitar por trinta minutos diariamente, ou formular a resolução de que "a partir do dia 1º de janeiro, farei trinta minutos de exercícios todos os dias". Transformar tais objetivos e resoluções em normas pessoais os torna mais viáveis e acessíveis e, desta forma, mais fáceis de manter. Você pode estabelecer uma norma que diz: "faço trinta minutos de exercícios logo que acordo, de segunda a sexta." Como pode ver, objetivos e resoluções tendem a ser genéricos, abstratos e impessoais, ao passo que as normas pessoais são específicas, precisas e consideram o que funciona para você. Assim como você escova seus dentes e toma sua xícara de café todas as manhãs, também fará exercícios físicos. Tal norma pode vir a se tornar um ritual diário: "a primeira coisa que faço depois de acordar é escovar meus dentes, vestir a roupa de academia e começar minha rotina de exercícios." Contudo, esse plano de exercícios talvez não funcione para alguém que não é "matutino". Para essa pessoa, talvez será melhor fazer o exercício durante o almoço ou depois do trabalho. Como pode ver, uma norma pessoal é uma maneira concreta e situacionalmente acionada (falaremos mais sobre isso em breve) de agir, e feita sob medida para refletir o que você valoriza, prefere e prioriza.

Passo 5: Monitorar. Uma regra geral para novos hábitos é que são necessários ao redor de 66 dias — um pouco mais de 2 meses — para criar um. Caso sua norma pessoal o leve a fazer coisas com as quais não estava acostumado a fazer, então o tempo será seu melhor amigo. Apenas siga firme.

Todavia, se você estabeleceu uma norma pessoal específica, se acredita que deu a ela uma boa chance, porém, por algum motivo ela não está funcionando, volte ao seu caderno e reformule-a para que esteja mais adaptada a você. Afinal, é sua norma; você pode adaptá-la e alterá-la até que funcione. Reserve momentos para refletir sobre as perguntas: *quais normas pessoais não estou aplicando à minha rotina? Tenho normas pessoais que não estão mais me servindo?* Dê uma olhada no passo "Monitorar" da estrutura DREAM (Figura 5.1) para ajudá-lo a garantir que esteja atualizando suas normas pessoais de modo a refletirem suas prioridades atuais.

Benefícios das Normas Pessoais: Como Bússola, Ímã e Ponte

Analisemos por que as normas pessoais são ferramentas proveitosas para nos ajudar a comunicar uma recusa empoderada. Primeiro, elas servem como uma *bússola* que nos ajuda a escolhermos qual caminho seguir. Segundo, agem como *ímãs* designados a nos manter alinhados com nossos valores e servir ao nosso melhor interesse. Terceiro, atuam como uma *ponte* para chegarmos à maestria pessoal e ao sucesso profissional para criarmos uma vida de propósito e significado.

1. Normas pessoais como uma bússola

Fundamentar sua recusa em uma norma pessoal expressa a si mesmo e aos outros, com convicção e determinação, quais são suas prioridades e o que você considera importante. Barbara Walters observou que "a maioria de nós tem dificuldade de fazer várias coisas ao mesmo tempo. A mulher que nega isso é alguém que admiro, mas que nunca conheci." Como nossa vida é tão corrida e com tantas demandas concorrentes, é muito comum termos que fazer malabarismo com nossas diferentes prioridades. Ter uma norma pessoal em prática pode nos ajudar a escolher entre opções diferentes, mas igualmente importantes. Como uma bússola, elas orientam nosso caminho.

Imagine que você planejou sair do trabalho às 17h e ir direto para a academia. Agora, faltam poucos minutos para as 17h e um colega chega em você e lhe pergunta se poderia fazer uma reunião hoje às 17h, em vez de amanhã às 9h. Ele diz que seria bom não ter que enfrentar o horário de pico para conseguir chegar cedo no dia seguinte. Nós poderíamos dormir até um pouquinho mais tarde, brinca ele.

Caso você não tenha uma norma pessoal em prática, veja quais seriam as possíveis linhas de pensamento que inundariam sua mente ao considerar o pedido. Primeiro, pode ficar tentado a concordar, racionalizando que *seria bom já resolver essa reunião. Eu poderia dormir até um pouco mais tarde, ou então ir à academia de manhã, em vez de agora.* Talvez sinta certo incomodo e faça a pergunta, *por que esse cara marcou uma reunião às 9h se não queria esse horário?* Pode sentir um toque de conflito: *devo dizer sim e fazer a reunião agora ou devo ir à academia, como planejado?* Talvez sinta arrependimento: *queria ter saído um pouco mais cedo e ido direto à academia, assim o cara não teria falado comigo.* Ou alívio: *ah, uma boa desculpa para eu não ir à academia.*

Considere agora o que poderia acontecer caso tivesse uma norma pessoal em prática.

Você tem uma norma pessoal de sair do trabalho, ir direto para a academia e chegar lá às 17h30 nas segundas, quartas e quintas. Para não se atrasar, precisa desligar seu computador às 17h. Você tem um colega de academia com quem se exercita, e que também lhe dá uma força para cumprir com seu compromisso, assim, sua norma pessoal também inclui um tempo para socialização. Ter esse sistema em vigor garante que você tenha o tempo necessário para se exercitar e faz com que diga não para qualquer coisa que apareça nessa janela de tempo.

Você saberá imediatamente que precisa dizer não a essa solicitação de última hora. Como uma bússola, sua norma pessoal o ajuda a enfrentar o "não" e a responder rapidamente e com facilidade. Pode apenas dizer que a reunião às 17h não vai rolar porque você já tem compromisso marcado. Ao evocar uma norma pessoal para dizer não, seu "não" é visto como empoderado.

2. Normas pessoais agem como ímãs para servir aos seus melhores interesses

Sermos humanos significa estarmos preocupados com as consequências de nossas escolhas e ações, para nós e os outros. Aprendemos logo cedo que nossas ações têm consequências. Sabemos que nossas decisões impactam tanto nossa reputação (nosso posicionamento no mundo) quanto nossos relacionamentos. Precisamos de princípios que nos atraiam como ímãs à decisão certa.

Tom Tierney, diretor e cofundador do The Bridgespan Group, que oferece consultoria gerencial para organizações sem fins lucrativos e filantrópicas, usa o termo *ímã* para descrever nossos comprometimentos — as coisas em nossa vida para as quais queremos ser atraídos (família, amigos, interesses e hobbies) e o termo *esponja* para descrever as coisas em nossa vida que sugam todo nosso tempo e energia e nos afastam daqueles comprometimentos, não deixando tempo para mais nada.[7] No trabalho, sempre há mais projetos a serem concluídos, eventos de networking a participar e uma infinidade de ideias a desenvolver. De todo modo, precisamos fazer essas coisas, desde que não sejam esponjas e absorvam cada gota de nosso tempo, energia e entusiasmo. Exercícios físicos representavam um ímã para Tierney, e ele reservava um tempo todas as manhãs para isso. Sua esposa e seus filhos eram outro ímã, então priorizava tempo para eles ao destinar fins de semana exclusivamente para a família.[8]

Quais são seus ímãs? Como os reconhece? Para identificar seus comprometimentos e priorizá-los, você precisa fazer as seguintes perguntas a si mesmo: *qual é minha maneira preferida de agir? Quando dou meu melhor no trabalho? Quando me sinto perdido e desorientado? O que levanta minha energia e motivação? O que me faz sorrir e dar risada? Quem são as pessoas que gosto de estar perto?* Estabeleça normas pessoais que encham primeiro seu copo, para que possa, como a atriz Glenn Close, "lidar com o mundo usando o transbordamento."

Também precisamos identificar as esponjas em nossa vida. Talvez você tenha um chefe que é sua esponja — alguém que acredita que você deve estar disponível 24 horas por dia e 7 dias por semana, fazendo você se sentir terrivelmente culpado sempre que decide se concentrar em alguns de seus ímãs. As redes sociais e a tecnologia podem ser uma esponja se você não conseguir se afastar delas por tempo suficiente para se concentrar e fazer seu trabalho. Caso tenha uma esponja humana (ou não humana) em sua vida, precisa controlar sua influência e cortar o mal pela raiz.

3. As normas pessoais são uma ponte para a maestria pessoal e o sucesso profissional

Arête é uma de minhas palavras favoritas. Vem do grego antigo e significa excelência ou virtude. Todos queremos alcançar *arête*... e, contudo... quando chega a hora, nossos dias vão se mesclando, os anos passam e nossa busca por excelência permanece uma busca. Considere Twyla Tharp, a dançarina e coreógrafa que mencionei no Capítulo 1. Em seu livro, *The Creative Habit* [sem publicação no Brasil], ela propõe que são os hábitos diários e a rotina regular que moldam e estimulam a criatividade. Ela escreve, "a criatividade não é um dom dos deuses concedido por alguma centelha divina e mística. É o produto do preparo e do esforço, e está dentro do alcance de qualquer um que queira alcançá-la. Tudo que você precisa é ter a disposição de tornar a criatividade um hábito, uma parte integral de sua vida: para ser criativo, você precisa saber como se preparar para ser criativo." Desde sua infância, Twyla vem mantendo uma agenda rigorosa centrada na música e na dança. Em seu livro, ela descreve seu ritual diário de acordar às 5h30, vestir as roupas de academia e pegar um táxi até a academia Pumping Iron, em Nova York. Em suas palavras, "o ritual não é o alongamento e o treinamento com pesos que meu corpo pratica a cada manhã na academia; o ritual é o táxi. No momento em que digo ao taxista aonde ir, é quando concluí o ritual." Os rituais, rotinas e hábitos que Twyla Tharp aplicou sustentam sua excelência e criatividade ao longo dos anos.

Esta é uma mensagem de esperança a todos nós: uma vida produtiva e perfeitamente sana, repleta de paixão e propósito é possível. Ela começa com autorreflexão e autoconsciência, e envolve aplicar sistemas para construir uma ponte que vai de onde você está à maestria pessoal e profissional que todos buscamos.

Usar Desculpas ou Não?

Todos damos desculpas. Inventamos motivos para explicar por que não fazemos o que deveríamos (o cachorro comeu meu dever de casa), por que nos atrasamos (havia tanto tráfego), por que não realizamos bem uma tarefa (não dormi bem noite passada) ou por que não podemos dizer sim a um pedido (estou atolado de trabalho). Às vezes essas desculpas são baseadas na verdade, mas outras vezes, damos uma esticada na verdade porque não conseguimos juntar a coragem para dizer o que realmente queremos, e definitivamente não queremos magoar o sentimento dos outros. Ser direto parece uma qualidade admirada nos romances vitorianos, contudo, parece não se aplicar facilmente na sociedade atual.

As pesquisas mostram que as desculpas servem como um amortecedor para nos proteger do constrangimento, da vergonha, da culpa e da ansiedade.[9] As desculpas funcionam porque tiram a culpa por resultados negativos do indivíduo e a coloca em fatores externos além de seu controle. Os psicólogos observaram um fenômeno permanente referido como erro fundamental de atribuição. Dito de forma simples, é assim: ao explicar o comportamento de outras pessoas, culpamos prontamente a pessoa (ela está atrasada porque é preguiçosa e dormiu até tarde), mas ao explicar o nosso, conseguimos atribuir nossos erros à situação na qual nos encontramos (estou atrasado porque tinha muito trânsito).

Imagine que alguém toca sua campainha e lhe oferece a assinatura de uma revista. Muito provavelmente, você nunca mais verá essa pessoa, então usar uma desculpa para sair da situação pode dar certo. Imagine agora que a campainha toca e é seu vizinho, com sua filhinha, vendendo a assinatura da revista para ajudar um projeto anual na escola. Muito bem, temos um dilema: porque você quer ser educado, inventa uma desculpa para não aceitar. Mas sabemos que as desculpas que explicam por que você não pode fazer algo pedem um "por quê". Se usou uma desculpa, pode ter se safado de fazer a assinatura da revista desta vez. *Desta vez*. Algo interessante sobre as desculpas é que são *soluções a curto prazo para um problema a longo prazo*. As pesquisas mostram que dar uma desculpa funciona a curto prazo: haverá menos chances de você sucumbir ao tentador bolo de chocolate quando tem um casamento para ir daqui a duas semanas.[10] Porém, depois dessas duas semanas, sua desculpa desaparece e você estará lidando novamente com a tentação. Usar desculpas é ineficiente a longo prazo e o faz buscar constantemente por motivos para sustentá-las.

Por outro lado, você pode oferecer uma norma pessoal. Pode dizer: "tome aqui R$10 para ajudar na escola, mas não assino revistas". Muito provavelmente, no ano seguinte, a garotinha não lhe oferecerá a assinatura da revista, pois você compartilhou sua norma pessoal.

Em forte contraste às desculpas, as normas pessoais direcionam o resultado de uma decisão diretamente sobre você. Isso parece ir totalmente contra o conselho que diz que, contanto que você não faça os resultados negativos serem sua responsabilidade, estará bem. As normas pessoais tomam o posicionamento deliberado de trazer a si as consequências, mesmo as ruins. Em um artigo de pesquisa, faço uma comparação entre as desculpas e as normas pessoais ao dizer não para pedidos difíceis de serem recusados. Proponho que, em vez de desviar a atribuição causal de si para a situação, você deveria assumi-la. Assumir o resultado é um sinal de força e coragem, e reflete sua identidade. Além disso, tem um efeito mais duradouro do que as desculpas, como mostrarei no estudo a seguir.

Os Efeitos Duradouros das Normas Pessoais: Evidências de Laboratório

Em um estudo que conduzi com universitários, quis comparar o impacto a curto e longo prazos do uso de normas pessoais em comparação às boas desculpas[11]. Criei um cenário no qual o participante ouvia que havia surgido uma oportunidade de alugar um apartamento só para si, mas que faltavam US$1.000 para conseguir pagar o depósito caução. Foram instruídos, em seguida, que não queriam perder a oportunidade, então decidiram falar com sua boa amiga, Pat, que, sabidamente, tinha o dinheiro no banco. Eles pegaram o telefone, ligaram para ela e pediram o dinheiro. Os alunos participantes foram atribuídos aleatoriamente para um destes três grupos experimentais: normas pessoais explícitas, normas pessoais implícitas e boas desculpas.

Para o grupo "normas pessoais explícitas", Pat recusa o pedido dizendo: "realmente gostaria de ajudar, mas tenho uma filosofia pessoal: nunca seja credor nem devedor. Meus pais geralmente citavam essa regra de ouro de Shakespeare durante minha infância, e a adotei como minha filosofia pessoal quanto a emprestar dinheiro para as pessoas. Sinto muito e lhe desejo boa sorte."

Para o grupo "norma pessoal implícita", Pat recusa a solicitação afirmando uma crença, mas sem fornecer um motivo: "realmente gostaria de ajudar, mas emprestar dinheiro a amigos e familiares é quase sempre uma dor de cabeça. Sinto muito e lhe desejo boa sorte."

Para o grupo "boas desculpas", Pat recusa o pedido dizendo: "realmente gostaria de ajudar, mas estou economizando para fazer pós-graduação, e cada centavo conta para pagar a mensalidade. Sinto muito e lhe desejo boa sorte."

Para avaliar o nível de eficácia da recusa, pedi aos participantes que classificassem a resposta negativa de Pat como persuasiva, convincente e determinada (todos os itens em escala, em que 1 = de jeito nenhum e 7 = totalmente). Os participantes não relataram diferenças significativas nessas variáveis, indicando que ela havia recusado de forma convincente o pedido de empréstimo de dinheiro. Para avaliar se os alunos reagiriam ou tentariam persuadir Pat a mudar de ideia, perguntei isso a eles, bem como sobre a possibilidade de respeitarem a recusa dela. Novamente, não houve diferenças significativas no nível de eficácia entre as boas desculpas e as normas pessoais. A curto prazo, uma boa desculpa funciona tão bem quanto uma norma pessoal.

No entanto, minha previsão era a de que as normas pessoais seriam mais duradouras. Para avaliar os efeitos duradouros das normas pessoais em comparação às boas desculpas, pedi aos participantes que imaginasse que haviam se passado dez anos e que precisavam pegar dinheiro emprestado para um projeto importante. Qual seria a possibilidade de pedirem que Pat lhes emprestasse o dinheiro? A Figura 5.2 a seguir mostra o número de pessoas que estavam mais ou menos propensas a pedir o dinheiro a Pat depois de dez anos.

Figura 5.2

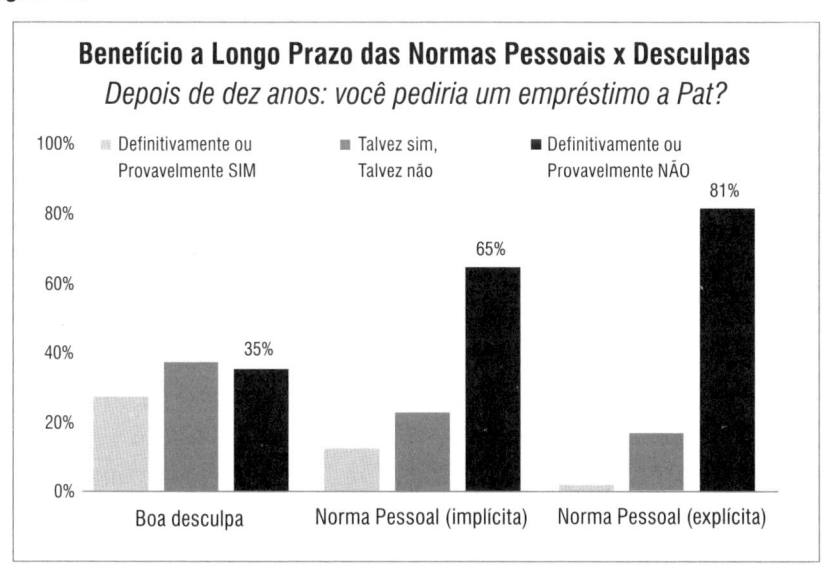

Esse estudo demonstra que as pessoas ficam hesitantes em entrar em contato novamente com alguém que sabem ter uma norma pessoal, em comparação a quando a pessoa dá uma boa desculpa. Consideravelmente mais participantes provavelmente falariam com Pat após dez anos para pedir outro empréstimo quando ela havia dado uma boa desculpa, embora passageira, em comparação a quando ela ofereceu uma norma pessoal. Mesmo as boas desculpas têm data de validade, mas as normas pessoais, não.

Tenha em mente que ao decidir dar uma desculpa ou uma norma pessoal para explicar sua recusa, é sempre melhor escolher a segunda.

Crie Sua Zona de Excelência

Em seu livro *Empresas feitas para vencer,* Jim Collins escreve: "pessoas disciplinadas que se engajam em pensamentos disciplinados e agem de forma disciplinada — agindo com liberdade dentro de uma estrutura de responsabilidades —, tal é a pedra angular de uma cultura que cria a grandeza." Como pesquisadora da autorregulação e da maestria pessoal, tal noção de "cultura de disciplina" ressoa muito forte em mim. Da mesma forma que Isabel Allende tornou a escrita uma prioridade e criou uma cultura de disciplina em torno dessa atividade, e que Twyla Tharp fez da dança e da coreografia seu foco e criou um sistema de hábitos e rituais para alcançar a excelência, você pode identificar as coisas mais importantes, que deseja que se tornarem realidade, ou até os problemas em sua vida que não desejaria que ocorressem, e desenvolver normas pessoais em relação a eles.

As normas pessoais ajudam você a criar zonas de excelência de atuação que o permitem crescer e prosperar. Nesse sentido, elas me fazem lembrar do processo de esterilização com chama. Uma das coisas que talvez não saiba sobre mim (ainda) é que me graduei em microbiologia e bioquímica antes de fazer mestrado em administração.

Uma das primeiras técnicas que precisei dominar como microbióloga foi a esterilização com chama, que é usada quando queremos transferir ou criar culturas de microrganismos no laboratório. Primeiro, é preciso organizar seu espaço de trabalho no formato de um triângulo, com o bico de Bunsen no topo do triângulo, seus tubos de ensaio na parte esquerda inferior e as placas esterilizadas de ágar na parte direita inferior (presumindo que seja destro). Depois, precisa usar a chama para criar uma zona de esterilização ao transferir, digamos, uma cultura de estreptococos do tubo de ensaio para a placa de ágar no intuito de cultivá-la. Sendo uma microbióloga novata, geralmente, ao verificar as placas depois do período de 24 horas de incubação, elas estariam, espantosamente, infestadas de fungos, todos os tipos de bactérias coloridas e, talvez, um pouco da cultura de estreptococos que você estava tentando cultivar. Embora seu objetivo fosse ter uma cultura pura na placa, o ar está tão repleto de microrganismos que é basicamente impossível fazer isso sem uma maestria aguçada da esterilização com chama. Os microbiólogos habilidosos aprendem a trabalhar perto o suficiente da chama e a usar a zona de esterilização para transferir apenas a cultura de interesse à placa de ágar, de modo que a cultura microbiana ali seja pura e cresça sem contaminação.

Pense em suas normas pessoais como se fossem um bico de Bunsen. Elas representam a forma em que você pode criar uma zona de excelência para si mesmo e uma cultura de disciplina em que possa prosperar, sem a interferência das distrações e (ouso dizer) do efeito contaminante dos outros.

CAPÍTULO 6

Entregando-se Inteiramente
à Sua Própria Recusa Empoderada

Era fevereiro de 1993. Já faziam quase dois anos desde que a Guerra do Golfo havia sido encerrada, mas para que seu fim fosse oficialmente declarado, ainda existiam uma série de sanções da ONU a serem ajustadas. Na época, a embaixadora dos EUA na ONU, Madeleine Albright, estava encarregada de uma única função: garantir que as sanções ao Iraque permanecessem. Em alguns momentos, isso significava criticar o presidente iraquiano Saddam Hussein por não cumprir com as inspeções da ONU ou por não revelar informações sobre o programa iraquiano de armas. É desnecessário dizer que Albright não era popular na mídia iraquiana, controlada pelo governo. Sua impopularidade era tamanha a ponto de um jornal de Bagdá publicar um poema intitulado "Para Madeleine Albright, sem saudações", descrevendo-a como uma "serpente inigualável", entre outros adjetivos. Sem se deixar abalar por tal desfeita, Albright, que por acaso tinha um antigo broche de serpente de ouro, decidiu usá-lo durante as reuniões de negociação com o Iraque. Não demorou muito até que a mídia local percebesse o adereço e a questionasse a respeito da escolha do broche. Essa foi a gênese do que Albright descreve como "seu arsenal diplomático pessoal".

Assim, os broches de Albright logo se tornaram uma estratégia visual para "falar francamente", para expressar seu posicionamento, de modo que pudesse enviar, por meio de seu estilo e linguagem pessoal, uma mensagem aos membros dos gabinetes, repórteres e até líderes mundiais. Quando foi nomeada como a primeira mulher a ser Secretária de Estado dos EUA, em 1997, passou a usar seus broches de forma mais deliberada. Em uma entrevista à NPR sobre seu livro *Read My Pins: Stories From a Diplomat's Jewel Box* [sem publicação no Brasil], Albright disse: "Como vimos, simplesmente existiam muitas oportunidades tanto para comemorar um evento específico como para sinalizar como eu me sentia."[1] Nos dias bons, ela escolhia broches alegres de sóis, flores, borboletas e balões de gás. Nos dias não tão bons assim, ela tinha uma coleção de broches de insetos e de animais carnívoros que deixava bem à vista em seus terninhos conservadores; e, nos dias lentos e frustrantes, repletos de longas e tediosas conversas diplomáticas, ela recorria aos caranguejos e tartarugas.

Existem diversas histórias sobre pessoas que usaram o que a jornalista da revista *Smithsonian*, Megan Gambino, descreve como "diplomacia não verbal — um artifício pelo qual os líderes podem assegurar uma posição de poder, alavancar sua reputação e ainda desenvolver relacionamentos mais próximos com os outros."[2]

O rei Luís XIV da França ostentava sua riqueza para criar uma imagem de si mesmo como *"Le Roi Soleil"* (o Rei Sol), o monarca mais poderoso cujo mundo girava ao seu redor. O que ele queria não era apenas manter sua posição como rei, mas também expressar ao resto da Europa que, se em dias comuns na corte, ele podia se vestir de forma tão elegante, e ainda bancar a construção de um palácio como o de Versalhes, os outros líderes poderiam ver nele um aliado formidável. No extremo quase oposto, o cofundador da Apple, Steve Jobs, escolheu um suéter preto de gola rolê, calça jeans Levi's 501® classic fit e tênis New Balance como a sua marca registrada. Foi a partir dessa escolha de uniforme que ele ganhou o status de um gênio criativo com "uma decisão a menos para se preocupar todos os dias".[3]

Quando se trata de poder, um dos meus exemplos favoritos vem de Zaha Hadid, uma arquiteta fenomenal nascida no Iraque e conhecida como a Rainha da Curva por sua proeza e inovação arquitetural. Ela se tornou a primeira mulher e uma das pessoas mais jovens a ganhar o famoso Prêmio Pritzker de arquitetura. Apesar dos obstáculos que precisou enfrentar para conquistar seu espaço em um mundo masculino (a realidade da arquitetura naquela época), Hadid, que veio a se tornar uma cidadã britânica, desafiou a tendência das pessoas que seguiam enquadrando-a dentro de caixinhas com categorias palatáveis, como "arquiteta mulher" ou "estrangeira". Como ela disse em uma de suas inúmeras entrevistas: "Sendo uma mulher, a expectativa das pessoas sobre mim é que eu queira que tudo seja delicado, e que eu seja delicada também. Algo muito típico da Inglaterra. Eu não projeto edifícios delicados — não gosto deles. Gosto que a arquitetura tenha uma qualidade bruta, vital e telúrica."[4] Seu estilo de design ousado, que projetou prédios que desafiavam a gravidade, também se refletia com frequência em sua aparência no geral. Ao escolher roupas e acessórios de marcas criativas, sua personalidade confiante e autêntica ("bruta, vital e telúrica") era retratada de maneira inesquecível.

O que todos esses exemplos nos ensinam é que a forma como nos apresentamos é importante. Nossa comunicação não verbal, geralmente referida como linguagem corporal, não envolve apenas indicações visuais, como roupas e acessórios, mas também indicações não verbais, como expressões faciais, gestos, voz e postura que sinalizam nossos pensamentos, sentimentos e status (de poder, ou da falta dele) aos outros.

Juntos, aprenderemos que para tornar a recusa empoderada eficaz, precisamos estar no controle da nossa comunicação não verbal para nos entregarmos inteiramente à nossa recusa. Nossa comunicação não verbal pode servir como um complemento excelente às palavras empoderadas "que fazem ter confiança", potencializando assim a sua eficácia. Com simpatia e cordialidade, ela também pode ser empregada de maneira eficaz para ajudar a amortecer o impacto de uma recusa, preservando nosso relacionamento com quem nos pede alguma coisa.

Não É Apenas o Que Você Diz, É Como Você Diz

Até aqui, aprendemos que a recusa empoderada envolve um conjunto de passos intencionais que comunicam com clareza o nosso "não", tendo como base as normas pessoais que estabelecemos para nós mesmos. Dessa forma, a recusa passa a ser mais sobre o que somos e o que queremos, e menos sobre uma rejeição a outra pessoa. Isso significa que nossa identidade precisa estar totalmente implicada, não apenas com palavras empoderadas, mas também com as indicações empoderadas da comunicação não verbal. Há duas formas importantes pelas quais podemos usar essas indicações para aumentar a eficácia de nossa recusa empoderada: intensificar o empoderamento e preservar o vínculo de relacionamento com a pessoa que solicita alguma coisa.

A comunicação não verbal reforça o empoderamento

Antes mesmo de dizermos qualquer palavra, nossas indicações não verbais podem entrar em cena. Pense um instante sobre o seguinte exemplo: você está em uma festinha da vizinhança e Jess vem até você lhe para cumprimentar. Depois de alguns minutos jogando conversa fora, ela diz, "preciso lhe pedir um favor." Você perde o ar por um momento, temendo o que ela pedirá. Sua mente está a mil, mesmo sem que ela sequer tenha dito o que quer: *meu Deus, não tenho tempo para mais nada nesse momento. Seria melhor não ter vindo aqui. Não, não, não. Por favor, não me peça nada.* Enquanto nosso cérebro está ao mesmo tempo tentando antecipar qual pode ser esse pedido e lutando para saber como lidar com qualquer conflito que surja, nosso corpo começa a revelar o pavor que estamos sentindo. As feições de nosso rosto podem mudar visivelmente — talvez elas fiquem rígidas, talvez nossos lábios fiquem franzidos e nossos olhos se arregalem. Nosso corpo pode sinalizar desinteresse — dando um passo para trás, cruzando os braços e tornando nosso olhar distante. Nossa ansiedade pode vir à tona quando cerramos nossos punhos, como se assim pudéssemos nos proteger daquilo que imaginamos ser uma grande demanda.

Já houve algum momento em que você sentiu essa angústia antecipada? Ou também já suspirou de alívio ao ouvir a pessoa, percebendo assim que o pedido não era nada grandioso, mas simplesmente algo como "passe o sal"? Talvez Jess só quisesse lhe pedir emprestado o seu cortador de grama por um dia, até que o dela saísse do conserto — um pedido ao qual você pode rápida e tranquilamente concordar. Ao permitir que nossa imaginação corra solta, acabamos respondendo a Jess de forma não verbal. Por mais que a resposta ao seu pedido venha a ser um sim, nossa comunicação não verbal muito provavelmente já tingiu a interação com negatividade. Muitas vezes, em especial quando estamos diante de situações em que nos antecipamos, considerando-as logo de cara como negativas, nosso recuo mental se apresenta sem nenhuma cerimônia.

Receber um pedido e responder a ele é uma experiência de corpo inteiro. É muito comum que as pessoas usem apenas palavras para dizer sim ou não, enquanto isso, sua linguagem corporal está sendo completamente negligenciada. Se as suas palavras estão dizendo não, mas o seu corpo sugere que você está inseguro quanto à isso, você se torna mais propenso a uma tentativa de convencimento. Incontáveis vezes ouvimos as expressões: "emoções à flor da pele", "sorriso amarelo", "cara de paisagem", pois nossa linguagem corporal entrega nossa vulnerabilidade sem rodeios. Ter que lidar com as indicações da comunicação não verbal pode gerar impactos na qualidade de uma interação interpessoal e na impressão que outra pessoa tem de você, independentemente se ela será ou não capaz de mensurar isso de maneira consciente. Para que a recusa empoderada seja eficaz, precisamos explorar o poder pessoal que nossa linguagem corporal nos oferece.

A recusa empoderada transcende as palavras. Embora dizer não seja basicamente um ato de fala, para que uma recusa seja empoderada você precisa recorrer a todo seu corpo para se entregar inteiramente a ela. É como diz o antigo ditado: "não é apenas *o que* você diz, mas *como* você diz." Nós vimos como o uso de palavras empoderadas como "eu não" tornam sua recusa mais eficaz. Para isso, argumentamos que se essas palavras estiverem fundamentadas em nossa identidade e expressarem uma norma pessoal, já teremos trilhado metade do caminho. Além de passar uma impressão aos outros de sermos mais persuasivos, também estaremos convencidos, em nossa própria mente, de que dizer não é a coisa certa a ser feita. Se você acredita genuinamente em seu posicionamento sobre uma questão, haverá muito menos chances de seu corpo o trair. De fato, existe um motivo pelo qual nos referimos a "eu não" como um tipo de afirmação formada por "palavras de confiança", pois basta usar uma linguagem empoderada como essa para que ela se reflita em sua aparência. Tal atitude faz com que você se sinta mais sólido, transparecendo confiança e segurança em si mesmo. Quando nossas indicações verbais e não verbais se unem para expressar um posicionamento empoderado, nossa recusa é mais eficaz. Do mesmo modo, quando nos colocamos inteiramente na nossa comunicação, adquirimos um posicionamento forte e determinado que aumenta a chance das outras pessoas concordarem sem reagirem tanto à situação.

A linguagem não verbal pode sinalizar acolhimento, assegurando nosso relacionamento com o solicitante

Um segundo benefício do uso das indicações não verbais na recusa empoderada é manter-se em harmonia com o solicitante. O "não" pode destruir um clima harmonioso, então quando você decide recusar um pedido, as indicações não verbais ajudam a amortecer qualquer aspereza que o seu "não" possa transmitir. Se for empregada de modo eficaz, a recusa empoderada faz o solicitante sentir que o que você está recusando é o pedido, e não ele, a pessoa. Quando alguma questão se apresenta, reforçar a sua comunicação com uma linguagem corporal genuína transmite um posicionamento "não é sobre você, é sobre mim".

As pessoas ficam felizes ao perceber que você está vivendo de acordo com seus princípios. Do mesmo modo que ninguém gosta de assistir a um filme em que as imagens e o som não estão sincronizados, as pessoas querem ver consistência e coerência não apenas naquilo que alguém diz, mas também na forma como dizem. Quando você fundamenta sua recusa em uma norma pessoal, faz uso de uma linguagem empoderada que, como suporte, virá acompanhada por indicações não verbais também empoderadas e, ainda assim, empáticas. Em outras palavras, quando o áudio está sincronizado com o vídeo, as pessoas pensam em você de um jeito positivo e também passam a valorizá-lo. Por mais bem articulada que venha a ser a sua recusa, ela terá poucas chances de ser realmente eficaz enquanto a sua comunicação não verbal não sugerir credibilidade, confiança e idoneidade. Uma vez que você deixa a sua força de caráter, integridade e autenticidade transparecerem, você terá a certeza de deixar uma conversa com o seu relacionamento preservado e a sua reputação intocada, mesmo que a sua resposta seja não.

Transparecendo Empoderamento, mas com Empatia

Façamos um pequeno exercício: acesse a Netflix ou seu serviço favorito de streaming e comece a assistir a um filme estrangeiro em um idioma que você não entende (recomendo a vibrante indústria cinematográfica iraniana, teluga ou árabe). Há muitas chances de que, contrariando o que imaginou, dentro dos primeiros minutos do filme, você consiga entender um ou mais elementos da produção: gênero (drama, comédia, documentário), época da história (clássica ou contemporânea) e até mesmo o orçamento da produção (*blockbuster* ou independente). Pode até deduzir a partir das indicações não verbais qual é o tom geral do filme — será que a produção tem um ar animado e positivo, como costuma ser uma característica das comédias românticas? Ou, então, existem traços de violência e tensão, como acontece nos filmes de suspense ou terror?

Agora, comece a ouvir o diálogo e a observar as expressões faciais. Lembre-se, você não entende nada do que está sendo de fato dito, no entanto, basta utilizar as indicações não verbais para pegar uma coisa aqui e outra ali sobre o que está acontecendo. Preste atenção à variedade vocal da voz do ator. Os seis elementos que contribuem para a variedade vocal são: volume (altura), ritmo (velocidade da fala), tom (agudo ou grave), pausa (o uso do silêncio), timbre (ressonância) e entonação (aumento e queda do tom na língua falada, como subir a voz no fim de uma pergunta)[5]. Concentrando-se apenas na voz, você consegue captar as emoções (quem está com raiva e quem está triste, feliz, eufórico, chateado ou deprimido) e, além disso, também é possível fazer avaliações mais holísticas das características gerais (quem é o mocinho e quem é o vilão, em quem se pode confiar ou quem está mentindo ou talvez escondendo alguma coisa). Ademais, independentemente da cultura, quando uma pessoa está feliz ela sorri, e quando está brava ou triste ela faz uma careta ou franze a testa. Ao menear a cabeça indicamos um não ou uma discordância, e quando a balançamos para cima e para baixo indicamos um sim ou uma concordância.

Quando nos encontramos em situações desagradáveis, como perante uma tarefa difícil, nossa linguagem corporal revela como nos sentimos a respeito. Podemos paralisar de medo, revirar os olhos ou olhar para baixo, inclinar a cabeça e olhar para longe ou nos curvar desejando que a terra se abra e nos puxe para dentro. Ou, talvez, cruzar os braços, cutucar as unhas ou esfregar ansiosamente as palmas das mãos. Se dissermos sim de má vontade por medo ou educação, nossos reais sentimentos de raiva e ressentimento geralmente serão revelados pela tensão em nosso rosto e em nosso corpo superior, que se voltará rígido para a outra direção. Tendo em vista que a nossa tendência natural é responder com hesitação[6]a uma demanda, demonstrando uma relutância ressentida a qualquer pedido que cruze o nosso caminho, para que sejamos capazes de dizer um não eficaz, é preciso saber como administrar esses sentimentos e a linguagem não verbal que os acompanha. Em outras palavras, precisamos saber identificar uma recusa empoderada e assim garantir que ela será incorporada de maneira consistente.

Até aqui, já analisamos a diferença entre a linguagem empoderada (eu não) em comparação à não empoderada (não posso). Quando as pessoas usam a primeira, elas provocam atitudes mais favoráveis e são mais persuasivas do que quando usam a segunda. Não importa se a comunicação acontece apenas por áudio, como em uma chamada telefônica ou um podcast, por áudio e vídeo, como em uma chamada do Zoom, ou pessoalmente[7]. Sabemos como é importante reforçar a linguagem empoderada através do uso de palavras categóricas como *apenas* ou *nunca* para expressar mais convicção e evitar palavras submissivas desnecessárias (tipo, sabe, hum). Agora, vejamos como nossa comunicação não verbal entra em cena, sabendo que nossa linguagem corporal e os sinais não verbais que ela envia expressam o nível de empoderamento que aparentamos.

Sinalizando Empoderamento (e a Falta Dele) pelo Uso de Indicações Não Verbais

O pesquisador de comportamento organizacional John Antonakis e seus colegas definem carisma como "a habilidade de comunicar uma mensagem transparente, visionária e inspiradora que cative e motive um público". Em seu estudo sobre líderes carismáticos, eles identificaram doze táticas carismáticas de liderança (TCLs), sendo que três delas são não verbais: as expressões do nosso corpo, voz e rosto[8]. A mensagem encorajadora que podemos tirar de sua pesquisa e trabalho de campo com diferentes gerentes é que qualquer um pode dominar tais TCLs e assim se tornar "mais influente, confiável e agir 'como líder' sob a perspectiva dos outros." Recorrerei a uma variedade de fontes para compartilhar algumas ideias sobre como nosso corpo, voz e expressões faciais fazem com que passemos a impressão de sermos empoderados ou não. Conforme desenvolvemos nossa autoconsciência, vamos considerar o quanto estamos adquirindo insights sobre como nosso corpo tende a reagir perante situações diferentes e, a partir disso, tentaremos substituir essas respostas automáticas por outras, intencionalmente poderosas. Afinal, nós, seres humanos, assim como os primatas dos quais evoluímos, tendemos a demonstrar nosso poder interpessoal e nossa dominância em uma variedade de maneiras não verbais.[9]

Mantenha-se aprumado: a linguagem que nos faz 'ter confiança' precisa vir acompanhada por uma postura corporal que sinalize o empoderamento. E como seria isso? Seja sentado ou em pé, para não se diminuir e se mostrar maior, você deve ser o dono do espaço. Mantenha, deliberadamente, suas costas retas e os ombros para trás, com os pés levemente separados um do outro e seu peso distribuído igualmente entre eles. De tempos em tempos, reivindique mais espaço se curvando para frente com as palmas das mãos abertas e seu corpo relaxado. Podemos, em certas situações, usar alguns gestos para frisar nossa opinião, como por exemplo, descansando casualmente os braços ou cotovelos sobre uma cadeira ou mesa. Uma postura ruim é um sinal óbvio de pouco poder, pouca energia e muita submissão. Cruzar os braços e abaixar o queixo de modo a encostá-lo no pescoço é uma forma de não atrair atenção para si mesmo, e ao fazer isso é como se estivesse dizendo: "não olhe para mim".

Eu acredito que lecionar de forma eficaz é uma atividade que envolve o corpo inteiro. Quando estou em pé diante de uma sala de aula repleta de alunos, não compartilho apenas os fatos e materiais sobre o tema programado para o dia. Pelo menos para mim, o ato de lecionar tem como um de seus principais pilares o uso de indicações não verbais que expressam cuidado, confiança, credibilidade e, arrisco dizer, carisma. A verdade é que a minha altura, para uma mulher indiana, é mediana, mas quando estou em pé perante 425 alunos em um auditório enorme, pareço um pontinho para os alunos que estão sentados lá na parte de trás. Eu sei que isso procede, pois, certa vez, pedi ao professor assistente que me gravasse lá da última fileira durante a aula, para que eu pudesse ver o que meus alunos viam. Sendo honesta, mesmo depois de muitos anos lecionando, eu ainda me sinto ansiosa quanto à minha habilidade de comandar a atenção de centenas de pares de olhos. Assim, emprego algumas táticas intencionais que funcionam para mim.

Uso trajes de negócios — geralmente em cores escuras, além de joias e, de vez em quando, uma echarpe. Nada chamativo ou que cause distração. Sempre chego cedo à aula (a professora de segundo ano da minha filha inculcou em nós duas que "estar adiantado é ser pontual, e ser pontual é estar atrasado"). Tenho minhas anotações já preparadas, assim posso conversar casualmente com os alunos nas primeiras fileiras e, quem sabe, responder a uma ou duas perguntas que possam ter antes de a aula começar. Quando a aula está prestes a começar, ligo o microfone de lapela e faço o que chamo de *minha* "postura de árvore" (diferente da postura de árvore na ioga — essa não seria a melhor escolha de postura na sala de aula para mim!). Minha postura de árvore é ficar em pé, com as costas eretas e os pés firmemente plantados ao chão. Isso sinaliza tanto aos alunos quanto a mim mesma que estamos prestes a iniciar. Levanto minha mão direita e o silêncio na sala se irradia dos alunos nas primeiras fileiras até os no fundo. Espero até que o silêncio seja palpável. Começo dando um sorriso caloroso, balanço a cabeça de forma positiva e amigável e digo: "bom dia!". Os alunos prestam atenção. Eles sabem que o que vem a seguir é uma história interessante e relevante ao tema em questão.

Note que antes de dizer qualquer palavra, uso uma sequência de indicações não verbais *intencionais* para expressar que não estou para brincadeiras. Quando falo, estou consciente do microfone, então falo mais baixo, modulo meu tom e me expresso de forma lenta e deliberada. Durante a apresentação, caminho pelo palco com uma energia determinada (tomando cuidado para não cair nas escadas). À medida que me movimento de um ponto ao outro, adoto a postura da árvore novamente. Para manter os alunos dispostos, tenho o cuidado de olhar diretamente em seus olhos (o contato visual transmite credibilidade), demonstrando uma linguagem corporal aberta. Todas essas indicações contextuais (a forma como somos interpretados em uma situação), incluindo as indicações cinésicas (demonstração de gestos, expressões faciais, postura e movimento) e as indicações vocais (volume, tom e pausas) são comportamentos que aprendi e que venho praticando (e ajustando até que funcionem para mim) há muitos anos, então agora, saem de forma bem natural. Estou confiante de que, com a autorreflexão, a observação não crítica e a prática, você também poderá aprendê-los.

Preste atenção na sua voz: Caroline Goyder, coach vocal, em seu livro *Find your Voice* [sem publicação no Brasil] (e também em seu cativante TED talk) relata de que forma a voz transmite confiança. Ela descreve a voz como "o maior poder de influência humano" — um meio pelo qual atraímos e persuadimos os outros. Ela usa a metáfora de nossa voz como um instrumento, argumentando que um instrumento em si não é bom ou ruim, tudo vai depender da forma como é tocado. Quando li isso, lembrei-me de um lindo poema sobre um violino velho, escrito em 1921 por Myra Brooks Welch. No poema, um leiloeiro recebe lances de US$1 ou US$2 por um violino gasto pelo tempo, até que um senhor grisalho se aproxima, vindo do fundo da sala, tira o pó do instrumento e toca uma melodia, mostrando com isso o lindo som que o violino poderia fazer se houvesse "o toque da mão do mestre".[10]

Uma das lições que podemos extrair de Goyder para controlar a nossa voz é a importância de aprender a respirar usando o diafragma. Quando estamos estressados ou nervosos, nossa respiração fica mais rápida e superficial, assim, tanto a respiração como as palavras que falamos passam a emanar da parte superior de nosso corpo. Pesquisas comprovam a intuição de que diferentes emoções são acompanhadas por padrões distintos de respiração.[11] Por exemplo, quando estamos ansiosos, o que precisamos fazer para diminuir intencionalmente nossa respiração é usar o diafragma, para que assim, a nossa voz possa ser percebida como forte e confiante.

Segundo diversas pesquisas, o *tom* é um indicador de dominância.[12] Para parecer mais dominante, fale em um tom mais grave; para parecer mais submisso, sua voz deve ser mais aguda. Tanto homens como mulheres precisam falar em um tom mais grave quando tentam mostrar que estão no controle da situação, apresentando-se como assertivos e dominantes. Vozes agudas sinalizam uma fala movida pela emoção e podem expressar perda de controle. Por outro lado, ao diminuir seu tom, você sinaliza dominância, que é uma forma mais natural de gerar obediência. Quando as emoções estão a mil, a voz pode ficar mais aguda. Praticar a fala em frente a um espelho pode fazer com que o timbre de nossa voz demonstre confiança.

Alguns anos atrás, uma de minhas alunas no doutorado bolou uma forma inovadora de gerenciar o tom de sua voz. Nós havíamos conversado sobre como seu tom subia drasticamente quando estava nervosa ou ansiosa durante uma apresentação ou quando era chamada para responder algo na sala de aula, o que passava uma má impressão. Ela levou a sério esse feedback e decidiu entrar para o coral da universidade. O fato é que seu novo hobby se tornou uma pausa realmente aprazível de sua dissertação, e fez uma diferença enorme em como ela era vista ao falar em público. Cantar foi um caminho para que ela aprendesse a usar sua voz como um instrumento sob seu controle.

Até mesmo a velocidade de nossa fala e os tempos de resposta armazenam informações. Taxas mais rápidas de fala são consideradas mais eficazes e fazem o palestrante soar plausível, confiante e competente. Mas lembre-se, embora um ritmo rápido possa transmitir confiança, também pode comunicar negligência em certos contextos, como quando a pessoa está falando sobre assuntos sensíveis ou perigosos.

Observe como as partes do seu corpo se mobilizam: é muito comum sentirmos que nossas mãos estão estranhas. Quando treinamos nossos alunos para suas apresentações sobre o mercado de trabalho do marketing, geralmente eles nos perguntam: "o que faço com minhas mãos?". Quando elas não são empregadas, nossa tendência é usá-las para nos acalmar. Diante daquelas situações em que nos sentimos desconfortáveis, vulneráveis ou com medo, encostar em nós mesmos oferece um grande alívio. Há diversas formas de fazer isso — esfregar as mãos, roer as unhas, ficar mexendo nos dedos ou em acessórios como joias, brincar com o cabelo ou endireitar a roupa. Mas quando estamos confortáveis e relaxados, nossas mãos se movem naturalmente.

Além disso, embora pensemos *com* nossa cabeça, não pensamos muito *sobre* ela. Um grupo de pesquisadores da Universidade de Augsburg, liderados por Elizabeth Andre e colegas, identificou uma gama de associações não verbais com base apenas nos movimentos da cabeça.[13] Menciono essa pesquisa em particular devido ao surgimento das videoconferências nas quais a linguagem corporal fica, em grande parte, limitada aos membros superiores. Até mesmo as movimentações da cabeça conseguem expressar significados que podem ser relativamente literais ou com mais nuances. Embora reconheçamos que balançar a cabeça para cima e para baixo expresse aceitação e fazer isso com um sorriso no rosto expresse nossa aprovação ou satisfação, você sabia que balançar a cabeça para cima e para baixo com uma sobrancelha levemente erguida sinaliza uma concordância genuína? Se você está habituado a passar algum tempo na companhia de adolescentes, provavelmente já se acostumou a vê-los revirar os olhos, o que sinaliza sua total descrença em algo. A propósito, inclinar a cabeça de leve e olhar para baixo pode sinalizar tédio e inclinar a cabeça de leve e franzir a testa frequentemente indica discordância, mas inclinar a cabeça para a direita com as sobrancelhas erguidas expressa algo como: "fale-me mais a respeito, estou intrigado." No mundo bidimensional das reuniões no Zoom ou no Teams onde todos nós trabalhamos pelos últimos anos, aprender a captar essas pequenas indicações faciais não verbais pode fazer a diferença.

A Comunicação Não Verbal Preserva Nossos Relacionamentos e Chancela Nossa Reputação

"Eu aprendi que as pessoas vão esquecer o que você disse, as pessoas vão esquecer o que você fez, mas elas nunca esquecerão como você as fez sentir." Quando for formular sua recusa, leve em consideração essa citação de Maya Angelou. Como você pode comunicar sua resposta negativa de um jeito que faça com que o solicitante se sinta valorizado? Mesmo dizendo não, você consegue fazer isso com delicadeza para que possa deixar uma impressão positiva?

Em todas as culturas, desde os tempos mais antigos, a comunicação não verbal e os gestos de boa vontade podem ser utilizados para sinalizar que duas partes — geralmente desconhecidas uma para a outra — vieram em paz. Os japoneses se curvam, fazendo uma reverência profunda; as pessoas do subcontinente indiano juntam as mãos em "namastê"; os cavaleiros medievais, em suas armaduras, erguiam os visores; na Roma antiga, os cidadãos levantavam as mãos para mostrar que não carregavam armas. Todas essas indicações não verbais são sinais importantes de que o relacionamento entre as pessoas é valorizado, assim como indicam a existência de um sentimento terno entre elas. Como observou William James, muitas vezes conhecido como o pai da psicologia moderna, "o princípio mais profundo na natureza humana é a necessidade de ser valorizado." Os gestos não verbais podem ser usados para incentivar a confiança e reduzir o risco psicológico nas interações interpessoais. Analise, portanto, as seguintes maneiras pelas quais você escuta, cria conexão com o solicitante, expressa acolhimento e atenua quaisquer sentimentos negativos que possam surgir a partir de sua recusa. Gosto de pensar nestas táticas como formas em que você diz um não empoderado, mas também deixa a interação com a outra pessoa melhor do que estava.

Escuta ativa: como William Ury escreveu em seu best-seller *Como chegar ao sim*, "quando você escuta alguém, é o ato mais profundo de respeito humano." Quando sabemos que alguém nos fará um pedido, em vez de recusá-lo ou de sinalizar nossa falta de interesse logo de cara, às vezes vale a pena apenas ficar quieto e escutar. A escuta é crucial para a recusa empoderada. Quando realmente escutamos ao pedido que a outra pessoa está fazendo, expressamos nosso interesse sincero no que ela tem a dizer. Isso exige que suspendamos nosso julgamento sobre o pedido, mesmo que saibamos logo no início que é algo que não queremos fazer. Estar sob o holofote já é desafiador o suficiente, mas conseguir primeiramente escutar, abrindo mão de nossos sentimentos de ansiedade e preocupação por termos que dizer não, pode ajudar a abrandar o holofote, permitindo assim que o pedido seja considerado, para que depois respondamos de forma empoderada. Se você prestou atenção, e isso ficou evidente, tal ato já é muito importante para preservar seu relacionamento com a outra pessoa. Quando as pessoas sentem que foram ouvidas, elas ficam mais receptivas ao seu posicionamento sobre uma questão, mesmo que no fim ele vá contra o que elas querem. Essa é a essência do respeito mútuo.

Escutar ativamente significa que você se dedica à conversa. Você não pode estar assistindo à TV ou mexendo em seu celular se quiser se conectar com a outra pessoa. Talvez você presuma que dar uma olhada em seu celular de vez em quando permitirá que esteja igualmente presente e engajado em uma conversa. No entanto, seja de forma intencional ou não, você está dando a entender que a pessoa com a qual está conversando não é tão importante quanto a mensagem, o tuíte ou a publicação em seu telefone. Além da distração que causam,[14] as pesquisas também mostram que os smartphones se transformaram em chupetas para adultos. A pesquisa conduzida pela professora de Wharton, Shiri Melumad, revela que as pessoas têm um apego íntimo e uma conexão pessoal profunda com seus celulares, então quando ele toca ou emite o som de ter recebido uma mensagem, sentimos uma necessidade incontrolável de atender ao seu chamado.[15] Para o nosso próprio bem, precisamos deixar de lado o conforto psicológico atrelado aos celulares para conseguirmos nos dedicar completamente à conversa com a pessoa que está à nossa frente.

Desenvolva confiança e estabeleça conexão: alguns gestos, como se inclinar para trás, cruzar os braços ou enfiar as mãos no bolso, sinalizam desinteresse. Visto que nossas mãos tendem a "dizer" mais do que qualquer outra parte do nosso corpo, muitas vezes elas são referidas como as cordas vocais da linguagem corporal. Escondê-las ou tirá-las de vista é o mesmo que fechar a boca e escolher não se comunicar. Para que você passe a impressão de ser alguém autêntico e confiável, prefira utilizar uma linguagem corporal aberta. Quando as pessoas começam a se abrir e a contar a verdade, é comum que abram as palmas das mãos ou, de alguma forma, as mostrem para a outra pessoa. Assim como a grande parte dos sinais da linguagem corporal é inconsciente, este transmite a quem está ouvindo uma sensação "intuitiva" de que o interlocutor está sendo verdadeiro.

As pesquisas mostram que a intensidade com que sorrimos é um dado importante.[16] Um sorriso aberto e sincero expressa acolhimento, mas, às vezes, menos competência. Caso nosso objetivo seja fazer com que a outra pessoa se sinta melhor, talvez aparentar competência possa não ser uma prioridade naquele momento. Mudar de posição para ficar ao lado da outra pessoa, tocar levemente o braço ou o ombro de alguém e elogiar, com sinceridade, algum atributo, pode ser o suficiente para criar um caminho de acolhimento e empatia.

Algo que é muito curioso é o fato de que o gênero de uma pessoa é capaz de influenciar nas indicações não verbais que são naturais para ela, em comparação com aquelas que não são.

O Que Homens e Mulheres Podem Aprender Uns com os Outros?

Diante de uma perspectiva não verbal, mulheres e homens tendem a ter pontos fortes diferentes de acordo com o modo como são interpretados. Os pesquisadores atribuem tais distinções a duas diferenças comportamentais identificadas entre homens e mulheres: agência versus comunalidade.[17] Os homens tendem a ser agentes — agressivos, decisivos e fortes —, ao passo que as mulheres têm uma disposição predominante a serem mais comunais: cuidadosas, solidárias e sensíveis. Essa mesma pesquisa documenta que em termos de toque, sorriso e outras indicações não verbais, os homens tendem a usá-las para permanecer no controle, enquanto as mulheres tendem a usá-las em grande parte para tranquilizar a outra pessoa.[18]

O uso das indicações não verbais na recusa empoderada vai de encontro a esses dois usos diferentes da comunicação não verbal por homens e mulheres. Lembre-se de que usamos a comunicação não verbal para expressar um posicionamento empoderado (os homens são melhores nisso devido às suas disposições agenciais) e para demonstrar acolhimento e compaixão a uma outra pessoa (as mulheres são melhores nisso devido às suas disposições comunais). Portanto, cada gênero precisa aprender a ressaltar seus respectivos pontos fortes, mas também deve estar aberto a aprender com o outro sobre como usar aqueles comportamentos não verbais menos naturais. Agora, para ficarmos mais conscientes sobre a impressão que passamos, vamos analisar essas diferenças e aprender com alguns insights fundamentados em pesquisas.

Enquanto as indicações não verbais de dominância soam confortáveis e espontâneas para os homens, que a utilizam frequentemente, para as mulheres, elas não são tão frequentes assim, sendo geralmente substituídas por indicações mais submissas.

Em seu livro *Body Politics* [sem publicação no Brasil], a psicóloga social Nancy Henley explica que as indicações sutis de toque são utilizadas pelos homens quando estão tentando estar no controle. Eles podem tentar acalmar uma mulher (segurando seus braços ou ombros), silenciá-la (colocando o dedo sobre os lábios dela) ou mostrar controle sobre ela (colocando um braço em volta do ombro dela, dando tapinhas nele).[19] As pesquisas demonstram que os homens tocam mais do que as mulheres, e isso acontece em geral para controlar ou dominar.

Os homens também tendem a se pavonear mais do que as mulheres. A linguagem corporal masculina é mais expansiva do que a feminina, e os homens ocupam um espaço físico maior com seus corpos. Quando vão se sentar, as mulheres costumam manter uma postura mais contida, reclinando-se na cadeira e mantendo as pernas e as palmas das mãos geralmente fechadas, o que faz com que pareçam menores. Quando Sheryl Sandberg encorajou as mulheres a se curvarem para frente [*Lean In*, título de seu livro traduzido no Brasil como *Faça acontecer*], ela quis dizer isso literalmente: garantindo o seu lugar à mesa e expressando por meio de indicações verbais e não verbais o direito da mulher de estar ali.

Invadir o espaço pessoal de alguém é uma indicação de dominância. Pode ser usada negativamente — gritando e lançando gotículas de saliva na cara do outro sem precisar encostar nele. De fato, a bolha de espaço pessoal que os homens criam para si e que passam a ocupar é maior do que a das mulheres. Elas ocupam menos espaço, voltando-se para si mesmas, e muitas vezes os homens invadem sem hesitação as bolhas de espaço pessoal das mulheres.

Como vimos, tocar nosso corpo e rosto sinaliza ansiedade, nervosismo e falta de confiança. No livro *Calmfidence* [sem publicação no Brasil], cujo título faz uma boa combinação das palavras *calma* e *confiança*, a autora Patricia Starknal descreve as posições de "mão na garganta" e "folha-de-figueira" que revelam sentimentos de desconforto e ameaça. Levar a mão à covinha do pescoço — o espaço entre o pescoço e a clavícula — procurando por ela ou repousando os dedos ali, ou então ficar mexendo em um colar ou em algum pingente, é um clássico indicativo de que as mulheres querem dizer: "ah, não." A posição recatada na qual as mãos ficam sobrepostas à nossa frente é o que os especialistas em linguagem corporal chamam de posição *folha-de-figueira* — uma alusão à folha de Adão e Eva. Por alguma razão, cobrimos inconscientemente essa parte frontal do corpo quando estamos preocupados ou ansiosos. Muitas vezes, as mulheres fazem o que é chamado de *cruzamento parcial dos braços*: ficar com um braço cruzado e abraçar o outro braço. Não faça isso. O braço cruzado é visto como um abraço parcial, uma posição de conforto que indica que a pessoa está procurando acalmar os nervos e se tranquilizar. Também pode indicar desconforto com sua própria imagem corporal. Gesticular de forma acelerada com as mãos, mas usando gestos desalinhados, esvaziados de sentido, é o que denominamos dança das mãos. As mulheres têm duas vezes mais chances de fazer isso do que os homens.

Olhar diretamente para alguém é uma indicação de dominância. O gesto pode ser acompanhado por sentimentos de fúria ou raiva por um lado, ou de orgulho e confiança, por outro. Embora as mulheres sejam observadoras e prestem atenção ao comportamento dos outros, é comum que não sustentem o olhar fixo de outra pessoa, ou até desviem o olhar, passando a impressão de serem mais submissas.

As mulheres são mais propensas a investir em relacionamentos, e o uso que fazem das indicações não verbais evidenciam isso. Elas são mais suscetíveis a ouvir com empatia e usar o toque interpessoal para tranquilizar o outro. Quando elas entram no espaço pessoal de outra pessoa, geralmente isso acontece de forma positiva para tocar gentilmente um braço ou ombro. Elas também tendem a sorrir mais. Se feito com moderação, isso funciona bem para criar um sentimento de acolhimento. Porém, é importante que as mulheres tenham em mente que se você sorrir demais, suas palavras não serão levadas a sério. Não é à toa que as mulheres têm mais chances de sofrer de fatiga do Zoom (um sentimento de esgotamento e falta de energia depois de um dia repleto de reuniões virtuais) do que os homens. As câmeras aumentam a autoconsciência e fornecem uma grande oportunidade para a autocrítica.[20] Eu me identifico com esse insight! As mulheres também são mais abertas ao uso de emojis em mensagens de texto, e-mails, redes sociais e outras formas de comunicação eletrônica. Elas tendem a ser mais sensíveis às emoções retratadas por emojis, especialmente as negativas.[21] Os emojis (em especial a carinha sorrindo) são usados livremente pelas mulheres para sinalizar acolhimento e amenizar o impacto de uma resposta negativa.

"Em relação à comunicação não verbal, a característica mais importante que devemos nos lembrar é a congruência — quando o que você diz e o que a sua linguagem corporal informa estão alinhados", disse Carol Kinsey Goman, autora de *A vantagem não verbal*. "A incongruência derruba as pessoas."[22] Pesquisas usando ressonância magnética funcional do cérebro mostram que quando as mamães de primeira viagem viam o rostinho sorridente de seu recém-nascido, os centros de recompensa no cérebro se iluminavam.[23] Mesmo entre adultos, os sorrisos são contagiantes por um motivo semelhante.[24] Nós espelhamos as emoções uns dos outros, e é natural responder a um sorriso com outro.

Transforme Seu Caos Interno em Sua Mensagem

Robin Roberts, coâncora do programa *Good Morning America*, relembra um momento específico em sua carreira quando, em vez de seguir as instruções dos manuais de jornalismo sobre o que é considerado uma apresentação profissional na televisão, ela reagiu com autenticidade e honestidade.

Era agosto de 2005 e o furacão Katrina havia acabado de atingir o estado do Mississipi. Então, Roberts voou até lá, enviada pela emissora ABC para cobrir o fato. Sua mãe, irmã e familiares próximos ainda viviam na área, assim, enquanto a equipe estava se preparando, ela entrou em contato com eles para se assegurar de que não estavam em uma situação de risco. Todos estavam bem. Em seguida, ela se preparou para entrar ao vivo e começou a reportar a devastação que estava sendo causada por ventos destruidores e chuva forte. Como é comum em tais transmissões, Roberts, como a jornalista no local, estava conversando em tempo real com o âncora do programa em Nova York, Charlie Gibson. Conhecendo a relação pessoal que ela tinha com o Mississipi, uma das perguntas que Gibson fez a Robin foi se ela havia conseguido encontrar sua família. Como havia acabado de testemunhar os estragos em primeira mão, a resposta dela foi marcada por choro e soluços. Ela desmoronou ao vivo e caiu em prantos.

Robin Roberts tinha certeza de que quando voltasse a Nova York seria demitida por não conseguir ser estoica o suficiente e ter nervos de aço. Não é isso que nos ensinam — que os profissionais não devem demonstrar emoções no trabalho? Chorar, é claro, especialmente para as mulheres, é totalmente proibido pelo manual. Posteriormente, ela escreveu, "o que aconteceu foi exatamente o contrário. Eu estava sendo autêntica. Estava vivendo o momento e deixei meu coração falar. As pessoas perceberam isso, mobilizaram-se junto comigo e adotaram minha cidade natal, que havia sido dizimada." Naquele dia, Roberts aprendeu uma lição que compartilha com frequência: "transforme seu caos interno em sua mensagem."[25] Apelidada de Rock'n' Robin, o que ela aprendeu em sua carreira foi que realizar sonhos não é fácil, mas que, ao reagir a eventos com seu eu autêntico e integral, você pode transformar uma situação caótica em algo admirável.

Como ilustra a história de Robin Robert, quando comunicamos algo, precisamos fazer isso de uma forma que seja autenticamente nossa. Michelle Obama, por exemplo, é conhecida por gostar de abraçar. Diversas são as ocasiões em que é vista abraçando seu marido e suas filhas. Em seu livro de memórias, *Minha história*, ela descreve como quebrou o protocolo real ao abraçar a Rainha Elizabeth, que retornou o abraço alegremente. Ela até abraçou uma versão de George W. Bush bastante feliz, fato captado em uma foto posteriormente descrita como "bipartidarismo genuíno".[26] Um artigo da *New York Magazine* descreveu sua tendência para abraços da seguinte forma: "quando não estão ocupados levantando peso, os braços da primeira-dama atuam como ferramentas da diplomacia."[27]

Certamente, possuirmos um comportamento não verbal característico pode ser muito poderoso. Barbara Jordan, advogada por profissão, é um nome conhecido associado à defesa do Movimento dos Direitos Civis nos EUA na década de 1960, no estado do Texas. Ela tinha uma voz distinta e inesquecível que foi usada ao longo de toda sua carreira para dar voz àqueles que não a tinham. Mesmo quando criança, crescendo no bairro Fifth Ward, em Houston (ao lado da Universidade de Houston, a propósito), sua voz forte, clara e confiante fazia com que professores e amigos se sentassem para prestar atenção. Posteriormente em sua carreira, ela se tornou congressista e durante as audiências para o impeachment de Nixon, usou sua voz valiosa e imponente no que ficou amplamente reconhecido como um dos melhores discursos do século XX na história dos EUA.[28]

Comunicar algo usando nosso eu integral exige que nos tornemos observadores astutos de como utilizamos e entendemos as indicações não verbais. À medida que continuamos nossa prática da A.R.T. da recusa empoderada, precisamos nos tornar praticantes comprometidos de uma linguagem corporal eficaz — incluindo o tom e o timbre de nossa própria voz, como o fez Barbara Jordan.

Colocando a Recusa Empoderada em Prática

Há um motivo pelo qual 17 de janeiro marca oficialmente o dia de "abandonar suas resoluções de Ano-Novo". Nossa própria vida nos dá um conhecimento de causa — não apenas em janeiro, mas ao longo do ano inteiro — que entre o planejamento e a implementação, normalmente existe um abismo amplo e profundo.

Em um artigo de pesquisa que escrevi com meus coautores Alex Tawse e Dusya Vera, sugerimos que existe um toque de otimismo, ânimo e energia positiva no planejamento que, ao entrar em contato com a dura realidade da ação, rapidamente se dissipa. Identificamos uma demanda por estratégias que ajudassem na transição entre um modo elaboração (planejamento) para um modo execução (implementação). Escrevemos, "como a comissão técnica de um time de futebol, o trabalho não termina com o desenvolvimento de uma estratégia, de uma sequência de jogadas ou de um plano de jogo. Eles devem acompanhar o esforço envolvido na comunicação, treinamento, motivação e desenvolvimento de trabalho em equipe de modo que os planos possam ser concretizados e os objetivos alcançados."[29]

O restante deste livro foi projetado para que você deixe de ser um mero pensador sobre a recusa empoderada e passe a lidar com as realidades práticas de usá-la em seu cotidiano. Presumirei, e espero que corretamente, que você não comprou este livro apenas para aprender sobre a ideia sem colher seus benefícios. Simplesmente ler sobre a A.R.T. (**A**utoconsciência, **R**egras, não decisões, **T**otalidade do eu) da recusa empoderada não é suficiente: precisamos encarar de frente os aspectos práticos de implementá-la em nossa vida. Nos capítulos seguintes, olharemos para o conceito da recusa empoderada estruturado de maneira organizada e descobriremos como ele pode ser aplicado na realidade caótica da vida.

Começaremos falando sobre a pergunta que não quer calar: e se, apesar de minha recusa empoderada, a outra pessoa não aceitar um "não" como resposta? Com lidar com a reação? Para tanto, aceitemos a probabilidade dessa eventualidade. Com as ferramentas que disponibilizarei, nossos olhos estarão treinados para identificar situações de influência e a estratégia de reação empregada. Também aprenderemos o valor de uma mentalidade resoluta e adquiriremos um repertório de estratégias de contra persuasão para combater o fogo com fogo.

OS ASPECTOS PRÁTICOS DA RECUSA EMPODERADA

CAPÍTULO 7

Administrando a Oposição de Solicitantes Difíceis

Há uma sabedoria no mundo natural que pode nos ensinar muito sobre como viver. Considere a vila de árvores-mães que trabalham juntas para criar as arvorezinhas e suster e nutrir as árvores mais jovens compartilhando seus nutrientes por meio de uma valorosa rede subterrânea de raízes e fungos.[1] Se você visitar uma vinícola em Épernay, no coração da região de Champanhe, na França, verá roseiras adornando o perímetro das vinícolas. Embora as roseiras tragam certa estética à região, elas também têm uma função crucial como um sinal inicial de uma infestação iminente de pulgões ou de um ataque de fungos. A suscetibilidade das rosas à mancha negra e ao oídio serve como um indicador aos produtores de vinho que podem então fazer o necessário para proteger suas parreiras. As calêndulas, que estão em todos os lugares com suas cores alegres, trazem uma coloração adorável ao jardim, mas quando são plantadas nas margens de hortas, também demonstram um singular poder protetor, como o de um super-herói. Elas produzem um químico chamado *alpha tertienil* que protege as raízes dos vegetais do ataque de vermes minúsculos chamados nematódeos.[2] Há centenas de anos, os produtores rurais prestam atenção na natureza e fazem uso dessa sabedoria para promover relacionamentos estimulantes entre diferentes espécies de plantas, uma prática comumente chamada de *plantas companheiras*.

Nossa própria vida também floresce em grande parte devido às calêndulas que nos cuidam e estimulam, e às roseiras que nos protegem dos infortúnios. Nossos familiares, amigos, colegas de trabalho e mentores são como essas plantas. Eles nos ajudam a ter sucesso, nos animam, escutam e apoiam aquilo que fazemos. São aqueles que têm nossos melhores interesses no coração e servem como um porto seguro para nos ajudar a tomarmos decisões que foquem o que é bom para nós. Essas calêndulas são muito provavelmente membros vitalícios do nosso "clube do não". Dependemos dessa boa gente para nos proteger de compromissos desnecessários e sem importância quando não conseguimos, ou às vezes não queremos, dizer não às solicitações dos outros.[3] Em meus cursos de liderança, é comum passarmos alguns minutos ouvindo as calêndulas e roseiras de nossa vida para reconhecer, com gratidão, que não alcançamos o sucesso sem o apoio dos outros.

No entanto, os super-heróis geralmente têm os maldosos supervilões como contrapartida. Infelizmente, no jardim de nossa vida, alguns de nós podem cair sob a sombra mortal de uma ou duas nogueiras.

Identificando as Nogueiras

As nogueiras, em particular a espécie das nogueiras-pretas, nativas da América do Norte, exibem copas exuberantes e sua madeira ricamente colorida pode ser transformada em belas mobílias. Porém, essas árvores têm um lado obscuro. As nogueiras-pretas crescem à custa de outras plantas e exsudam um herbicida natural — um químico chamado *juglona* — que mata ou tolhe o crescimento de muitas outras plantas na vicinidade.[4]

Caso tenha participado de um de meus cursos, já me ouviu usar o termo "nogueira" como um eufemismo para as pessoas nada legais que encontramos em nossa vida pessoal e profissional.[5] São aquelas denominadas babacas, escrotas, tiranas e bullies. As nogueiras são aqueles indivíduos totalmente mal-intencionados que fazem seu pior para sabotar nosso sucesso; fazem-nos sentir imprestáveis e impotentes, irritados, frustrados, ansiosos e temerosos; eles sugam nossa energia com sua negatividade opressora; e nos fazem recuar só de pensar em ter qualquer interação com eles. As nogueiras transformam nossa vida pacífica em um verdadeiro inferno.[6]

Assim como você, presumo, eu já lidei com minha quota de no-gueiras — e as mais devastadoras são aquelas que não aceitam um não como resposta, mesmo que seja um não empoderado. Vamos aos fatos: a realidade é que, às vezes, deparamo-nos com uma nogueira que se opõe à nossa recusa empoderada. Não importa o quão empoderado seja nosso não, e mesmo se estiver fundamentado em nossa identidade e transmitir nossas normas pessoais, tais indivíduos desconsideram completamente o "você" para impor o "eu".

Visto que é inevitável o fato de que encontraremos, vez ou outra, nogueiras em nossa vida, precisamos reconhecer as seis técnicas prin-cipais que as nogueiras usam para resistir a sua recusa empoderada. Embora você preferisse uma varinha mágica para fazê-las desaparecer, espero lhe oferecer a segunda melhor opção: as ferramentas para desen-volver uma mentalidade resoluta para lidar com as nogueiras, além de al-gumas estratégias de bom senso para mantê-las a distância. Lembre-se, a recusa empoderada significa assumir a responsabilidade por dizer não porque isso é a coisa certa para você. Ao fazer isso, você simplesmente não cede à pressão. Muito pelo contrário, você usa seu posicionamento empoderado para reconhecer a oposição pelo que ela é, identificar a tá-tica de oposição que está sendo empregada e responder confiantemente com coragem e elegância.

Sentindo-se Poderoso (ou Não) em Seus Relacionamentos

Você se lembra de um momento em que se sentiu no topo do mundo? Talvez fez uma colaboração fantástica no trabalho, deixou o público de boca aberta com um discurso comovente, conseguiu um cliente impor-tante ou até publicou algo nas redes sociais e recebeu uma resposta po-sitiva surpreendente. Esses sentimentos positivos são empoderadores: você sente uma alegria ditosa (felicidade), sente-se forte na mente, no corpo e no espírito (saudável), e, pegando emprestado a música cativante dos irmãos Carpenter, você "não ficará surpreso se for tudo um sonho."[7]

Nossos sentimentos de empoderamento ou de poder pessoal po-dem ter um efeito profundo em nossa vida diária. Nossos sentimentos de poder são alimentados por um propósito significativo que nos conduz (sabemos o que queremos e como chegar lá), pelo autoconhecimento para fazer escolhas e tomar decisões sábias (conhecemos a nós mesmos, nossas forças e fraquezas) e pela autoconfiança para enfrentarmos o que aparecer em nosso caminho (sabemos que reunimos as habilidades, o talento e a experiência dos quais precisamos para lidar com o que surge em nosso caminho). As pesquisas mostram que o quão poderosos nos sentimos pode moldar como pensamos, o que sentimos e as escolhas que fazemos.[8] Sentir-se poderoso ajuda você a interpretar uma situação difícil como um desafio ou uma oportunidade, e não como uma ameaça pessoal. Uma dose saudável de poder pessoal nos coloca no comando de nossa própria vida.

Mas o empoderamento e o desempoderamento são dois lados de uma mesma moeda. Nossos sentimentos de poder podem se transformar rapidamente em pânico quando nos encontramos em uma situação difícil pela qual nunca passamos antes e não estamos equipados para enfrentá-la. Lidar com uma nogueira que nos pega desprevenidos pode tirar nosso poder, especialmente se ela opera ao enfraquecer nosso propósito, questionar nosso autoconhecimento ou destruir as bases da nossa autoconfiança ao nos fazer sentir inadequados e imprestáveis.

Embora já tenhamos mergulhado nas três competências centrais que precisamos desenvolver para a recusa empoderada, e se uma nogueira simplesmente não aceitar um "não" como resposta? Elas não ficam felizes quando nós estamos empoderados. Elas gostam que as pessoas ao seu redor sejam submissas, condescendentes e cordatas. Elas gostam da sua versão antiga, e não de sua nova versão empoderada, e tentarão fazer o que puderem para mantê-lo naquele lugar vulnerável com suas reações.

Quando nos sentimos subjugados por uma nogueira, a forma garantida de sair da linha de fogo é escolher o caminho fácil e nos conformar passivamente com as demandas e expectativas dela.[9] Voltando ao assunto do início deste livro, quando nos sentimos impotentes, há mais chances de dizermos sim, mesmo quando queremos dizer não, apenas para nos afastar da toxidade insuportável da nogueira.

Em vez disso, o que precisamos fazer é reconhecer os detalhes da reação e empregar uma contra persuasão para reagirmos de volta. Como escreveu Peter Bregman em um artigo da *Harvard Business Review*: "seja tão resoluto quanto eles são insistentes. Algumas pessoas não desistem facilmente. Essa é a prerrogativa delas. Porém, sem violar qualquer uma das regras mencionadas, dê a si mesmo a permissão de ser tão insistente quanto elas."[10]

Como as Nogueiras Lançam Suas Sombras

O objetivo de uma nogueira é controlar a situação, torná-lo impotente e vulnerável e, em última instância, manipulá-lo de modo que volte atrás e diga sim ao que ela quer. Primeiro, vejamos algumas técnicas comuns que as nogueiras usam para assumir uma situação e tirar seu poder.

Muito provavelmente, as nogueiras o abordarão *presencialmente* com seu pedido. As pesquisas indicam que um pedido feito cara a cara tem 34 vezes mais sucesso de obter aceitação do que fazer o mesmo pedido por e-mail. Você acha mais difícil dizer não quando alguém lhe pede um favor pessoalmente do que quando é feito por telefone, e-mail ou mensagem de texto? Se sua resposta for sim, saiba que não está sozinho. Os pesquisadores mostraram que, mesmo quando o solicitante usou exatamente o mesmo script, obtiveram maior aceitação quando o pedido foi feito pessoalmente do que por e-mail. Tenha isto em mente: pessoalmente é 34 vezes mais provável que você diga sim![11]

As nogueiras também buscam uma *vantagem de mando de campo* e marcam um encontro com você em um ambiente físico em que podem exercer confortavelmente mais dominância e controle: no escritório ou casa dela, entre amigos ou familiares dela ou até em um restaurante onde ela pagará a conta. Vale a pena ficar de olho em qualquer situação na qual a nogueira se sente em casa e em uma posição dominante, mas você não.[12]

As nogueiras geralmente insistem em obter uma *resposta imediata*. É muito comum que fabriquem situações em que criam uma pressão artificial sobre você para que ceda às demandas delas. Podem encontrá-lo "por acaso" no corredor quando você está cheio de coisas para fazer e conseguir que diga sim. Podem entrar no elevador com você e jogar uma conversa animada fora e, quando estiverem saindo, segurar a porta do elevador em busca de sua concordância ao pedido que fizeram, enquanto o alarme do elevador está tocando e as luzes estão piscando. Talvez se aproximem de você quando estiver deixando seus filhos na escola e peçam que assuma uma responsabilidade significativa, sabendo muito bem que sua prioridade número um no momento é fazer com que seus filhos, com suas mochilas, lancheiras e deveres de casa, cheguem à sala de aula na hora e sem obstáculos. Esses exemplos não se parecem com os momentos de pedido de casamento em um estádio sobre os quais refletimos anteriormente? Comece a observar, com uma vigilância autoprotetora, as formas pelas quais as nogueiras criam situações de grandes emoções e pressões para fazer com que você ceda. Tenha isso em mente quando, posteriormente neste capítulo, falarmos sobre as armadilhas comuns que as nogueiras montam para nós ao usar o tempo como vantagem.

Estilos de Reação das Nogueiras

As nogueiras empregam dois estilos amplos para obter concordância: *reação ativa*, em que elas talvez usem sua posição dominante para colocar pressão em você para que se conforme aos pedidos delas, e *oposição passiva*, em que elas manipulam sutilmente seus pensamentos e sentimentos para que você decida mudar de opinião e concordar.

Antes de entrarmos em detalhes, vamos nos recordar de que, independentemente da estratégia de reação que uma nogueira empregue, cada uma dessas táticas implica a nogueira, e não você. De maneira nenhuma quero diminuir o nível de negatividade ou desconforto sentido ao lidar com uma nogueira, mas quero que você tenha em mente que sua vulnerabilidade surge de sua bondade, sinceridade e sentimentos de responsabilidade. Com razão, ser assertivo sobre suas prioridades e responder com uma recusa empoderada não deve desencadear uma reação, porém, às vezes isso acontece. Juntos, vamos desenvolver a expertise para identificar as diferentes formas pelas quais uma nogueira resistirá à recusa empoderada.

A reação ativa usa a pressão externa

A reação ativa ocorre quando a nogueira enfrenta diretamente sua recusa. Ela tipicamente emprega três técnicas amplas para criar uma *pressão externa* de modo a fazer com que você mude de opinião: a enfurecida resposta "como você ousa?", a insistente resposta "não desisto fácil" e a resposta de barganha "farei tal coisa para você em troca". Vamos entender como cada uma delas funciona.

"Como você ousa?": Algumas pessoas respondem à sua recusa com raiva e agressão. Talvez desafiem sua decisão com intimidação, xingamentos e ameaças. Podem reagir com ira, hostilidade e até levantar a voz ou insultar. Pode até ser acompanhada de uma agressão física (bater as portas, bater na mesa, quebrar coisas). Os famosos Steve Jobs e Jack Welch, reconhecidos por sua liderança visionária e seu sucesso empresarial, berravam no trabalho. Berrar, ao que parece, fazia parte de seu estilo de gestão competitivo e exigente.[13]

Os pesquisadores Donald Gibson e Ronda Roberts Callister definem a raiva como "uma emoção que envolve uma avaliação de responsabilidade pelo erro de outra pessoa ou entidade, e geralmente inclui o objetivo de corrigir o erro percebido".[14] A raiva é muitas vezes descrita como uma emoção social que tende a ser uma réplica às ações ou respostas de outra pessoa. Ou seja, quando uma nogueira responde a você com raiva, isso pode se originar na crença de que você está errado ao dizer não. Aqui temos um exemplo para entendermos a resposta enfurecida.

Sarah trabalha como recepcionista em um restaurante. Pat, a gerente do estabelecimento, chama Sarah e lhe diz que um dos garçons faltará porque está doente e que ela precisará abrir mão de sua folga para trabalhar no dia seguinte. Sarah responde: "sinto muito, mas não, isso não será possível." Sarah se sente justificada ao dizer não. É seu dia de folga e ela tem coisas a fazer. Além disso, ela trabalha como recepcionista e não como garçonete. Pat responde com raiva. Ela grita com Sarah por não saber trabalhar em equipe e a ameaça dizendo que poderá perder o emprego se não for trabalhar no dia seguinte usando o uniforme de garçonete. Durante o esporro, Pat chama Sarah de "preguiçosa", "egoísta" e "mimada". Pat sai de rompante do escritório e bate com tudo a porta atrás de si.

As pesquisas mostram que a exibição de raiva ocorre por motivos diferentes e pode ser acionada por processos distintos de pensamento. Considere os seguintes motivos para explicar a reação enfurecida de Pat.

> ➤ Talvez Pat entendeu a recusa de Sarah como uma *ofensa pessoal*. Pat pode pensar: *Sarah não respeita minha autoridade. Eu sou a chefe. Como ela ousa dizer não para mim?*
>
> ➤ Pat pode achar que Sarah não coopera nem ajuda para que as coisas no restaurante funcionem bem. Nesse caso, Pat interpreta o não de Sarah como uma forma de *interferir no objetivo de Pat em gerenciar bem o restaurante*. Pat pode pensar: *preciso abrir o restaurante amanhã. Como posso fazer isso com um funcionário a menos? Sarah realmente precisa ajudar para eu fazer meu trabalho.*
>
> ➤ O não de Sarah pode parecer injusto para Pat. Pat tem seus próprios problemas e fica brava porque a falta do garçom é mais um. Ela pensa: *estava esperando certa cooperação de Sarah, mas agora preciso ver como vou resolver a situação. Isso é muito injusto.*
>
> ➤ As pesquisas também trazem evidências de *traços de agressão*, no sentido de que Pat simplesmente tem uma personalidade agressiva e não consegue aceitar um não como resposta. Nesse caso, a resposta padrão dela a qualquer um que discorde é reagir com raiva e agressão.

"Não desisto fácil": Quando uma nogueira insiste para que você faça o que ela pede e persiste no pedido, tal insistência surge de uma crença de que ela está certa e que pode pressionar você para que concorde. Algumas nogueiras tendem a assumir um posicionamento autoritário, insinuando que elas sabem o que é melhor para você e negando seu direito de decidir por si só. Elas possuem crenças estabelecidas sobre como acreditam que as coisas deveriam ser, então persistem e barganham até que você as "entenda" e responda da forma que elas acham adequado. Quando as nogueiras usam a insistência, fecham os ouvidos aos seus protestos e se recusam a escutar seu não. Ao simplesmente não reconhecer seu não, elas tentam coagi-lo a concordar contra sua vontade.

Além disso, com um acesso constante à tecnologia digital, a insistência e a oposição de uma nogueira podem sair do encontro presencial inicial e se transformar em e-mails excessivos e uma tonelada de mensagens que se arrastam por dias até que finalmente ela o vence pelo cansaço. Considere como uma mulher em um de meus estudos descreveu a resposta da nogueira (sua mãe) do tipo "eu sei o que é melhor": "eu disse a ela um NÃO nítido. Ela passou dias tentando me convencer a mudar de ideia. Ela me ligava MUITAS vezes no celular e enviava ainda mais mensagens. Eu só continuei repetindo meu não e meu motivo para ela."

"Farei tal coisa para você em troca": Ocasionalmente, uma nogueira usa a recusa como um convite à negociação. Os pesquisadores especialistas em barganha a definem como "o processo por meio do qual duas ou mais partes tentam estabelecer o que cada uma dará e receberá, ou realizará e usufruirá, em uma transação entre elas".[15] Com essa definição em mente, a nogueira não entende seu não como uma decisão firme que lhe permite sair vitorioso. Pelo contrário, ela tenta engajá-lo em um diálogo e mantê-lo investido no que ela quer. Ela pode até melhorar o negócio, oferecendo algo que ela pensa que é valioso para você em troca de sua concordância. A premissa implícita por trás da oferta "se você fizer isso, eu farei aquilo" que a nogueira lhe faz é que você pode ser comprado com algo melhor.

Considere um dilema muito típico da pandemia de Covid-19: Jackie a convida para comemorar o aniversário de 15 anos em um restaurante. Você não quer ir porque está preocupada em pegar o vírus. Sua amiga em comum, Norah, insiste para irem juntas, reforçando que é o dia especial de Jackie. Norah também sugere ir mais cedo à festa para ajudar a encontrar uma mesa, havendo relativamente menos pessoas. Ela até diz que pode buscá-la para não precisar ir de carro nem ter que encontrar estacionamento.

Uma nogueira como Norah o atrairá com dinheiro, conveniência, uma promessa de devolver o favor posteriormente ou uma oferta de lealdade e amizade caso você transforme seu não em um sim. Ao barganhar, algumas pessoas alternam entre abordagens agressivas e sutis de vendas. Talvez elas equilibrem a negociação manipulando os seus sentimentos para que mude de ideia. Talvez implorem, adulem ou apelem e façam promessas como: "é só desta vez" ou "esta é a última vez, nunca mais peço outro favor".

Pode ser útil aqui usarmos as definições de Adam Grant sobre "tomadores" em seu livro *Dar e Receber*, uma vez que as nogueiras são inegavelmente tomadoras.[16] Ele descreve os tomadores como aqueles que "gostam de receber mais do que dão", que "inclinam a reciprocidade em seu próprio favor, colocando seus interesses na frente das necessidades dos outros. Os tomadores acreditam que o mundo é um lugar competitivo, cada um por si. Eles sentem que para ter sucesso, precisam ser melhores que os outros."

Agora que analisamos algumas das maneiras ativas pelas quais as nogueiras fazem resistência e demonstram tendências de "tomadoras", vamos ver algumas formas mais passivas que as nogueiras empregam. Podem ser passivas, mas ainda não perdem a classificação de "tomadoras".

A reação passiva cria pressão interna

A reação passiva ocorre quando uma nogueira não confronta diretamente sua recusa, mas usa formas indiretas para fazer *você* querer mudar de ideia por si só. As nogueiras sabem que dizer não é inegavelmente difícil, e percebem que, se puderem fazê-lo se sentir mal por dizer não, talvez você mude de ideia. Lembra-se das emoções dominantes que sentimos quando estamos sob a luz do holofote? Tais sentimentos negativos de culpa, vergonha, obrigação e arrependimento são o que as nogueiras aproveitam intuitivamente para fazer você mudar seu não para um sim. Os psicólogos sociais exploraram em profundidade como as nogueiras podem nos fazer sentir mal a respeito de nós mesmos, descrevendo muitas vezes o uso dessas técnicas aversivas como "o lado obscuro da interação social".[17] As principais estratégias que as nogueiras empregam para a oposição passiva são: a resposta "como você *pode* dizer isso?", que lhe traz culpa; a resposta "FOMO"(medo de ficar de fora), que expressa a ideia de que você se arrependerá disso; e a resposta de "tratamento de silêncio", implicando que você só tem a perder.

"Como você pode dizer isso?": As nogueiras tendem a ver sua decisão de dizer não como moralmente errada. Ao tratar sua recusa como uma

transgressão, elas o fazem se sentir culpado quanto à sua decisão e o encorajam a reparar seu erro e concordar com o pedido. Os amigos podem o recordar de suas obrigações sociais, e os familiares podem usar seus vínculos relacionais para levá-lo a fazer o que querem. Eles implicam sua identidade, dizendo, "como você consegue ter a coragem de dizer não?" ou "você não está sendo um bom amigo".

Uma executiva sênior que participou em um de meus cursos, a quem chamaremos Sandy, mencionou que vinha tentando sair da presidência da associação de vizinhos. Ela fora uma integrante participativa durante anos e, depois, assumiu como presidente. Seu envolvimento e liderança trouxeram mudanças positivas ao bairro, incluindo ciclovias, melhor iluminação nas ruas e regras claras sobre as vagas de estacionamento. Porém, nos últimos anos, com cada vez mais responsabilidades no trabalho, ela estava tendo dificuldade em dar conta de tudo. Todavia, sempre que decidia não se recandidatar, seus amigos e vizinhos a convenciam a mudar de opinião, dizendo que "é para o bem da associação", "você é a única que tem um bom relacionamento com a prefeitura" e "se não for você, ninguém mais o fará". Ela se sentia responsável pelo bairro após tantos anos de serviço dedicado à associação e se sentia culpada por dizer não. Se você estivesse no lugar dela, o que faria? Será que há passos que poderia tomar para administrar sua saída da liderança sem se sentir atormentado pela culpa?

FOMO "Você se arrependerá por ficar de fora": Essa é uma experiência comum, especialmente com o surgimento das redes sociais. Hoje, é muito fácil saber sobre todas as atividades — tanto online como offline — das quais poderíamos estar participando. Os pesquisadores descrevem o FOMO como "uma apreensão difusa de que os outros possam estar tendo experiências gratificantes das quais você está ausente."[18] Isso toca em nossa necessidade humana de pertencimento e em nosso desejo de permanecer conectados com os outros e participar em atividades e eventos sociais.

As nogueiras podem ser astutas exploradoras do FOMO, recordando-o de tudo que pode estar perdendo caso permaneça com seu não. Elas podem provocar sentimentos de culpa antecipada, dizendo, "talvez essa oportunidade nunca retorne, e deveríamos aproveitá-la enquanto é possível." Quando você se recusa a ir a um evento, elas o lembram de que "será divertido e a comida será boa".

É verdade que quando você diz não, isso geralmente significa que está deixando passar uma oportunidade. Contudo, ao considerar suas opções, tenha em mente que, ao dizer não para o pedido da nogueira, você estará dizendo sim para outra coisa que valoriza muito mais. As oportunidades podem ser encontradas em ambos os casos. Você está apenas escolhendo uma opção em vez da outra. As nogueiras que usam o FOMO tentarão fazer com que você olhe para fora e considere o que pode estar perdendo, em vez de permitir que olhe internamente e decida o que é o certo para você.

Tratamento de silêncio: Uma resposta sinistra e insensível à sua recusa é quase tão intimidadora quanto berrar com alguém. As nogueiras podem demonstrar tal resposta como um aviso do desastre que recairá sobre você caso persista em seu posicionamento de negação. O tratamento de silêncio é uma forma de ostracismo social no qual uma nogueira o pune com "evitação de contato visual e ausência de comunicação verbal".[19]

Pesquisas mostram que dar o tratamento de silêncio a alguém é uma expressão diferente e mais passiva da raiva.[20] Talvez você possa observar um grito silente na linguagem corporal e nas expressões faciais da nogueira. A linguagem corporal adverte: mude de ideia ou vai se arrepender. As nogueiras o punem ao ignorá-lo em eventos sociais ou ao fingir que não o viram no encontro até que você se aproxime e mude de ideia. Elas tentam criar dúvida e incerteza em sua mente ao deliberadamente deixar de responder às suas ligações, mensagens e e-mails em tempo hábil.

Uma mulher de um de meus estudos descreveu o tratamento de silêncio que recebeu da seguinte forma: "tal pessoa não disse algo específico para me fazer mudar de ideia, mas começou a me tratar de um modo muitíssimo diferente desde que eu disse 'não'. A pessoa começou a ser rude e má comigo, de propósito, assim como me excluir em ambientes públicos para de algum modo me mostrar como aquele 'não' a havia afetado, e como ela queria que eu me sentisse mal sobre a minha decisão."

Em um ambiente online, a nogueira pode facilmente até lhe dar um ghosting. Isso ocorre quando alguém em um relacionamento desaparece abruptamente da vida do outro. Para quem dá o ghosting, é fácil ignorar suas ligações, mensagens e e-mails, ou apenas bloqueá-lo ativamente em seus dispositivos para mostrar raiva ou desaprovação. O que você sente se levar um ghosting? O fato é que ele tem um impacto negativo na autoestima, deixando a pessoa que o recebe insegura, vulnerável e indesejada.[21] O corte total de comunicação é o pior tipo de silêncio. Fazer com que alguém sinta que não existe é uma forma cruel de ostracismo.

Prevalência da oposição ativa versus passiva

O psicólogo Bill Knaus sugere que as pessoas insistentes e manipuladoras geralmente estão tramando algo. Podem precisar ou querer que certas coisas sejam feitas e de um modo específico.[22] Para levar seus planos adiante, as nogueiras resistem a sua recusa, usando estratégias ativas e passivas para fazer com que você concorde.[23] Porém, qual das estratégias que analisamos são mais prevalentes nas situações cotidianas?

Para entender a pressão social que as pessoas sentem ao dizer não, conduzi uma pesquisa com 332 universitários do curso de administração (60% mulheres; idades entre 19 e 42) que se matricularam em um programa profissional. Pedi a eles o seguinte: "por favor, pense sobre uma vez em que alguém (amigo ou familiar) lhe solicitou algo, pediu um favor ou o convidou a ir a algum lugar que você não queria ir. Você disse não à pessoa, mas ela não quis aceitar essa resposta. Ela tentou convencê-lo a mudar de ideia. As pessoas se opõem à nossa decisão de dizer não de formas distintas; queremos entender sua experiência."

As respostas foram codificadas para refletir uma das seis estratégias de reação. Os resultados dessa pesquisa revelaram uma representação de todos os tipos de estratégias de reação que analisamos, mas em graus distintos. Como mostra a Figura 7.1, os participantes relataram a maior incidência de insistência (reação ativa) e de sentimento de culpa (reação passiva).[24]

Figura 7.1: Estilos de Reações

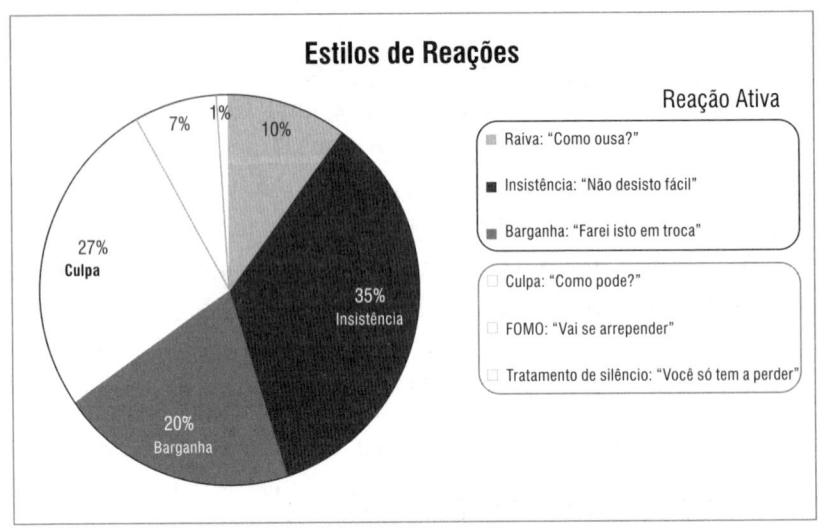

Visto que essa pesquisa se baseou na recordação de um caso de reação, eu também quis captar como as pessoas se sentiram após receber a reação ao seu "não". Mensurei as emoções que os participantes sentiram depois de se recordarem do episódio de reação ao pedir que respondessem a esta pergunta: "como essa experiência o fez se sentir?" Avaliei a extensão à qual o participante relatou ter sentido uma lista de emoções negativas (1 = não descreve meus sentimentos; 5 = claramente descreve meus sentimentos). Provavelmente, não é surpresa que receber uma reação é uma experiência negativa, deixando as pessoas bravas, ressentidas, chateadas e culpadas. Curiosamente, o uso de técnicas de reação passiva não diminuiu a negatividade da experiência. A intensidade da raiva e do ressentimento, assim como de se sentir chateado e culpado, foram relatadas em medidas iguais em ambos os estilos de reação.

Agora que entendemos como as nogueiras reagem e como respondemos, vamos aprender algumas estratégias para diminuir o impacto da reação.

Ficando Firmes e Fortes

Quando precisamos lidar com uma nogueira, especialmente quando temos que dizer não a uma, é muito natural nos sentirmos ansiosos e vulneráveis. Vale a pena termos em mente que "ou ficamos muito mal, ou ficamos muito fortes. A quantidade de esforço é a mesma."[25] Em vez de lamentar sobre as nogueiras em nossa vida e sobre como estamos mal, precisamos direcionar nossa energia para responder à reação de uma nogueira com força e elegância. O psicólogo Knaus aconselha: "saber qual é seu posicionamento sobre questões importantes e como você controla as tramas dos outros simplifica o trato com esse tipo de gente cuja insistência pode desanimá-lo, quando, de outro modo, você poderia se render para evitar causar sentimentos ruins."[26]

Desenvolva uma mentalidade resoluta

A forma com a qual abordamos as nogueiras se origina em como pensamos sobre elas e suas motivações. Como já vimos, a maneira em que pensamos sobre as coisas — nossa mentalidade — importa. Para rebater com eficácia a reação de uma nogueira à nossa recusa empoderada, precisamos desenvolver uma mentalidade resoluta alimentada por nossa convicção quanto ao posicionamento adotado e à nossa decisão de dizer não. Quais são algumas maneiras de voltar a tentativa de uma nogueira em fazer uso de manipulação para vencer contra si própria? A primeira, e mais importantes, é que precisamos atribuir a reação que recebemos de uma nogueira como sendo algo a respeito dela, e não de nós. Por mais que uma nogueira possa tentar nos fazer mudar de ideia, lembre-se que tal é a essência de uma nogueira, o que não a permite aceitar sua recusa — isso não tem praticamente nada a ver com você.

Outra perspectiva útil a adotar é aceitar a reação como normal e esperada. É mais sábio aceitar que você ocasionalmente receberá reação quando disser não aos outros. Quando sinto resistência, aprendi a dizer a mim mesma algo que a arquiteta/designer Maya Lin falou certa vez: "é a resistência que faz os pássaros voarem." Considerar a reação positivamente, e até normalizá-la como algo que você às vezes encontra, diminui parte das emoções negativas que a acompanham e ajuda em sua busca pela maestria pessoal.

Também é importante tentar ver a reação que recebemos das nogueiras como um desafio ou um obstáculo que você simplesmente deve superar. Para a maioria das pessoas, o caminho para o sucesso pessoal e profissional é uma corrida de obstáculos. Não podemos deixar que eles nos parem; precisamos nos empoderar para descobrir uma forma de contorná-los. O autor, educador e palestrante Stephen Covey observou muito sabiamente certa vez: "desenvolvemos os músculos do nosso caráter ao superar os desafios e os obstáculos."

Por fim, quanto mais autoconsciência tivermos sobre o que nos serve como um facilitador e sobre o que nos é um complicador, mais bem equipados estaremos para gerenciar as reações das nogueiras. Uma das primeiras coisas que minha amiga, coinstrutora e professora de gestão Dusya Vera faz em nossos treinamentos de liderança é um exercício em que os participantes chegam à aula já tendo pensado em duas histórias sobre sua própria vida. Eles são instruídos a pensar sobre vezes em que se sentiram vulneráveis no trabalho. Para a primeira história, precisam pensar sobre uma vez em que superaram sua vulnerabilidade e ousaram seguir em frente com coragem. Para a segunda história, precisam se lembrar de uma vez em que voltaram atrás e sucumbiram à sua vulnerabilidade. Esse exercício de autorreflexão tem o propósito de aumentar a autoconsciência do participante sobre como responde a situações difíceis. Quando entendermos sozinhos quais são os fatores *facilitadores* e que nos fazem manter nosso posicionamento mesmo quando nos sentimos vulneráveis, vamos nos sentir empoderados e estaremos mais bem equipados para nos contrapor à reação de uma nogueira. Vamos discutir algumas estratégias facilitadoras (algumas das quais você talvez já use, e algumas que talvez queira empregar) que nos ajudam a lidar com a reação das nogueiras.

Estratégias facilitadoras para a recusa empoderada

Dois conjuntos amplos de estratégias facilitadoras podem ser empregados para lidar com a reação das nogueiras. O primeiro conjunto *reforça nossa posição* para mantermos respeitosamente nossa decisão de dizer não. Essas estratégias nos ajudam a contrapor as reações ativas e passivas que recebemos no momento. O segundo conjunto pode ser usado para limitar a toxicidade da nogueira e contrapor nosso impulso de dizer sim ao *criar distância* da nogueira. Primeiro, vejamos como as *estratégias de reforço* podem funcionar para você.

Coloque para fora: Se uma nogueira está reagindo de maneira muito incisiva e o deixando desconfortável, você pode dizer a ela exatamente como se sente ao colocar tudo para fora. Pode dizer diversas coisas que aprendeu neste livro, como "sou eu quem decide se vou fazer algo ou não" ou "já lhe disse qual é meu posicionamento. Por favor, respeite minha decisão." Você pode descrever a situação dizendo, "por favor, não insista. Tudo que está causando é me fazer dizer não cinco vezes em vez de apenas uma." Pode até expressar sua vulnerabilidade: "estou ficando muito desconfortável em precisar repetir meu não a você." Ou pode chamar a vantagem para si ao dizer, "se eu mudar de ideia, lhe aviso."

Informe sua norma pessoal de que "não significa não": Às vezes, é bom compartilhar suas normas pessoais como anúncios. Pode apenas informar sua norma pessoal à nogueira para reforçar seu posicionamento sobre a questão. Por exemplo, pode dizer a um colega que está tentando lhe gerar culpa por não aceitar um novo projeto: "tenho uma política de não aceitar um projeto novo até que tenha terminado o que estou fazendo." Se um amigo está tentando repetidamente conseguir que você faça algo que não quer fazer, esteja seguro de que comunicou que sua recusa se origina em seus valores.

Às vezes, precisamos dar às nogueiras um motivo convincente ao qual não possam se opor. As pesquisas mostram que é comum declinarmos um convite dizendo que não temos tempo, quando o real motivo pode ser falta de dinheiro. As pesquisas indicam que dizer "não tenho tempo" pode levar o solicitante a se sentir subvalorizado, ao passo que dizer a verdade sobre não ter o dinheiro pode ser mais sincero e aceito mais prontamente.[27] É claro que se usar o motivo "não tenho dinheiro", deverá estar disposto a aceitar o convite caso o solicitante se prontifique a pagar ou a mudar a atividade para algo que caiba em seu orçamento.

Para algumas nogueiras, você precisa repetir insistentemente sua recusa trazendo à tona sua criança teimosa interior. Se o jogo delas é continuar insistindo em que você mude de ideia, você terá então que continuar dizendo não. Lembre-se, "não" é uma sentença inteira. Se quiser dar um toque especial e talvez aliviar um pouco da tensão, considere repetir seu não em idiomas diferentes, ou fazendo várias vozes. Veja algumas opções de idiomas para considerar incluir: *Nein* (alemão, pronúncia: nain), नहीं (indu, pronúncia: narrí), Нет (russo, pronúncia: niét) e *bù shì* (chinês, pronuncia: buxí). Algumas opções de voz a considerar dependendo de seu estilo, talento e humor: diga seu não cantando; soletre sua resposta, "N-Ã-O"; ou então pode imitar a cadência e tom únicos de uma voz robótica, como a do Wall-E, dos personagens animados Pernalonga ou Mickey Mouse, ou, ainda, a voz charmosa e versátil do Gênio de Aladdin.[28]

Atraia para obter adesão: Uma estratégia contraintuitiva para lidar com as nogueiras é trazê-las para mais perto, em vez de afastá-las. Todos temos pessoas em nossa vida que fazem pedidos repetitivos e às vezes incômodos para nós. Em alguns casos, podemos atrair uma nogueira para nosso lado ao antecipar o pedido e chegar a uma concordância antes mesmo de ela o fazer. Por exemplo, se você sabe que é sua vez de organizar a ceia de Natal em sua casa, então faça isso seguindo seu gosto e planeje o menu e atribua as responsabilidades antes de um familiar "nogueira" lhe dizer exatamente como o Natal deveria ser. Se você sabe que um colega exigente quer fazer um voo noturno para "aproveitar o dia ao máximo", então faça sua reserva em tempo para justificar seu voo diurno.

Às vezes, as nogueiras precisam que você diga sim para que não se sintam humilhadas quando você disser não. Em tais casos, pode ser melhor declinar o pedido antes mesmo de ele ser feito. No trabalho, você pode informar a pessoa que você está hiperfocado em alguns assuntos pessoais e, assim, tentando diminuir as atividades em todas as outras áreas. Se é seu chefe quem faz o pedido, antes de mais nada procure criar um acordo com ele sobre como você deveria usar seu tempo. Quando os pedidos começarem a surgir, você poderá fazer referência ao acordo previamente feito.

Passemos agora às *estratégias que criam distância* entre você e a nogueira.

Ganhe tempo: Ao lidar com nogueiras, precisamos usar o tempo a nosso favor. Anteriormente neste livro, analisamos o efeito holofote. Uma forma de atenuar o holofote é ganhar tempo. Se está se sentindo sob a luz dele e como se estivesse sendo coagido a fazer algo contra seu

melhor julgamento, opte por atrasar. Crie uma norma pessoal para nunca dizer sim logo de cara. Peça algum tempo para considerar sua resposta antes de se comprometer.

Uma prática útil a adotar é, antes de dizer sim para alguma coisa, pegue sua agenda e marque exatamente quando você fará a atividade. Se, ao checar sua agenda, a tarefa parecer impossível de ser feita, provavelmente você terá dado a si mesmo uma convicção aumentada do porquê está respondendo com um não. Se tiver o tempo em sua agenda, anote a atividade imediatamente. Na verdade, reserve o dobro de tempo que acha que levará. Essas regras de agendamento são proveitosas, pois forçam você a reconhecer que dizer sim, mesmo que para uma nogueira, tem um custo muito real. Lembre-se também: apenas porque você tem tempo em sua agenda, não significa que deve dizer sim a todos os pedidos que lhe forem feitos. Considere os custos de oportunidade — o algo a mais que pode aparecer e que é muito mais interessante e importante.

Delegue seu não: A transição entre fazer e liderar é uma das mudanças mais difíceis pelas quais um líder precisa passar. Isso fica ainda mais pesado pelo fato de que os líderes muitas vezes recebem pedidos — e com bastante frequência das próprias nogueiras — para colocar a mão na massa mesmo quando o que precisam fazer é se concentrar na liderança. Quando uma nogueira lhe dá uma tarefa de natureza mais tática, sua primeira necessidade é identificar se não será melhor delegá-la a outros. Embora a última coisa que você deve fazer é impingir uma nogueira para cima dos outros, é preciso conter a reação da nogueira e comunicar claramente a disparidade entre suas prioridades e a tarefa em mãos.

Quando você ocupa uma posição de liderança, pode até delegar sua resposta negativa. É muito comum que um líder mantenha um posicionamento amigável, agradável e cordato (o policial bom) e peça que outra pessoa seja a difícil, aquela que pede o dinheiro ou que diz não (o policial mau).

Caso delegue seu não, considere ter em sua equipe alguém como Emily Wilson. Em sua autobiografia, *A Life in our Times* [sem publicação no Brasil], o renomado economista John Galbraith narrou uma história sobre Emily Gloria Wilson, sua fiel governanta por quarenta anos. Era uma tarde de 1965, quando o célebre economista estava tirando um cochilo e pediu que não fosse incomodado, o telefone tocou, Emily o atendeu e era o presidente Lyndon Johnson. Ela disse ao presidente, "ele está tirando um cochilo e deixou ordens estritas para não ser incomodado." Irritado, Johnson respondeu: "bem, eu sou o presidente. Acorde-o." Antes de desligar o telefone, ela respondeu, "sinto muito, Sr. presidente, mas eu trabalho para o Sr. Galbraith, e não para o senhor." Depois que Galbraith acordou de seu cochilo, ele retornou prontamente a ligação ao presidente, praticamente morrendo de vergonha. A primeira coisa que o presidente Johnson quis saber era a identidade da mulher que lhe dissera um não firme. O economista compartilhou o nome, relutante. Com sua satisfação incontida, o presidente disse, "diga à mulher que a quero trabalhando aqui na Casa Branca para mim."

Tecnologia como um amortecedor: Visto que grande parte de nossa comunicação hoje em dia é feita no ambiente digital, recebemos reações via e-mail, mensagens, WhatsApp, Facebook, LinkedIn etc. Pelo menos duas coisas nos ajudam a permanecer firmes ao lidar com oposições no espaço online: (1) é um ambiente mediado pela tecnologia, então a pressão social de estar em uma interação presencial é diminuída, e (2) é um ambiente assíncrono, então podemos criar nossa resposta de forma estratégica e ponderada.

Com os pedidos online, há menos chances de que sintamos a mesma intensidade do brilho do holofote do que em uma interação presencial. Com o holofote mais fraco, você pode considerar a solicitação com mais cuidado. Isso não significa que não ficará angustiado decidindo se deve dizer sim ou não. Mas pode usar o tempo para conseguir analisar bem o pedido, avaliar as contrapartidas e tomar uma decisão que lhe caia bem. Você também pode consultar seu "clube do não" e repassar sua lista de prós e contras. A melhor coisa quanto às solicitações online é que você pode criar uma recusa eficaz por escrito.

Várias pessoas mantêm um repositório de recusas bem escritas que usam uma linguagem empoderada e palavras emotivas. Em um ensaio brilhante intitulado "Wives of the Organization" [Esposas da Organização], a especialista em estratégia e inovação Anne Sigismund Huff recomenda a manutenção de um arquivo de cartas expressando recusas para nos tornar mais eficazes em dizer não a pedidos e "estarmos mais envolvidos em outras atividades". Veja o que ela escreve sobre um modelo de carta que usou (talvez seja necessário adaptá-lo para e-mail):

"uma das minhas primeiras cartas teve ampla circulação como sendo um modelo entre meus colegas. Ela dizia: agradeço seu pedido para participar em X, que é uma contribuição importante para a comunidade e algo que valorizo. No entanto, devo recusar. Na posição de professora assistente não titular, sinto que os interesses da universidade, bem como meus próprios, sejam mais bem servidos ao me concentrar em minha pesquisa." Ela pede que o leitor considere criar uma correspondência semelhante "que possa ser adaptada a diversas demandas que lhe são feitas e que precisa ser reescrita e reestruturada a cada estágio de sua carreira." A ideia proposta por Huff é que não está em nosso melhor interesse, tampouco no melhor interesse das organizações às quais trabalhamos, aceitar trabalhos que não sejam recompensadores.

Como já aprendemos, precisamos usar expressões e palavras que proporcionam confiança, como "eu não" e "tenho uma norma que", as quais são, por vezes, mais fáceis de escrever do que de falar. Também use palavras que expressem uma posição forte e segura, como as palavras absolutistas (*sempre, nunca, certamente, absolutamente*) e emotivas (*profundamente, encantador, confiante, singular, agradecido, realizado, genuíno*).

Além das palavras às quais pode ter acesso, a tecnologia também introduziu uma nova linguagem digital não verbal: emojis, emoticons e gifs. Da mesma forma que não há um manual sobre como utilizar melhor as deixas não verbais, não há um conjunto perfeito de recomendações para a comunicação digital interpessoal. Estudos mostram que o uso de emojis e emoticons aumentou significativamente. Eles servem para diversas funções, sendo os emojis mais eficazes para transmitir o significado de uma frase ao sinalizar emoção.

Afiando Nosso Conhecimento De Persuasão

Como seres humanos, um dos domínios mais valiosos de conhecimento no qual podemos investir é compreender as outras pessoas e como elas atuam. Um motivo pelo qual o ensino fundamental pode ser tão assustador é que ele é o estágio de socialização em que as crianças começam a se relacionar de forma independente com seus pares sem a influência parental e conseguem ver os lados bons, maus e feios dos outros. A partir dessa época, precisamos nos tornar adeptos em compreender as intenções dos outros, como os bullies operam e aprender a captar táticas manipuladoras, muito embora possam estar embrulhadas em elogios e bajulações.

Os pesquisadores Marian Friestad e Peter Wright denominam esse singular recurso sociocognitivo de *conhecimento de persuasão*, e o descrevem como "um sistema interpretativo de crença, pois ele diz às pessoas sobre as situações em que um agente externo inteligente e intencional está tentando habilmente alterar o eu interior delas (crenças, emoções, atitudes, decisões e processos de pensamento) e, desta forma, alterar o curso de suas vidas."[29]

No contexto das reações, esses agentes externos inteligentes e intencionais são as nogueiras, cujas alterações não nos são valiosas ou desejadas. Tive até um calafrio quando li a conclusão sinistra de Friestad e Wright: "as pessoas que permitem invasões não percebidas ou controladas de seu mundo psicológico interno e a consequente mudança em seus comportamentos não sobrevivem nem prosperam."

Uma maneira de desenvolver e aplicar habilmente o conhecimento de persuasão é lucrarmos com a experiência que tivemos com as nogueiras e aprender com nossos erros. Considere as nogueiras em nossa vida. Até aqui, nossas interações com elas têm sido provavelmente negativas, e é também possível que alguma vez já cedemos às suas demandas. Tenha em mente que elas farão o possível para lhe forçar a dizer sim e prendê-lo a um compromisso do qual poderá ser muito difícil sair. Há duas armadilhar com as quais cuidar à medida que pensa em como lidar com as nogueiras:

Armadilha "você não pode voltar atrás agora"

A nogueira se esforça para conseguir seu sim no momento. Por quê? Não é fácil dizer não, mas parece basicamente impossível dizer não depois que você disse sim. Uma vez que pronunciou essa palavrinha, você acaba considerando seu sim como um contrato assinado e selado.

Isso já aconteceu com você? Talvez um colega tenha lhe pedido para fazer parte de uma nova equipe de projeto. Talvez um amigo tenha lhe convidado para uma viagem no fim de semana. No momento, parece animado e divertido, então você diz sim. Porém, mais tarde, percebe que aceitar o novo projeto ou ir na viagem não é a coisa certa a fazer. Você tem outros prazos e compromissos, mas está preocupado em não poder voltar atrás agora. A coach executiva Melody Wilding diz o seguinte: "se você está muito atarefado, percebeu que tem um conflito ou de algum modo não pode ou não quer participar de um projeto, é essencial se descomprometer com elegância."[30] A questão é a seguinte: se você mostrar elegância e explicar sua situação, a maioria das pessoas decentes (como as calêndulas ou as roseiras) entenderá, terá empatia e, em resposta, também será elegante. Por outro lado, no caso das nogueiras, há menos chances de deixarem passar assim tão fácil. Elas ficam mais fortes ao transformar a coisa no mais dolorosa possível para você sair, então quando você sabe que está lidando com uma nogueira, vá com calma. Com muita calma. Uma vez pego, elas não o deixarão sair tão fácil.

A armadilha do futuro repleto de tempo

As pesquisas mostram que tendemos a pensar que teremos mais tempo, energia ou espaço em nossa agenda no futuro do que temos agora. Dada nossa suscetibilidade em acreditar que o futuro é repleto de tempo, as nogueiras muitas vezes nos pedem para fazer coisas bem lá na frente. Essa é uma maneira garantida pela qual a nogueira pode reagir à sua recusa. Visto que o pedido é só para daqui a três ou seis meses, elas se recusam a aceitar seu não como resposta porque você tem muito tempo para se planejar. Elas podem até deixar você tirar o tempo necessário para decidir e, enquanto isso, estão seguras de que conseguirão derrotá-lo pelo cansaço. A folga de recursos se manifesta em nossas vidas assim: embora três meses atrás, quando você tinha um tempo infinito, parecia ser o certo dizer sim, a realidade é que estará tão livre daqui a três meses quanto está hoje. O que, infelizmente, não é muito!

Quando você recebe um pedido com "muita antecedência", imagine que ele é para daqui a três dias, e não três meses. Além disso, tenha em mente que seus valores não mudarão, então só porque possa ter tempo no futuro, você ainda não vai querer gastá-lo fazendo algo que não esteja alinhado com seu propósito.

Lucrando com Nossa Exposição às Nogueiras

Não deve surpreender o fato de que as pesquisas mostram que nos interessa muito mais evitar o pedido de uma nogueira do que se engajar com ele. Porém, considere o seguinte: não conseguiremos praticar a melhor forma de lidar com uma nogueira se ficarmos o tempo todo as evitando.

Se tem muito medo de serpentes, crocodilos ou aranhas, você os evitaria a todo custo. Se seu medo o estiver prejudicando, talvez deva se consultar com um psicólogo, que provavelmente recomendaria uma exposição maior à fonte do medo. A terapia de exposição se fundamenta na ideia da dessensibilização. Se você se expor ao objeto de medo, ele se torna menos ameaçador e mais gerenciável. Do mesmo modo, quando perceber que está sempre evitando o pedido das nogueiras, considere a possibilidade de usar a oportunidade para empregar a recusa empoderada para afastá-las de uma vez por todas (e lembre-se dos estudos sobre as desculpas versus normas pessoais).

Em minha própria pesquisa, descobri que, ocasionalmente, as pessoas têm a tendência de descrever a reação de uma nogueira, relatando em seguida que cederam a ela e, por fim, concluindo que "não foi tão ruim" ou que estavam satisfeitas porque o fizeram. Embora isso possa ser verdade às vezes, também precisamos estar cientes de um truque estiloso que nossa mente faz ao lidarmos com situações negativas. Nossa tendência é dar significado a uma experiência negativa ao identificar os fatores positivos nela.

Pesquisadores de Harvard se referem às nossas respostas coletivas de enfrentamento como um *sistema imunológico psicológico*. Assim como o sistema imunológico que entra em ação quando uma bactéria ou um vírus entra em nosso corpo, o sistema imunológico psicológico é acionado quando algo negativo ocorre.[31] Imaginemos que dissemos sim a algo ao qual queríamos ter dito não. Agora nos sentimos mal em relação àquela pilha fedida de lixo que se tornou nossa responsabilidade. Ficamos frustrados e bravos com nós mesmos por não termos dito não.

Como enfrentamos esses sentimentos negativos? Encontramos algo positivo neles.

Buscamos algo de bom que talvez tenha surgido com a tarefa e nos apegamos a isso. Podemos nos convencer de que colheremos as recompensas no futuro ou que seremos reconhecidos ou recompensados por isso. Não me entenda mal! Isso é ótimo e adaptativo. O sistema imunológico psicológico é bom para nossa saúde mental e bem-estar, mas é terrível para que possamos aprender com nossos erros. O lado positivo realmente nos torna suscetíveis a repeti-los. Quando inadvertidamente dizemos sim a um pedido, precisamos nos permitir languescer na dor. Precisamos calcular os custos de oportunidade de nosso sim relutante e entender o quanto ele nos custou. Precisamos considerar dolorosamente todas as vezes em que fomos dormir tarde da noite ou dos momentos livres que tivemos que abrir mão para cumprir nossa promessa. Quando paramos de enfrentar adaptativamente nossos sins relutantes — quando deveriam ter sido um não ressoante —, começamos a quebrar o ciclo vicioso da concordância impensada e a afiar nosso conhecimento de persuasão.

O truque para tirarmos lições de nossas interações negativas com as nogueiras é enfatizar, e não subestimar, os custos enormes que incorreremos ao dizer sim aos pedidos do tipo "faça sua famosa lasanha" ou ao concordar em fazer tarefas do tipo "e-mail, tuíte, publicação" simplesmente porque uma nogueira se opôs à nossa recusa. Abrace a dor agora para que não tenha que suportá-la de novo. Tenha em mente as palavras de Ovídio, o poeta romano: "seja paciente e severo; um dia, essa dor lhe será útil."

CAPÍTULO 8

Saindo de Nossa Zona de Conforto

"Ó, poderosa Bondade, Pai generoso e Guia misericordioso! Intensifique dentro de mim a sabedoria capaz de desvelar aquilo que for meu interesse mais verdadeiro. Fortaleça minha resolução de realizar o que tal sabedoria ordenar. Aceite minha bondosa ajuda aos Vossos outros filhos, pois é o único retorno que posso oferecer por Vossos contínuos favores para comigo."[1] Esse é o mantra matinal que marcava o ritmo do dia de Benjamin Franklin na maior parte de sua vida adulta.

Acredito que em nenhuma outra área o "interesse mais verdadeiro" de Franklin fique mais evidente do que nas coisas que criou, consertou e adquiriu ao longo de sua vida, agora expostas no Benjamin Franklin Museum, na Filadélfia, EUA. Alguns anos atrás, passei uma tarde chuvosa no museu cujo projeto arquitetônico, na minha opinião, corresponderia e muito às sensibilidades de Franklin. Organizado em cinco salas, sendo que cada uma delas reflete alguns dos valores pessoais com os quais ele se comprometera (fervoroso e diligente, ambicioso e rebelde, motivado a melhorar, curioso e repleto de fascínio, e estratégico e persuasivo), o museu deu vida à forma em que Benjamin Franklin viveu: com uma intencionalidade resoluta.[2]

Ele iniciava cada dia às 5h perguntando-se: "o que farei de bom hoje?". E ao terminar a jornada, prestava contas a si mesmo, questionando-se: "o que fiz de bom hoje?". Ao monitorar rigorosamente suas escolhas e ações diárias, Franklin fez com que cada dia valesse a pena. Mais de trezentos anos depois de seu nascimento, muitas de suas contribuições práticas para o mundo — o para-raios, o cateter, as lentes bifocais e o fogão doméstico — ainda impactam nossa vida. Suas invenções menos conhecidas, e contudo fascinantes, também são intrigantes: a tigela de sopa com divisórias (para se sujar menos em situações como a de um navio em mar turbulento), a harmônica de vidro (um instrumento encantador feito de tigelas de vidro encaixadas uma na outra com cortiça em um recipiente que pode ser fechado e transportado com facilidade) e, é claro, os pés de pato (inventados quando Franklin tinha apenas 11 anos).

À medida que caminhava pelo museu, fiquei deslumbrada com o quanto ele havia realizado, e não pude deixar de pensar: *como é possível que apenas uma vida tenha sido suficiente para ele fazer tudo isso?* Tendo passado um tempo na sala dedicada à motivação de Franklin para melhorar, fui tomada pela percepção de que, provavelmente, foi esse valor singular que possibilitou e facilitou os outros quatro. Felizmente para nós, Benjamin Franklin era adepto do "pensar escrevendo" (um hábito de "colocar tudo no papel" que geralmente recomendo aos meus alunos), atividade que o levou a articular com precisão sua lista de treze virtudes e os preceitos pelos quais viveu; registrar as atividades do dia, incluindo seu consumo diário de vinho; e documentar, de várias maneiras, a forma cuidadosa e deliberada pela qual viveu sua vida.

Naquela tarde chuvosa, fiz a mim mesma a pergunta que lhe faço agora: se você tivesse que criar um conjunto de "salas de sua vida" que representassem o que você valoriza, quais seriam elas? Nesta altura da vida, conseguiria preenchê-las legitimamente com evidências tangíveis de que viveu de acordo com tais valores?

As salas de Benjamin Franklin refletem sua autodisciplina e seu propósito singular, mas elas também implicam, necessariamente, que ele precisou restringir seu campo de ação e concentrar sua atenção nas coisas que realmente lhe importavam. Por exemplo, ele não se preocupava em correr atrás de riquezas e posses para si próprio. Decidiu não patentear suas invenções e ganhar dinheiro com elas; em vez disso, compartilhou-as, para que pudessem ser amplamente usadas. Ele priorizou suas treze virtudes em ordem de importância e abordava sistematicamente uma por uma. Quanto à sua estratégia, ele escreveu: "presumo que seria melhor não distrair minha atenção tentando lidar de uma vez só com todo o conjunto, mas a cada vez, fixar-me em uma delas, assim, quando dominar uma, prossigo para a seguinte, e assim por diante, até concluir todas as treze."

Ele dedicava suas manhãs a suas próprias buscas intelectuais e se recusava a atender qualquer um até que concluísse sua atividade mais importante para aquele dia. De fato, na quarta-feira, dia 27 de maio de 1778, John Adams, na época o futuro segundo presidente dos EUA, escreveu em seu diário reclamando sobre a indisponibilidade de Franklin durante as horas matutinas. Em suas palavras, "nunca pude desfrutar da satisfação de sua companhia antes do café da manhã, que teria sido o horário mais conveniente para ler cartas e jornais, deliberar sobre seus conteúdos e decidir sobre a substância das respostas."[3] Claramente, o que era um momento conveniente para John Adams não funcionava muito bem para Benjamin Franklin!

Precisamos, assim como Franklin, nos voltar para dentro de nós mesmos e assumir a posse das salas de nossa vida com uma autodisciplina compassiva. Aprenderemos a usar a autoconversa — aquela voz em nossa cabeça — para nos motivar e guiar nossas ações e comportamentos. Ponderaremos os sistemas que precisamos estabelecer para nos incentivar a viver uma vida de paixão e propósito. Sairemos dessa "conversa" reconhecendo que a ordem interior molda nosso sucesso externo e influencia profundamente a forma como nos colocamos no mundo.

As Tentações e Distrações Estão em Todos os Lugares

"Se não conseguirmos dizer não a nós mesmos, como conseguiremos dizer não aos outros?" Essa foi a pergunta que uma mulher chamada Kristin me fez mais de uma década atrás e que, pela primeira vez, me impulsionou rumo ao estudo da recusa empoderada. Gosto de dizer que "tudo começou com Kristin". A história é a seguinte.

Kristin, como a maioria das mães que trabalham, tornara-se adepta do malabarismo para dar conta de cuidar da casa e das responsabilidades profissionais. Todas as noites, porém, depois de um longo dia no trabalho e após ter ido apressada buscar uma filha no jardim da infância e a outra na creche, Kristin acabava parando em um drive-thru no caminho de casa. Ela não queria recorrer ao fast-food sempre, e sentia muita culpa posteriormente, mas estava tão cansada no fim do dia que o mero pensar em ter que cozinhar era assustador. Esse padrão de comportamento se tornou um hábito, um desses que ela realmente queria romper. Tal situação em que se encontrava era seu problema (recorde-se da estrutura DREAM e da importância de identificar claramente seus problemas).

Como Kristin, muitos de nós estão atormentados com padrões improdutivos ou nada saudáveis de comportamento que ficaram relegados por tanto tempo que se tornaram um hábito que realmente queremos romper, mas não sabemos como.

Com base em algumas observações anteriores sobre o poder da autoconversa, ofereci a ela um conselho amigo. Casualmente, naquele momento, sugeri o que veio a se tornar a semente de uma ideia (provavelmente você a reconhecerá): diga a si mesma "eu não" em vez de "não posso". Expliquei que quando ela estivesse voltando para casa, era necessário literalmente assumir a condução de sua própria vida. Ela precisava reconhecer que os drive-thrus de fast-food eram um problema e que ela precisava dizer a si mesma: "eu não compro fast-food para o jantar depois do trabalho." Para que essa autoconversa pudesse ser sustentada e fosse bem-sucedida, Kristin também precisava organizar suas estruturas. Por exemplo, ela poderia passar trinta minutos no fim de semana planejando as refeições, poderia investir no aprendizado de algumas receitas fáceis e saborosas para fazer todas as noites, poderia recorrer ao marido e às filhas para que preparassem as refeições e, quando tivesse algum tempo pelas manhãs, poderia considerar fazer alguns preparos para o jantar: descongelar frango ou peixe antes de ir trabalhar ou cortar vegetais para fazê-los salteados.

Na época, Kristin pareceu não acreditar que uma mudança tão simples no linguajar de fato funcionaria, então deixei a coisa como estava. Cerca de um mês depois, encontrei-me com ela outra vez. Ela estava entusiasmadíssima. Contou que o que conhecemos agora como "palavras de confiança", estas que caracterizam a recusa empoderada, haviam funcionado muito bem para ela. Ela disse a si mesma, "não como fast-food nos dias da semana", e essa decisão desencadeou sua motivação para sair do buraco no qual sentia estar. O que Kristin descobriu foi o poder da autoconversa e das normas pessoais. Agora, o que ela precisava era de um sistema que funcionasse para si e usar a conversa que a fazia se sentir empoderada para operar dentro desse sistema.

Respondendo à Tentação com Privação

Precisamos reconhecer um dilema humano incontestável: a tentação está sempre ao nosso redor, seduzindo-nos para longe de nossa melhor versão com promessas momentâneas de prazer. O romancista francês Marcel Proust escreveu em seu livro *Em busca do tempo perdido, volume I: À sombra das moças em flor*: "é sempre devido a um estado de espírito, que não está destinado a durar muito, que tomamos resoluções definitivas."

Quando conheci Kristin, eu era professora assistente e estava trabalhando com uma série de projetos que abordavam formas de resistir à tentação. Na época, o estudo da autorregulação era um tema em voga nas pesquisas, e dada a vasta proliferação de opções de alimentação, escolhas de entretenimento e, é claro, o onipresente poder de atração das redes sociais, os pesquisadores buscavam novas formas de controlar a tentação. Naquele momento, a literatura acadêmica estava em ebulição com artigos de pesquisa que descreviam nossa impotência diante do desejo e as diferentes maneiras com que nos rendemos à influência da tentação, sem forças para resistir. Nos tornamos reféns do impulso poderoso do desejo que ativa a liberação de dopamina (muitas vezes denominada "o hormônio da felicidade") em nosso corpo, e assim começamos a ansiar pelo sentimento de prazer. Comer uma rosquinha ou até mesmo escutar o barulhinho de notificação de um novo e-mail ou tuíte pode ser o suficiente para ativar uma injeção de dopamina, e a partir dela acabamos sucumbindo aquele doce irresistível ou a abandonar nosso trabalho para checar o conteúdo do e-mail ou o Twitter. São tantos tipos de doces sendo oferecidos para nós em cada esquina desse mundo onde vivemos, que se torna quase impossível resistir a eles.

Força de vontade e desejo travam uma batalha dentro de nós. Sempre que nos deparamos com uma tentação ou quando precisamos dizer não a nós mesmos para reduzir ou impedir um comportamento, usamos a força de vontade. Se você quer reduzir seu consumo de açúcar, cada desejo por um docinho recorre à força de vontade para ficar sob controle. Se você está no trabalho, cada notificação do Instagram, WhatsApp ou Twitter atiça a sua curiosidade para saber o que está acontecendo no mundo no qual você não está participando (lembra-se do FOMO?). Estar cansado, com fome ou sonolento pode enfraquecer ainda mais nossa habilidade de resistir a uma tentação, tornando-nos mais passíveis a nos entregar e desistir. Foi exatamente isso que aconteceu com Kristin. Ela simplesmente não tinha a energia no fim de um longo dia de trabalho para regular seu comportamento e deixar de fazer a coisa mais fácil — se livrar da obrigação do jantar comprando fast-food. Quando você está cansado, com fome ou sonolento, existem coisas simples as quais você acaba recorrendo no modo automático?

Para ilustrar de forma vívida a batalha humana para controlar a tentação, é comum que os pesquisadores utilizem histórias como a armadilha do canto das sereias da *Odisseia* de Homero. Pense por um instante nas sereias. Na mitologia clássica, elas eram metade pássaro e metade uma linda mulher. Tinham vozes tão encantadoras que atraíam os marinheiros desavisados para suas ilhas, naufragando seus navios e causando suas mortes. Para evitar a tentação de seus cantos, Ulisses tapou o ouvido de sua tripulação com cera e se amarrou ao mastro do navio. Para Homero, alguns milhares de anos atrás — como parece ser o caso para nós atualmente —, era evidentemente claro que a solução à tentação parecia ser se autoconter, se segurar e exercitar o controle por meio da privação.

Contudo, pesquisas mostram que a longo prazo a privação não costuma funcionar.[4] Se você diz a si mesmo que não pode comer algo ou fazer alguma coisa, quando a coisa em questão se torna disponível, a tentação para ceder fica tão forte que pode ser impossível resisti-la. Privar-se daquilo que você deseja apenas torna a coisa desejada mais desejável ainda. Isso porque você fica obcecado pelo objeto de desejo e começa a ansiar por ele. Os pesquisadores descobriram que a percepção de valor atrelada a objetos que têm o potencial de satisfazer uma fissura, como um cigarro em um estado de abstinência de nicotina, tende a aumentar. Como resultado, as pessoas não se importam em pagar mais por um cigarro quando estão em um estado de privação de nicotina do que quando satisfizeram recentemente sua necessidade por essa substância.[5]

Tenha em mente que nosso comportamento padrão é ceder à tentação,[6] então o desejo e o anseio induzidos pela privação praticamente garantem que o autocontrole será sabotado. Em um de meus artigos de pesquisa, demonstramos que nos privar de uma oportunidade desejável (ingressos com desconto para parques de diversão ou uma viagem no fim de semana para Las Vegas com os amigos) aumenta nosso desejo de aproveitar a oportunidade quando ela aparecer novamente. Meus coautores e eu descobrimos que quando há uma segunda chance de realizar um desejo uma vez renunciado, nós não hesitamos em agarrá-lo com todas as nossas forças.[7]

Aquela afirmação de que passamos a desejar muito mais alguma coisa quando não podemos tê-la não se trata apenas de um clichê. Por isso, em vez de fazer uso da privação, que nos faz sentir mal e geralmente não funciona, fui atraída em meu próprio trabalho para uma forma mais compassiva de autorregulação.

Autocontrole Compassivo

Para apresentar essa ideia, compartilharei uma história sobre o Buda que influenciou profundamente a minha forma de pensar sobre a autorregulação.[8]

Depois que Buda renunciou à sua riqueza, posição na hierarquia social, título de príncipe real, e a todos os prazeres terrenos atrelados a isso, ele se retirou para a floresta em busca de iluminação. Sentou-se sob a árvore de Bodhi e meditou ao lado de outros cinco homens que também buscavam sabedoria e iluminação. A cada dia, eles consumiam apenas uma pequena fruta como sustento, e nada além disso. A crença era a de que a sabedoria e a iluminação são concedidas àqueles que se privam do sustento diário necessário aos meros mortais. A história conta que, certo dia, Buda estava caminhando em direção a uma cidadezinha próxima, mas estava tão fraco pela falta de alimentos que desmaiou. Foi então encontrado por uma moradora local chamada Sujata, que o reavivou dando-lhe um copo de leite. Reanimado e renovado, pediu a ela outro copo. Aos poucos, ele compartilhou com Sujata sua missão de buscar a iluminação, e ela quis contribuir, oferecendo-lhe a sua ajuda.

Buda aceitou e pediu a ela que lhe trouxesse todos os dias uma pequena tigela de arroz.

A noção de que a privação é a chave para a iluminação divina era já tão consolidada que os cinco amigos do Buda, vendo-o comer uma tigela de arroz diariamente, agora o desdenhavam. Consideravam-no fraco, carente e desmerecedor da iluminação, então decidiram seguir em frente sem ele. Deixado só na floresta, com a exceção da visita diária de Sujata que lhe trazia sua tigela de arroz e o ocasional copo de leite, Buda estabeleceu-se sob a árvore de Bodhi e logo atingiu a iluminação — uma compreensão densa e profunda sobre todos os seres, bem como a compaixão para com eles.

Inspirada por essa história e tendo como base a noção de que deveria haver uma forma mais apropriada de autorregulação do que a privação, a minha forma de investigar os caminhos possíveis para viver a melhor vida que pudermos e alcançar nossa própria versão de sucesso e maestria pessoal não envolve a dor, a culpa, a privação, a ansiedade ou o medo. Acredito, do fundo do meu coração, que é possível controlar a tentação por meio de um autocontrole compassivo. Em minha pesquisa e nas aulas que leciono, adotei essa abordagem positiva e sustentável para controlar a tentação, que não exige que ninguém se sinta privado, culpado, esgotado ou irritado.

Para viver uma vida de sucesso, gratificante e próspera, precisamos fazer o que sugeri a Kristin há muitos anos atrás: (1) explorar as nossas conversas internas e a forma como enquadramos e pensamos sobre as tentações, a fim de controlar o impulso do desejo e (2) projetar nossas vidas de modo que estejamos preparados para o sucesso com o conhecimento de que nossos próprios pensamentos, sentimentos, ações e comportamento possam — e provavelmente o farão — influenciar nosso eu futuro. Assumindo o risco de confundir antigos ensinamentos religiosos, recordo-me de um pronunciamento no *Bhagavad Gita* (um antigo texto hindu) que diz, "O próprio eu do homem é seu amigo. O próprio eu do homem é seu inimigo." Para sermos bons amigos de nós mesmos, precisamos nos preparar para o sucesso, como Benjamin Franklin fez quando colocou em prática um conjunto de sistemas que funcionou para ele. Vejamos algumas formas pelas quais você pode começar.

As coisas são como você diz que são

Admitamos logo: todos conversamos com nós mesmos. Pesquisas mostram que a autoconversa, quando feita corretamente, é uma forma eficaz de se autorregular[9]. Isso envolve desde as palavras que usamos até o tom e a maneira como dizemos a nós mesmos tais palavras (algo semelhante ao que acontece com a comunicação verbal e não verbal que utilizamos para falar com os outros), sendo estas capazes de moldar nossos pensamentos, sentimentos, ações e comportamento. Afinal, a pessoa com a qual passamos a maior parte do tempo, e a pessoa mais importante que orientaremos, somos nós mesmos.

Segundo as pesquisas, a autoconversa pode ser categorizada de duas formas: instrucional e motivacional. Quando queremos concluir algo (desempenho de tarefa) usamos a autoconversa instrucional, e para nos manter no ritmo, usamos a motivacional. A primeira nos leva à ação: podemos instituir uma autoconversa enquanto realizamos algo, como praticar uma tacada de golfe ou ensaiar o roteiro de uma negociação iminente. A segunda nos mantêm animados: talvez digamos a nós mesmos, "você consegue fazer isso", "vamos lá, levante-se e vá em frente" ou "você está bonito/a".

A autoconversa positiva pode nos ajudar a aprimorar o autocontrole, aumentar a autodireção e fazer com que esperanças e sonhos se tornem realidade. Quando não estruturamos ativamente nossos pensamentos de forma positiva, nossa mente fica tomada por uma tagarelice negativa que pode nos diminuir e desmotivar. Quando dizemos a nós mesmos, "você é um idiota", "que coisa burra você fez", "você está parecendo um pedaço de m*rda" ou "sem sobra de dúvidas esse não é o seu lugar", a autoconversa negativa age como um loop retroativo e então as coisas que dizemos a nós mesmos começam a se tornar reais. Se conversamos com nós mesmos transparecendo raiva, é assim que nos sentiremos. Se soarmos deprimidos, nos sentiremos deprimidos. E se transparecermos animação, nos sentiremos animados... as coisas são como você diz que são.

Um insight interessante, que *também é o fundamento do uso do eu não* empoderado para ajudar a controlar a tentação, como vimos anteriormente, é que uma autoconversa que leve em conta nossa identidade é mais eficaz para moldar nosso comportamento. Se incluímos aspectos positivos de nossa identidade na equação, somos impelidos a realizar aquilo que nos fará bem, em vez de procrastinar ou postergar a realização dessas coisas. Como mencionei no Capítulo 3, as pesquisas mostraram que quando as pessoas receberam adesivos com as palavras "sou um eleitor", em que o substantivo (eleitor) era utilizado para trazer a tona sua identidade como eleitores, era mais provável que elas se engajassem e fossem de fato votar. No entanto, quando um verbo era utilizado no adesivo para descrever um comportamento, dizendo "eu voto", as chances de que as pessoas sairiam para votar diminuíam.[10] Assim, ao enquadrar a sua autoconversa como uma representação positiva da sua identidade, você poderá colher sementes melhores.

Autoconversa instrucional para a ação positiva

Para nos treinarmos melhor em relação a nossa autoconversa, o coach precisa ser treinado. Nosso coach interior deve, portanto, praticar deliberadamente o uso de uma linguagem que torne a autoconversa instrucional eficaz. Aqui temos algumas estratégias baseadas em evidências que podem ser empregadas pelo seu treinador interno.

Autoconversa instrucional para um melhor autocontrole: publiquei um artigo de pesquisa sobre o que acabei de descrever como autocontrole compassivo, coescrito com minha amiga Nicole Mead, no qual discutíamos um tópico que rotulamos afetuosamente de "adiamento estratégico". Lembro-me com exatidão de quando conversávamos sobre a experiência que fundamentou os pilares do que viria a ser o nosso artigo. Como adoro saber sobre as histórias que são o pano de fundo dos artigos de pesquisa, contarei esta sobre o meu.

Em um voo de Atlanta para Los Angeles, passei certo tempo conversando com um gestor de investimentos sobre o seu trabalho (eu estava indo passar uma semana com meu marido em LA; na época, nosso casamento era meio que à distância). Falamos basicamente sobre seu trabalho, até que a conversa se voltou para Athens, a cidade universitária onde eu vivia. Ele me perguntou, animado, se eu já havia comido "o melhor frango frito da Geórgia". Ele descreveu o local e me disse que era na rua principal, então me dei conta que provavelmente eu havia passado na frente do restaurante todos os dias quando estava dirigindo para o trabalho. Sem saber, aquele cavalheiro havia acabado de atirar uma tentação sobre meu trajeto de ida e volta ao trabalho!

Adoro frango frito ao estilo sulista dos EUA, muito, mas não é sempre que como. Durante aquela viagem para LA, pensei com muita frequência sobre aquele restaurante e considerei pedir um delivery ou talvez ir lá almoçar com uma amiga na volta. Quando cheguei a Athens, eu tinha uma meta, e ela envolvia frango frito.

No primeiro dia depois que cheguei, passei de carro em frente ao restaurante e disse a mim mesma: "outra hora, talvez". Outra hora passei em frente, voltando, e disse, "com certeza irei, mas não hoje". Fiz isso quase todos os dias por cerca de um mês. Dei a mim mesma a permissão de comer lá, mas não naquele momento. Essa situação deu forma a ideia que motivou o artigo que Nicole e eu escrevemos juntas: parece muito mais agradável se dar a permissão de se entregar ao prazer, mas não fazer isso de fato, do que se privar inteiramente dele. A melhor parte é que, depois de postergar o prazer por um tempo, seu anseio diminui e você não tem mais aquele desejo forte como teve no calor do momento. Conclusão: usar a autoconversa instrucional para dizer "agora não, mais tarde" é mais eficaz para afastar a tentação do que "não, nunca."[11]

Autoconversa instrucional para melhorar o desempenho: um estudo conduzido por uma equipe de pesquisadores examinou dois tipos diferentes de autoconversa relativas ao desempenho em uma tarefa de arremessos com uma bola de basquete.[12] Os pesquisadores dividiram os participantes do estudo, todos alunos de cursos relacionados a esportes — educação física ou ciências dos esportes —, em três grupos. Um era o grupo de controle e não recebeu nenhuma instrução. Outro era o "grupo de gatilho relevante", e seus integrantes foram solicitados a dizer a si mesmos para relaxar antes de arremessar a bola ao aro. E o terceiro, o "grupo de gatilho irrelevante", recebeu instruções para que dissessem a palavra "rápido" antes do arremesso. O estudo revelou que dizer a si mesmo a indicação "relaxe" melhorou o desempenho dos jogadores. Quando usamos a palavra indicativa certa, podemos fazer uso da energia, da motivação e do impulso necessários para alcançarmos o desempenho máximo.

Encontre palavras ou expressões relevantes que sirvam como gatilhos e que ressoem com você e suas prioridades. Alguns mantras úteis que as pessoas em meus cursos utilizam são: "não é meu problema, nem minha responsabilidade", "chis-chis-chispa daqui", "tudo posso naquele que me fortalece", "isso também passará" e "busque sempre o seu melhor". Existe alguma coisa que você diga a si mesmo com frequência? É possível que, ao aplicar essa expressão em suas conversas internas, você obtenha a perspectiva necessária para tomar uma decisão confiante e empoderada, e a partir disso, empreender uma ação significativa.

Comecei a escrever este livro durante a pandemia de Covid-19. Como muitas mães que trabalham, estava bastante ocupada — aulas em casa, aprender a lecionar totalmente online, colocar três refeições por dia na mesa da minha família e por aí vai —, além de minhas responsabilidades administrativas e de pesquisa, que haviam aumentado. Não tinha escolha a não ser definir prioridades rígidas.

Adotei uma expressão para lidar com o estresse da pandemia: "*esteja em demanda, permaneça no controle*". Estar em demanda captava minha gratidão por ser vista como um recurso valoroso tanto em casa quanto no trabalho, e o sentimento positivo de contribuir com o sucesso, a saúde e o bem-estar de meus amigos, alunos, colegas e familiares. O cauteloso "permaneça no controle" era um lembrete da importância da autopreservação. Para mim, permanecer no controle significava que precisava, com coragem e elegância, caminhar para longe das coisas que se interpunham no caminho do que eu considerava profissionalmente recompensador e pessoalmente relevante.

Autoconversa instrucional para mudar sua perspectiva: ver a si mesmo e a situação na qual está como se você fosse uma mosquinha o ajuda a resolvê-la de forma mais calma e eficaz. Ethan Kross, psicólogo social da Universidade de Michigan e autor do livro *A voz na sua cabeça*, descobriu que falar com você mesmo usando palavras que não sejam na primeira pessoa (usar seu nome, ele, ela ou você) é mais eficaz do que ter essa conversa na primeira pessoa (usar eu, meu, minha) A pesquisa mostra que, quando não usamos a primeira pessoa para falarmos com nós mesmos, criamos uma distância psicológica da situação e ganhamos uma perspectiva maior — a ponto de parecer que outra pessoa está falando conosco.[13] Isso nos acalma e nos permite lidar melhor com situações que causam ansiedade. Outro estudo, conduzido por Lindsey Streamer e colegas, pediu que os participantes se preparassem para o pitch que garantiria o emprego de seus sonhos.[14] Antes da apresentação, foi solicitado aos participantes que escrevessem por alguns minutos, um grupo usaria pronomes em primeira pessoa (eu, meu ou minha) e o outro não (o próprio nome, ele, ela ou você). Na sequência, quando estavam de fato se apresentando em defesa da vaga, como fariam em uma entrevista, os pesquisadores registraram seus batimentos cardíacos. O fato é que quando o grupo que não usou palavras em primeira pessoa fez seu pitch para o emprego dos sonhos, isso ocorreu de forma mais calma e saudável, o que foi justificado em seus vasos sanguíneos menos contraídos. Para ser mais eficaz em sua autoconversa, considere falar com você mesmo usando seu nome, assim como um mentor ou um treinador falariam.

Autoconversa motivacional para nos fazer seguir em frente

Reese Witherspoon, uma das atrizes mais bem pagas de Hollywood, usa sua posição para empoderar mulheres por meio de várias iniciativas. Ela disse, "se você é uma daquelas pessoas que tem uma vozinha na cabeça dizendo, 'talvez eu pudesse fazer [preencha o espaço vazio]', não a mande ficar quieta. Forneça a ela um espaço para que se desenvolva e procure encontrar um ambiente em que possa prosperar." Um dos principais benefícios da autoconversa motivacional é nos guiar para sermos as melhores versões de nós mesmos. Podemos usar a autoconversa como um lembrete dos valores que mantemos e por que eles são importantes para nós. Como os exemplos a seguir ilustram, gerar uma autoconversa pessoalmente significativa e falar com nós mesmos com compaixão e compreensão é a coisa certa a se fazer.

Autoconversa motivacional como reforço pessoal: é de se perguntar o que faz as pessoas seguirem em frente, mesmo quando as coisas se complicam. Considere Diana Nyad que, em 2013, aos 64 anos, tornou-se a primeira pessoa a nadar o percurso de 177km entre Havana, Cuba e Key West, Flórida, EUA sem a proteção de uma gaiola contra tubarões. O incrível nessa história é que a primeira vez em que ela tentou nadar nessas águas infestadas por tubarões e águas-vivas foi em 1975. Suas tentativas anteriores foram frustradas por tempestades ou picadas das venenosas águas-vivas, mas seu comprometimento permaneceu inabalável por quase quarenta anos. Sem dúvidas, Diana Nyad teve que superar inúmeros obstáculos físicos, emocionais e mentais ao longo dos anos, mas a contínua voz em sua cabeça repetia, como ela narrou em seu TED talk inspirador, "nunca, jamais desista", "encontre uma maneira" e "você nunca está velha demais para correr atrás dos seus sonhos".[5]

Quando li o livro do Secretário de Estado dos EUA, Colin Powell, *It Worked for Me* [sem publicação no Brasil], fiquei impressionada por sua reflexão: "adoro filmes antigos e a partir deles extraio diversos exemplos que uso como reforço pessoal." Ele descreve a cena de abertura de *Desafio à Corrupção*, um de seus filmes favoritos de todos os tempos, em que Minnesota Fats, atual campeão de sinuca, derrota o superconfiante e pretensioso Fast Eddie. Powell usa uma frase dessa cena como um lembrete de que algo só termina quando acaba. Ele escreve, "muitas vezes, quando me deparo com uma reunião difícil, um encontro desagradável, uma conferência de imprensa hostil ou uma audiência cruel no congresso, a última coisa que faço antes de encarar a situação é ir ao banheiro, lavar e secar minhas mãos, olhar no espelho e dizer calmamente a mim mesmo: 'vai rápido, Eddie, vamos jogar sinuca.' Posso ter sido derrotado, mas não estou fora do jogo."[16] Existe alguma frase de uma música ou o diálogo de um filme que ressoam em você e servem como combustível para fazê-lo seguir em frente, mesmo quando as coisas se complicam?

Autoconversa motivacional para dar voz aos seus valores: podemos desenvolver nossas próprias filosofias ou mantras pessoais que tenham o poder de guiar a forma como vivemos nossa vida. Em meus cursos, muitos líderes descrevem as diferentes palavras que usam para evitar a sobrecarga, aumentar a confiança e dizer não ao medo e ao desconforto. Certa vez, uma mulher compartilhou a história sobre o que disse a si mesma quando precisou tomar uma decisão difícil no trabalho: "Sou filha do meu pai. Sei o que é a coisa certa a se fazer." Esse mantra encontrava suas origens na forma como enxergava seu pai — cidadão íntegro e um membro devotado da Eagle Scout [a mais importante comenda dos escoteiros nos EUA]. Reconhecer da onde vinha lhe encorajava e ao mesmo tempo lhe dava o conforto de saber que, ancorada em seu sistema de valores profundamente arraigado, ela estava tomando a melhor decisão possível.

Analisamos como o fato de querer agradar a todos exige, com frequência, que coloquemos os desejos dos outros acima de nossos próprios valores e preferências. Uma forma de evitar isso é garantir que sua autoconversa não o esteja conduzindo de forma inconsciente a priorizar os outros acima de si mesmo. Pesquisas sobre o processo de formação de um raciocínio direcionalmente motivado mostram que nossas motivações inconscientes afetam as resoluções que tomamos e as conclusões a que chegamos.[17] Para evitar o processo de raciocínio motivado e adotar uma perspectiva contrária àquela que naturalmente assumimos, precisamos mudar as perguntas que nos fazemos. Em vez de sucumbir à pressão social, cedendo a nossa motivação (às vezes, inconsciente) de sermos vistos como pessoas legais e cooperativas, precisamos alterar nossas perguntas de "posso fazer isso?" ou "posso ajudar?" para "devo fazer isso?" ou "deveria ajudar?"

Quando nos perguntamos "posso...?", estamos mirando o nosso eu ideal e buscando motivos para aceitar o pedido e dizer sim. Em alguns casos, até mesmo à custa dos valores e prioridades que nos são caros. Em contraste, quando perguntamos "devo...?" ou "deveria...?", estamos adotando uma visão mais realista de nossa vida e buscando localizar os motivos para rejeitar o pedido com base em nossos valores, prioridades e preferências.[18] Pense na autoconversa que engatamos quando um pedido nos é feito. Às vezes, parar e escrever respostas à pergunta "posso...?" (claro, posso fazer muitas coisas) e, depois, às perguntas "devo...?" ou "deveria...?" (será que terei energia, tempo, motivação e capacidade? Isso está alinhado com meu propósito e com aquilo que considero significativo?) pode lhe dar a sensação de que todos os lados da questão foram contemplados. Quando conversar com você mesmo, fique atento para não favorecer um eu irreal ideal e perfeito sobre o seu eu real, que precisa lidar com o que é de fato possível.[19]

Autoconversa motivacional para silenciar seu crítico interior: às vezes, nossa mente pode funcionar como um novelo de lã com potencial ilimitado de se desenrolar. Ela se desenrola e depois se enrola de novo. A natureza da preocupação e da ruminação é negativa e autocrítica. Nossos pensamentos podem sair do prumo e rumar para autojulgamentos duros, amplificando as falhas, assumindo a culpa e se irritando com erros pequenos. Pesquisas indicam que tais pensamentos autocríticos podem nos deixar desmotivados[20] e menos determinados a alcançar nossos objetivos.[21] Por outro lado, os pensamentos compassivos motivam o aprimoramento pessoal e a ambição de conquistas maiores.[22]

Para administrar a voz negativa em sua cabeça, aprenda a controlar a autoconversa. Se você assistiu ao filme *Luca*, talvez se lembre da cena em que os dois amigos, Alberto e Luca, pularam para cima de sua Vespa, montada de forma artesanal, prontos para descer de um penhasco. Participar dessa aventura perigosa junto com Alberto deixa os nervos de Luca à flor da pele, mas o amigo o encoraja a silenciar o Bruno apreensivo que mora dentro de sua mente. À medida que a Vespa começa a se inclinar penhasco abaixo, Luca grita a memorável frase *"Silenzio, Bruno!"*. Em muitos dos debates que temos em nossas aulas sobre o crítico interior, não é incomum mencionarmos que há pessoas que nomearam a voz maldosa e sórdida, que não para de tagarelar em nossa cabeça, de acordo com a entonação que possuem. Quando você nomeia o seu crítico interior, o poder dele sobre você diminui, pois assim é possível distanciar-se dessa voz, que passa a assumir uma posição distinta de sua identidade.[23] Sempre que seu crítico interior tentar deixá-lo para baixo, seu coach interior pode dizer a ele, sem hesitar, para fechar o bico — e com a mais seleta linguagem.

Nosso Diálogo Interior

Uma vasta quantidade de pesquisas sobre a autoconversa tem sido feita na área de psicologia esportiva para ajudar os atletas a melhorarem seu desempenho, já que elas os estimulam a se esforçar mais. Os atletas se referem a tal orientação como a "mentalidade de atleta", ao passo que os psicólogos chamam isso de "autoconversa" ou "tagarelice". Em seu TED talk intitulado "Inside the Mind of Champion Athletes" [Dentro da Mente de Atletas Campeões], o psicólogo esportivo Martin Hagger destaca que no nível mais alto de desempenho, um atleta não difere muito de outro em termos de capacidade física, nível de habilidade e condicionamento. O diferencial em termos do que os leva ao sucesso é acreditar em si mesmos e em suas habilidades. Quanto à autoconversa, ele diz: "é uma estratégia extremamente importante, pois ela permite que os atletas acessem sua própria mente e usem mantras para tentar turbinar sua motivação, mas também para tentar lidar com a competição e com a situação em si. Assim, a autoconversa pode ter componentes motivacionais, mas também pode ajudar os atletas a se concentrarem em coisas importantes que são relevantes ao desempenho, as denominadas indicações, e também pode ter um efeito calmante. Coisas simples como respirar e relaxar."[24]

Considere Muhammad Ali, um dos maiores boxeadores peso-pesado de todos os tempos. Ele usava a autoconversa regularmente tanto para fins de instrução quanto motivação.[25] Para se afastar do medo do fracasso, ele fazia uso das seguintes palavras instrucionais: "dentro ou fora de um ringue, cair não representa nada de errado. O errado é permanecer caído." Ou, quando queria se manter focado em seus objetivos de sucesso, livre da pressão de seus colegas, ele utilizava a seguinte frase: "o que desgasta não é escalar a montanha; é a pedra em seu sapato."

Ele também usava regularmente a autoconversa motivacional, como "sou o melhor! Mesmo antes de saber que era, eu já tinha afirmado isso" e "não fique contando os dias; faça os dias contarem", entre muitas outras afirmações que o faziam seguir em frente. Mesmo quando enfrentou uma batalha perdida contra a doença de Parkinson, ele reconheceu: "Deus me deu esta doença para me lembrar que Ele é o melhor."

O modo com que falamos com nós mesmos pode nos preencher com sentimentos de poder pessoal e motivação para fazer as coisas, ou pode nos deixar para baixo, como se não valêssemos nada. Sua autoconversa diz respeito a como você fala com você, desta forma, escolha fazer dela algo positivo, empoderador e motivador. A partir dela, você olhará para si mesmo e se sentirá repleto de motivação e ímpeto, e ainda verá uma melhoria clara em seu desempenho.

Torne-se um Arquiteto de suas Experiências de Vida

Uma de minhas fábulas favoritas é a antiga lenda Cherokee conhecida como "O conto dos dois lobos". Uma avó explica para seu neto que dentro de cada um de nós vivem dois lobos. Um deles é positivo, gentil e bondoso, enquanto o outro é negativo, destrutivo e hostil. Eles batalham entre si para nos controlar. Com curiosidade, o garotinho pergunta: "qual lobo vence?", e sua vó responde, "aquele que você alimenta."

Já discutimos neste livro sobre priorizar a elaboração de regras, e não a tomada de decisões, para moldar nossos comportamentos e ações. Visto que nossos pensamentos moldam nossos sentimentos, é importante levarmos em conta a forma como estabelecemos nossas normas pessoais. O que você provavelmente percebeu é que, se não tivermos sistemas claros em operação para alimentar o lobo bom, podemos ser facilmente dominados pelo lobo mau. A ideia básica é a seguinte: ao colocar um sistema em operação, você pode dificultar a ocorrência do comportamento indesejado, facilitando os comportamentos ou ações desejados.

Várias vezes escutamos uma citação de São Francisco de Assis: "comece fazendo o necessário, depois o que é possível, e quando você menos esperar, estará fazendo o impossível."

No lugar de contingências ou proibições em seu consumo ou atividades, as normas pessoais criam um sistema de disciplina. Devido à sua natureza concreta, as normas pessoais o ajudam a se controlar sem se privar completamente. No âmago das normas pessoas reside a noção de que pode ser difícil cortar completamente algo de que você desfruta e com que tem prazer, sendo assim, é necessário estabelecer regras e colocar sistemas em operação que mantenham a tentação sob controle.

Preciso admitir que me engano conscientemente para conseguir fazer minha caminhada diária. Transformei em rotina diária colocar minhas roupas e calçados de caminhada pela manhã, quando estou me preparando para deixar minha filha na escola. Essa vestimenta faz com que seja mais provável que eu estacione perto de um parque ou em alguma vizinhança que seja próxima da escola dela (e não perto da minha casa) e faça minha cota diária de caminhada antes de começar a trabalhar. Sinto-me ainda mais inclinada a isso quando uso o tempo da caminhada para fazer algo aprazível — seja ouvir um podcast estimulante ou conversar com algum amigo da Índia (lá, é entre 19h e 21h). Condicionei a mim mesma a aguardar pelas caminhadas matinais com ansiedade, pois as associo a atividades prazerosas e vejo os benefícios desse exercício no restante do meu dia.

Tendo estabelecido um sistema de comportamento padronizado para lidar com tentações, elimina-se a necessidade de tomar decisões no "calor do momento" com a simples definição e execução de regras estabelecidas para si mesmo quando sua mente estava mais "fresca". Sucumbir à tentação é humano, sobretudo quando estamos no meio do furacão e a nossa capacidade de resistência se encontra no nível mais baixo, o que nos leva a agir por impulso, e não com cuidado e deliberação. Quando estamos em um estado de mente fresca, nossa mente está calma e relaxada, sendo capaz de pensar sobre o que é melhor para nós e para o nosso futuro, então fazemos escolhas diferentes do que faríamos no calor do momento (quando estamos fatigados, bravos ou agitados)[26]. Qualquer pessoa que sucumbe ao hábito de roubar alguma besteira da geladeira para comer tarde da noite ou que aperta indisciplinadamente o botão soneca no despertador todos os dias, sabe que o poder de atração da tentação pode ser muito forte. Recursos mentais se fazem necessários para aplacar tal atração, e se estivermos com fome ou cansados, teremos menos chances de acessá-los, sendo mais difícil resistir à tentação. São nesses momentos, quando estamos mais propensos a sair do trilho que estabelecemos a nós mesmos, que precisamos incorporar um sistema de normas pessoais. Certamente, para que você concretize qualquer coisa dentro de um sistema, é necessário que seus múltiplos subcomponentes estejam trabalhando sinergicamente para fazer o que precisa ser feito e mantê-lo seguindo em frente.

A falecida atriz Betty White manteve por anos o mesmo peso desejado. Para isso, ela tinha um sistema simples em operação. Pesava-se todas as manhãs, e se estivesse meio quilo acima de seu peso-alvo, tomava as providências imediatamente para perder esse acréscimo ao longo do dia. Ela reconhecia que se permitir ganhar 1kg, 2kg ou 3kg tornaria muito mais difícil fazer qualquer coisa a respeito de seu peso. Ganhar meio quilo e depois perdê-lo é um esforço muito mais fácil, e que funcionou para Betty White por décadas.

Embeleze Sua Vida com Cordas de Veludo Vermelho

Wayfaring é um princípio de design focado na orientação de uma pessoa dentro de um espaço projetado. É a partir dele que os caminhos são orientados, ajudando as pessoas a se locomoverem por um espaço desconhecido. À noite, uma luz sobre a porta de uma casa guia um visitante que vem da rua para a entrada frontal. Um farol guia os navios para longe das rochas. Todos esses são exemplos do *wayfaring* na prática. Quando algo é navegável, significa que o navegador pode se mover exitosamente no espaço de informação, saindo de seu local atual para um destino, mesmo que ele não seja precisamente conhecido. O fato é que há três critérios para determinar a navegabilidade de um espaço: primeiro, se o navegador é capaz de descobrir ou deduzir seu local atual (você tem alguma noção de onde está?); segundo, se uma rota para o destino pode ser definida (há um caminho viável à frente?); e terceiro, o quanto um navegador é capaz de acumular em experiências de orientação no espaço (você tem o conhecimento, as habilidades e a motivação para ir daqui para lá?) Essas são as mesmas três perguntas que determinam a navegabilidade de sua vida.

Um de meus dispositivos favoritos de orientação são as contenções — aquelas cordas de veludo vermelho que isolam uma área em salas de cinema, eventos de esporte e em algumas das lojas Trader Joe's. Em muitos locais, essas cordas guiam sutilmente as pessoas aos seus destinos. É uma barreira que impõe respeito e induz a conformidade. Embora não seja arame farpado ou cerca elétrica, a bela e macia corda de veludo direciona com eficácia as pessoas ao seu destino e impede que elas entrem em áreas proibidas.

Precisamos de cordas de veludo vermelho em nossas vidas. Cordas que digam: este é meu momento com a família; este é o trabalho que realmente me importa; é isto que me faz feliz; é nisto que sou bom; este é o momento de cuidar de mim mesmo. As normas pessoais lhe dão a plataforma e a permissão de que você precisa para conseguir dizer não e sentir a liberdade dessa recusa, podendo então ver mais produtividade e felicidade naquilo com que você realmente se importa. Suas normas pessoais são as cordas de veludo vermelho em sua vida. São as métricas que o ajudam a conquistar uma vida significativa. Elas também atuam como uma barreira psicológica que o impede de aceitar coisas que o afastem de seu propósito. Enquanto os arames farpados podem machucar você e as pessoas ao seu redor, as cordas de veludo o guiam gentilmente ao caminho que precisa seguir.

Mas lembre-se, suas normas pessoais não são um decreto de prisão. Visto que são suas regras, você pode mudá-las quando não estiverem mais funcionando. Embora as normas pessoais devam refletir suas preferências, elas não são imutáveis. São suas e de acordo com a circunstância podem e devem ser alteradas, adaptadas e modificadas. Evoluímos e mudamos a cada dia que passa, assim como as pessoas com quem interagimos e os desafios que encontramos. Nossa autoconversa e nossos sistemas de normas pessoais precisam, de forma semelhante, se adaptar e se atualizar para refletirem nossas circunstâncias cambiáveis. O presente mais valioso que podemos nos dar é a capacidade de nos adaptar de modo que nosso espírito singular possa sempre ser nutrido.

CAPÍTULO 9

Explore Seu Potencial Inovador

Em 1968, com o slogan "unbought and unbossed" ["não corrompível e insubordinável"], Shirley Chisholm, ex-professora, concorreu e venceu a vaga do 12º distrito congressional de Nova York em Bedford-Stuyvesant, tornando-se a primeira mulher afro-americana a ser eleita para o Congresso dos EUA. Seu primeiro cargo foi na comissão de agricultura, na subcomissão para o desenvolvimento rural e a silvicultura, um painel que cuidava das terras agrícolas dos Estados Unidos. Ao descobrir que fora designada para tal comissão, ela respondeu, indignada, "aparentemente, aqui em Washington, tudo que eles sabem sobre o Brooklyn é que uma árvore cresceu lá."[1]

Não disposta a aceitar um trabalho que não impactava diretamente as pessoas que representava, Shirley Chisholm abordou inicialmente o presidente da Câmara dos Deputados dos EUA, John McCormack, pedindo uma mudança de subcomissão. McCormack desconsiderou seu pedido, dizendo, "Sra. Chisholm, as coisas são assim... Você precisa ser uma boa soldada." Ela sabia que os cargos deveriam ser distribuídos com base nas necessidades distritais e experiência relevante, mas normalmente isso era feito com base em tempo de casa, assim, os melhores iam para os deputados mais antigos. Sua resposta foi rápida e direta: "ao longo de todos os meus 43 anos de idade tenho sido uma boa soldada... O tempo está passando, e não posso ser mais uma boa soldada."[2]

Ousado, seu próximo passo foi fazer um requerimento em plenário e abordar a questão diretamente. Ela argumentou seu caso dizendo que "...seria difícil imaginar um cargo que seja menos relevante ao meu histórico ou às necessidades das pessoas predominantemente pretas e porto-riquenhas que me elegeram, muitas das quais estão desempregadas, com fome e vivendo em péssimas condições, do que este." Por fim, depois de muita discussão e debate, uma emenda acabou sendo aprovada e Shirley Chisholm foi atribuída à comissão de assuntos dos veteranos de guerra, que ela aceitou. Afinal, disse ela, "há muito mais veteranos em meu distrito do que árvores."

Muito embora tenha significado um risco potencial à sua carreira política, Chisholm se recusou a aceitar um cargo com base em um sistema falho. Sua persistência e determinação a estabeleceram como uma força a ser estimada e solidificaram seu apelido, "Shirley Guerreira". Anos depois, ela afirmou, "gostaria que eles dissessem que Shirley Chisholm era corajosa. É assim que gostaria de ser lembrada."

Ela foi impulsionada pela crença de que, "no presente, nosso país precisa do idealismo e da determinação das mulheres, talvez mais na política do que em qualquer outro lugar." Ela passou sete mandatos no congresso estadunidense, tempo em que causou um progresso significativo em favor dos desfavorecidos do país, lidando com questões de igualdade salarial e melhores condições para famílias pobres. Em 1972, ela se tornou a primeira candidata preta do Partido Democrata a concorrer o cargo de presidência dos Estados Unidos. (Foi excluída dos três primeiros debates da campanha e precisou lutar para ser incluída.) Nem todos em Capitol Hill, especialmente os homens, aplaudiram as conquistas de Shirley. A estes, ela rebateu destemidamente, "se vocês não podem me apoiar ou me promover, saiam do meu caminho."[3]

Em 2015, dez anos após sua morte, o presidente Barack Obama concedeu postumamente a Medalha da Liberdade a Shirley Chisholm, como forma de destacar seu serviço à nação. Ele disse, "há pessoas na história de nosso país que não olham para a esquerda ou para a direita, mas para frente. Shirley Chisholm era uma delas."[4]

"Não" É uma Questão de Gênero

Você não precisa buscar muito longe para encontrar evidências, tanto anedóticas quanto baseadas em pesquisas, que, diferentemente de

Shirley Chisholm, a maioria das mulheres tem uma dificuldade especial para dizer não, e hesita em forçar aquilo que quer.[5]

Há mais chances de que as mulheres pensem em termos de pessoas. Se você é mulher, pergunte-se quando foi a última vez que disse não a alguém — uma amiga, seu parceiro, um colega ou seus filhos. O fato é que as mulheres, mais do que os homens, tendem a ser socializadas para crer que é importante ser simpática, agradável, gostável e cuidadosa.[6] As pesquisas mostram que há mais chances de as mulheres dizerem sim a pedidos profissionais e pessoais do que os homens.[7] As pesquisas também demonstram que algumas pessoas ou grupos têm uma necessidade maior de pertencimento do que outros. Por exemplo, as pessoas que são mais comunais ou empáticas (as mulheres tendem a estar nesse grupo) tendem a conseguir ver a perspectiva da pessoa em necessidade, reconhecer o impacto negativo que sua recusa pode causar e fazer um esforço para ajudar.[8] No entanto, a socialização precisa levar em conta tanto as necessidades dos outros quanto a da própria pessoa. Para ser um adulto responsável, é preciso estar ciente de seus próprios valores e prioridades, e agir de forma autêntica a partir desse lugar de empoderamento para ajudar os outros em necessidade.

Conduzi uma pesquisa com 1.902 pessoas (58% mulheres) para entender a dificuldade que mulheres e homens sentem para dizer não, usando as mesmas perguntas que estão no questionário apresentado no Capítulo 1. A pesquisa continha as quatro perguntas (de um total de dezesseis — incluindo os seis itens de preocupação com os relacionamentos e os seis itens de preocupação com a reputação) que tratavam da dificuldade de dizer não. Os participantes responderam a essas perguntas usando uma escala de 1 a 7, em que 1 = absolutamente não se aplica a mim, e 7 = se aplica a mim totalmente.

Como mostra a Figura 9.1, as mulheres têm mais dificuldade para dizer não do que os homens. Muitas parecem pensar que, para serem vistas como boas pessoas, é necessário colocar suas necessidades para trás, em prol dos outros ao seu redor. Ser considerada educada — de modo que os outros não fiquem constrangidos e não se sintam desmoralizados — pode muitas vezes resultar nas mulheres dizerem sim quando querem dizer não. Quanto mais forte for o benefício percebido para a outra parte, mais chances há de que as mulheres reduzam o custo a si mesmas e digam sim ao pedido. Como a figura revela, as mulheres são mais propensas a lutarem com as palavras para dizer não. De fato, dizer não é como falar outro idioma, e para evitar isso, as mulheres tendem a debater consigo mesmas — lutando para dizer sim em vez de não. Isso precisa mudar, o momento é agora e a solução é a recusa empoderada.

Figura 9.1*

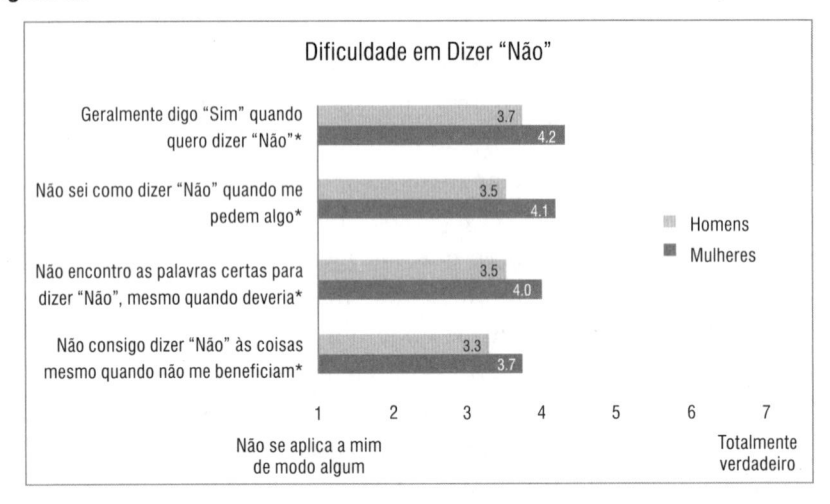

Quando as mulheres recebem um pedido, elas sentem que deveriam ser cooperativas e prestativas em sua resposta, e se sentem culpadas caso respondam de uma forma que pareça não cooperativa e egoísta.[9] A partir dessa mesma pesquisa, vemos retratado na Figura 9.2 e na Figura 9.3 que as mulheres relatam que se importam mais profundamente com o relacionamento com os outros (maior pontuação de preocupação com os relacionamentos) e querem que os outros pensem coisas boas sobre elas (maior pontuação de preocupação com a reputação), o que explica por que elas têm mais dificuldades do que os homens para dizer não (maior pontuação de dificuldade em dizer não).

---

*   Diferenças significativas de gênero.

Figura 9.2*

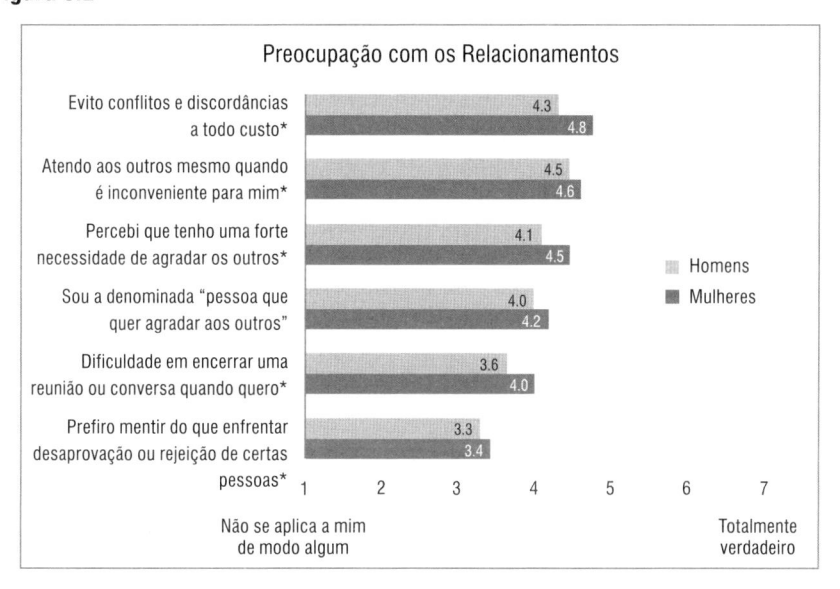

Figura 9.3**

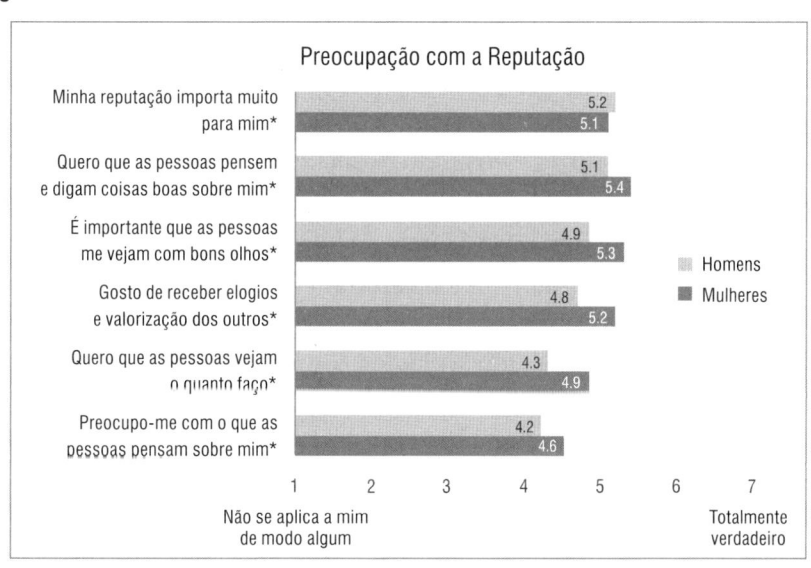

---

*   Diferenças significativas de gênero.

**   Diferenças significativas de gênero.

As mulheres temem as consequências de não ajudar os outros, e, infelizmente, seus temores são fundamentados. As pesquisas descobriram que a sociedade espera que as mulheres sejam mais altruístas do que os homens, e as pune severamente por evitarem a comunalidade; no entanto, a sociedade não inflige as mesmas consequências severas aos homens.[10] Tudo que você precisa fazer é verificar o número de filmes que captam a situação aflita e exausta da mãe que trabalha (como Michelle Pfeiffer em *Um Dia Especial*) ou a rejeição (e até bullying) das mães com excesso de trabalho e opressão que lutam para fazer tudo (Mila Kunis em *Perfeita É a Mãe*).

Quando o assunto é receber um pedido, as mulheres sentem mais emoções negativas quando é algo ao qual querem dizer não. O holofote brilha mais intensamente sobre elas, seja o pedido feito em um ambiente social (pedidos sociais) ou em uma interação individual (pedidos individuais). Anteriormente, sugeri que as mulheres parecem evocar a intensidade da pressão grupal, mesmo quando é apenas o solicitante e a mulher interagindo entre si. Nos estudos que compartilhei neste livro, as mulheres sentem uma culpa intensa por dizer não (mas também sentem culpa quando dizem sim). Parece que, não importa o que façam, se aceitam ou não, as mulheres são atormentadas pela culpa. Visto que a culpa é uma arma prática de autotortura, quando as nogueiras querem que os outros atendam a seus pedidos, elas fazem uso efetivo da armadilha da culpa para obter concordância.

Mencionei brevemente uma pesquisa que examina como as mulheres respondem a tarefas que não levam à promoção no ambiente de trabalho. Vamos entender mais sobre isso. Enquanto as tarefas que levam à promoção são as que aumentam a renda, são desafiadoras e valiosas para a organização e recompensadas em avaliações de desempenho, as que não levam à promoção são aquelas que não aumentam a renda, consomem tempo, mas não são desafiadoras e não são reconhecidas ou incluídas nas avaliações de desempenho. Em outras palavras, as tarefas que não levam à promoção são aquelas de "zeladoria" no ambiente de trabalho, que incluem coisas como limpar a geladeira, organizar piqueniques do escritório, levar café e pães para a reunião de segunda-feira cedo, escrever relatórios, planejar uma festa de despedida... a lista é infinita. Claramente, alguém precisa fazer isso, mas sejamos sinceros, ninguém é promovido porque ficou responsável pela tarefa de levar café e pão!

Apesar disso, os pesquisadores descobriram que o fardo das tarefas que não levam à promoção cai desproporcionalmente sobre os ombros das mulheres. Além de haver mais chances de elas serem solicitadas a fazer tais tarefas no ambiente de trabalho (os gerentes pediram às mulheres para fazer essas tarefas 44% mais vezes), as mulheres também são mais propensas a dizer sim para a realização dessas atividades (elas disseram sim a 76% dos pedidos que lhes forma feitos, enquanto os homens disseram sim a 51%).[11]

Contudo, essa não é uma questão restrita ao ambiente de trabalho. Se você der uma olhada em quem participa das reuniões no colégio, em uma associação do bairro, na comissão organizadora de um projeto social da igreja, em uma apresentação de dança do ensino médio ou no encontro anual da comunidade no Natal, os voluntários são desproporcionalmente mulheres. Elas se sentem obrigadas a ajudar, como uma regra implícita de amizade, mesmo quando realmente não querem fazer isso. O filme *Vestida para Casar* capta isso em um contexto muito real. Jane, interpretada por Katherine Heigl, é a madrinha de casamento totalmente altruísta e perfeita. Ela participa de todas as provas do vestido da noiva, faz as compras para o casamento, participa de degustação de bolos, organiza o chá de panela, lida com imprevistos de última hora, e faz isso tudo de tal maneira que sua vida toda praticamente serve para que "os outros saiam bem na foto".[12] E tudo que tem de todo esse esforço é um armário com os 27 vestidos extravagantes que usou como madrinha em outros casamentos.

Diga-me o Que Faz, e Eu Lhe Direi Quem És

Nos cursos que leciono, ouço em primeira mão as histórias de líderes mulheres sobre suas experiências no ambiente de trabalho. São fatos também corroborados pelas pesquisas:

> ➤ Elas geralmente são passadas para trás nas promoções e no reconhecimento,[13] e muitas vezes ficam fora do holofote.[14]

> ➤ Geralmente é um ambiente solitário (é um mundo de homens), e é muito comum que elas sejam deixadas de lado para almoços, sábados de golfe, viagens de caça e jogos de basquete no meio da tarde (tal "exclusão estrutural" é atribuída à homofilia — a tendência de as pessoas ficarem mais à vontade com outras com interesses em comum — e a conflitos do trabalho em casa).[15]

> ➤ As mulheres contam histórias sobre suas grandes ideias serem roubadas ou apropriadas por outros.[16]

Além dessas barreiras institucionais que são externas a si mesmas, as mulheres também narram casos em que sua própria autodúvida, falta de confiança e hesitação para se defender as seguram:

> ➤ Elas sentem mais conflitos internos entre seus "eu profissional" e "eu doméstico".[17]

> ➤ Estresse e burnout afligem mais mulheres do que homens.[18]

> ➤ Muitas mulheres lutam para negociar um salário melhor.[19]

> ➤ Elas entregam as tarefas pontualmente e tendem a não pedir uma extensão de um prazo, não importa a que custo pessoal.[20]

No ambiente de trabalho, as mulheres, ao que parece, tiraram o palitinho menor.

Além da relutância e inabilidade em dizer não, há um conjunto de comportamentos semelhantes que provavelmente se originam da mesma fonte — um lugar de baixa confiança, baixa autoestima e sentimentos de medo e culpa conectados à autodefesa e autopromoção. Ao lidar com os aspectos práticos da recusa empoderada, vamos não apenas tentar entender como as mulheres podem melhorar sua habilidade de recusa empoderada, mas também como o fato de desenvolver o empoderamento para dizer não pode ajudar a diminuir a incidência dessas outras tendências autoincapacitantes.

As mulheres tendem a ter menos autossegurança do que os homens,[21] e isso diminui suas aspirações de carreira e frustra o avanço profissional.[22] Veja, por exemplo, um estudo demonstrando que as mulheres se candidatam a um emprego apenas se atendem totalmente a todos os critérios da vaga. Em contraste, os homens se candidatam para o emprego quando atendem apenas 60% das qualificações necessárias para a vaga.[23]

As mulheres também se sentem divididas entre trabalho e casa. Elas se sentem inadequadas e culpadas, independentemente de onde estão, e temem serem vistas como não profissionais no trabalho e como esposas, filhas ou mães ruins em casa. Indra Nooyi, ex-CEO da PepsiCo e autora do recente livro *Minha vida por inteiro: trabalho, família e nosso futuro*, não ameniza os desafios da vida profissional com os quais as mulheres se deparam. Ela é franca quanto às dificuldades que enfrentou ao gerenciar demandas profissionais e pessoais intensas. Ela recomenda: "a primeira coisa que diria às mulheres é deixar a culpa de lado. Acredito que fomos programadas geneticamente para sentir culpa por não fazermos um esforço total no trabalho."[24] À medida que abraçamos esse conselho, vejamos três maneiras pelas quais esse conjunto de comportamentos (que em breve descobriremos ser sintomáticos da baixa agência pessoal) desempenham um papel no ambiente de trabalho.

As mulheres subvalorizam suas próprias contribuições. É comum que as mulheres coloquem os elogios de lado, atribuindo seu sucesso à sorte e não ao esforço. Criticam de forma contundente sua própria capacidade e se martirizam quando as coisas dão errado. De fato, estudos mostram que as mulheres geralmente diminuem suas conquistas quando trabalham ao lado de homens em uma equipe de sucesso.[25] Algo generalizado entre mulheres de sucesso é o que comumente nos referimos como "síndrome do impostor" — a extensão à qual mulheres de sucesso lutam para internalizar seu sucesso e atribuem suas conquistas a fatores externos, mesmo perante evidências mostrando o contrário.[26] Isso surge de uma crença que mulheres realizadas têm sobre si mesmas: que são fraudes, indignas de promoções, reconhecimento e recompensas. Os pesquisadores atribuem tal desprestígio das mulheres em suas próprias habilidades como um motivo pelo qual homens incompetentes ocupam posições de liderança,[27] especialmente em ambientes competitivos.[28] Fundamentadas na crença de que não são boas o suficiente, as mulheres se contentam com posições menos influentes e trabalhos com salários menores.[29]

As mulheres se esquivam de pedir o que querem. Seja uma promoção, um aumento, um novo emprego ou até uma folga, elas são menos propensas a pedir o que querem ou mesmo o que merecem no trabalho.[30] Estudos sobre negociações de salário mostram que os homens são quatro vezes mais propensos a iniciar negociações de salário do que as mulheres. Quando elas solicitam um aumento, pedem 30% menos dinheiro do que os homens.[31] De forma assombrosa, um estudo de 2020 descobriu que 60% das mulheres relatam nunca ter negociado o salário com seu empregador, e incríveis 72% das mulheres preferem mudar para um emprego com salário melhor do que negociar um aumento em seu trabalho atual.[32] Talvez o lado positivo seja que, quando empoderadas por outros, as mulheres superam sua relutância para pedir aquilo que merecem. Se elas são informadas de que podem negociar o salário, há mais chances de que o farão.[33]

As mulheres não gostam de se gabar. Leciono um curso sobre branding pessoal em que utilizo princípios de marketing para ajudar os alunos a exibir o que trazem à mesa de forma singular. Muita gente, especialmente mulheres, não gosta da ideia do branding pessoal, pois acha isso prepotente, arrogante e exibido. Tal desconsideração fundamenta-se na crença equivocada de que os outros simplesmente verão seu talento e o recompensarão por isso. O fato é: ninguém prestará atenção em você a menos que você demonstre aos outros que isso vale a pena. Acredito que a fabulosa Flying Flapper de Freeport, Elinor Smith (uma aviadora pioneira dos EUA), coloca isso da melhor forma ao dizer: "percebi há muito tempo que as pessoas de sucesso raramente se acomodam e deixam a vida as levar. Elas deram a cara a tapa e fizeram as coisas acontecerem."

A autopromoção é uma habilidade essencial pela qual você expressa informações e fornece evidências sobre o que traz à mesa singularmente. Contudo, as pesquisas mostram que há um vão persistente de gênero no ato de se autopromover.[34] Tanto mulheres quanto homens são socializados a crer que as pessoas desprezam aqueles (leia-se: as mulheres) que se gabam. Em sintonia com essa crença, as pesquisam indicam que as mulheres que defendem ou promovem a si mesmas enfrentam uma reação severa por não se comportarem com a modéstia estereotipicamente esperada.[35] As mulheres podem perceber tais reações como sendo mais custosas a suas reputações do que as oportunidades perdidas, o que resulta em serem menos propensas a se defender e exibir suas conquistas. Em seu livro *Brag! The Art of Tooting Your Own Horn Without Blowing It* [sem publicação no Brasil],[36] a autora Peggy Klaus dissipa as percepções errôneas quanto à autopromoção, argumentando que "gabar-se é uma arte, uma forma individual de autoexpressão e comunicação que, uma vez dominada, é a chave para abrir portas."

Ir Em Frente ou Dar-se Bem

Os pesquisadores descobriram que há dois eixos cardinais ao longo dos quais as pessoas criam um gráfico de sua vida: agência e comunhão. Tendemos a descrever a nós mesmos (e aos outros) em termos destes dois conjuntos de qualidades: "agêntico" (assertivo, ambicioso, capaz, esperto, confiante e decisivo) e comunal (cooperativo, empático, amigável, generoso, sincero e confiável).[37] Nossas qualidades agênticas resultam em adquirirmos status social e poder, ganhando dominância e influência sobre os outros e nos destacando como singulares e distintos. Por contraste, a comunalidade resulta em nos importar com os outros e nutri-los, cooperar com eles pelo bem maior e compartilhar conexões.

Estereotipicamente, os homens são vistos como mais agênticos, enquanto as mulheres são vistas como mais comunais. A motivação agêntica se preocupa com "destacar-se" e "seguir em frente", ao passo que a motivação comunal tem a ver com "enquadrar-se" e "dar-se bem".[38]

Tais impulsos têm fundamentação biológica e estão associados a diferentes hormônios e neurotransmissores. Sem qualquer surpresa, talvez, a testosterona ativa as motivações agênticas,[39] enquanto a ocitocina ativa as comunais.[40] Algumas pesquisas sugerem que a testosterona pode, ao mesmo tempo, melhorar a agência e enfraquecer a comunalidade, o que pode ajudar a explicar a diferença na importância relativa dada por homens versus mulheres à agência versus comunhão.[41]

Como isso se traduz no mundo real? Considere dois irmãos, Frodo e Freud. Embora sejam parentes de sangue, os dois tiveram estilos de liderança muito diferentes. Freud ganhou controle ao promover alianças fortes e cultivar amizades, enquanto Frodo recorreu à agressão e à força física. Os pesquisadores rotulam a estratégia de Freud como uma rota de *prestígio* ao poder, enquanto a estratégia de Frodo é denominada de rota de *dominância* ao poder, sendo ambas caminhos igualmente viáveis para ganhar status e seguir em frente em uma hierarquia social (para os homens).[42] Agora, considere a ascensão de Hope ao topo de sua comunidade. Como mulher, ela tem menos chances de ganhar poder por meio de agressão e violência (a rota da dominância), mas faz isso mais prontamente ao criar relacionamentos e desenvolver uma personalidade vencedora (mais parecido com a rota de prestígio ao poder).

Você ficaria surpreso com o fato de que Freud, Frodo e Hope costumavam viver na comunidade de chimpanzés no Parque Nacional de Gombe, na Tanzânia, e que sua vida foi documentada pela renomada primatóloga Jane Goodall?[43] Sua luta por poder e os meios pelos quais alcançam status possuem uma semelhança impressionante com qualquer ambiente de trabalho ou comunidade.

Todavia, quando o assunto é avanço pessoal e profissional, homens e mulheres diferem em um ingrediente-chave: agência pessoal.

O Conto dos Estereótipos de Gênero

Alice Eagly e seus colegas reuniram um banco de dados com pesquisas de opinião nacionalmente representativas dos EUA sobre estereótipos de gênero, que captaram as opiniões de 30 mil adultos estadunidenses entre 1946 e 2018. Usando uma metanálise, eles queriam comparar como homens e mulheres são percebidos em três conjuntos de traços: os de competência (inteligência, criatividade, ser bom no trabalho, bem treinado), os comunais (emocionalmente inteligente, simpático e cuidadoso, bom ouvinte, compassivo, empático), e os agênticos (ambição, confiança, autofoco). O objetivo era determinar se os participantes da pesquisa consideravam cada traço como sendo mais próprio das mulheres ou dos homens, ou igualmente próprio de ambos.

Algumas percepções não mudam. Ao longo de todo o período de 1946 a 2018, as mulheres ficaram acima nos *estereótipos comunais:* foram vistas como mais comunais do que os homens.

As mulheres tiveram uma grande melhoria nos *estereótipos de competência*. Ao longo do período, houve uma mudança drástica em como elas eram percebidas. Na parte inicial do período, eram vistas como menos competentes do que os homens (eram menos propensas a buscar educação avançada ou trabalhar fora de casa), mas hoje, são vistas como tendo uma competência igual, ou até superior, do que os homens. Isso não surpreende, visto que elas estão entrando na força de trabalho em índices iguais ou mais altos[44] e pontuam mais alto do que os homens em algumas habilidades cruciais de liderança (como desenvolvimento de relacionamentos, inspirar e motivar os outros, tomar a iniciativa e praticar o autodesenvolvimento).[45]

Claramente, a combinação de alta comunalidade e alta competência é uma ótima notícia para as mulheres em termos de *conseguir* um emprego. Se o candidato a uma vaga de emprego puder demonstrar tanto competência (pode fazer bem o trabalho) e simpatia (é agradável estar ao seu lado e almoçar com ele), será favorito em qualquer organização. Como escrevem os autores da metanálise, "esses estereótipos atuais devem favorecer o emprego das mulheres, pois a competência é, obviamente, um requisito de trabalho para praticamente qualquer posição. Além disso, os empregos recompensam cada vez mais as habilidades sociais, fazendo da maior comunalidade feminina uma vantagem adicional."

Mas embora possam conseguir o emprego, a combinação de competência e comunalidade *no trabalho* pode às vezes ser uma faca de dois gumes. Para as mulheres, caminhar nessa corda bamba entre ser simpática e competente é a "contradição" que enfrentam. Sheryl Sandberg escreve, "se uma mulher é competente, ela não parece ser simpática o suficiente. Se ela realmente parece simpática, é considerada mais legal do que competente. Visto que as pessoas querem contratar e promover aqueles que são competentes e simpáticos, isso cria um entrave enorme para as mulheres."[46]

E agora, as notícias não tão boas. Quanto ao último conjunto de traços — estereótipos de *agência pessoal* —, as mulheres ficam significativamente para trás dos homens. Eles são percebidos de forma consistente como mais confiantes, ambiciosos e autopromovidos do que elas. Muito embora ambos os gêneros sejam igualmente competentes, as mulheres hoje em dia não são muito mais agênticas do que eram na década de 1940.

Talvez isso explique por que as mulheres podem conseguir o emprego e ter a habilidade de fazer o trabalho, mas suas carreiras também estarão propensas a avançar mais lentamente. Como Eagly e seus colegas escrevem: "sob um aspecto menos positivo, a maioria das funções de liderança exige mais agência do que comunalidade. Portanto, a menor agência atribuída às mulheres em comparação aos homens é uma desvantagem em relação aos cargos de liderança."

Embora alguns resultados dessa análise sejam encorajadores, eles ainda identificam claramente a mudança de mentalidade de que as mulheres precisam para aproveitar seu potencial completo: elas precisam *aumentar* sua motivação agêntica para aceitar e abraçar cargos de liderança e aprender a *expressar/comunicar* de forma consistente as evidências de suas competências e realizações com inteligência emocional.

Diminuindo o Vão da Agência

Observar o conjunto de comportamentos sintomáticos da baixa agência pessoal, reforçado pelos estereótipos de gênero que as pessoas têm quanto à agência pessoal, nos ajuda a entender por que, apesar da competência das mulheres, o caminho para o avanço profissional é raramente reto ou simples. Identificar os comportamentos de baixa agência em nós mesmos é um passo crucial para aprendermos como nos desviar deles. Brené Brown escreve em seu livro, *A coragem de ser imperfeito*, que às vezes precisamos de uma permissão para termos essa coragem.[47] A pesquisa é clara: precisamos diminuir o vão da agência. As mulheres precisam exercitar seus "músculos agênticos" para se afirmar com menos hesitação e se sentirem mais confortáveis ao se defender com empoderamento, eliminando sentimentos de medo e culpa.

Como fazer isso está no âmago deste livro. Embora a agência seja formalmente definida como aceitar perspectivas estratégicas e/ou realizar ações intencionais rumo aos objetivos que são importantes para a pessoa,[48] eu o encorajo a pensar na agência como um impulso proposital para a busca sincera do que *você* considera significativo e importante.[49]

Quando você pensa sobre a agência dessa maneira e a reestrutura como o impulso para fazer o que é significativo e importante, então o conceito não se torna tão obviamente estranho para as mulheres, tampouco uma prerrogativa para os homens.

Sem dúvidas, há inúmeras barreiras institucionais que precisam ser eliminadas (algumas já mencionadas), e políticas amigáveis aos gêneros devem ser colocadas em operação para fazer avançar a equidade, a inclusão e o pertencimento no ambiente de trabalho e na sociedade como um todo. No entanto, como destacou Shane Parrish, fundadora da Farnam Street Media, "você não controla a montanha, apenas a escalada." Nesse sentido, precisamos nos preparar para o sucesso ao controlar como escalamos — como buscamos sinceramente o que consideramos significativo e importante. Quando colocamos nossos valores, prioridades, preferências e crenças em foco, ficamos mais propensos a agir e influenciar outros com uma maior agência pessoal.

Normas Pessoais para Melhorar e Reivindicar a Agência

Em 1922, Lord Beaverbrook escreveu o livro *Sucesso*.[50] Ele começou alguns anos antes ao compartilhar seus pensamentos em uma coluna de jornal que ficou tão famosa que os artigos por ele escritos foram distribuídos como panfletos e, por fim, compilados em um livro. De acordo com Beaverbrook, o "templo do sucesso" sustenta-se sobre três pilares: julgamento, indústria e saúde. Indústria é o que comumente referimos como esforço e trabalho duro, e boa saúde é a capacidade física para exercer o esforço a serviço da realização de um bom trabalho. Beaverbrook considerava o julgamento como um pilar crucial, argumentando que o bom julgamento vem de saber o que aceitar ou não na busca pela paixão, pelo sucesso e pelo propósito. Quando li o livro, concordei totalmente com ele quanto a esses três pilares, mas acredito que está faltando um em seu templo do sucesso.

Um ingrediente essencial que impulsiona o sucesso hoje, e talvez aquele que o alimente para pelo menos metade da força de trabalho, é a agência pessoal. É possível que na época em que Beaverbrook estava escrevendo, quando o sucesso era considerado uma iniciativa masculina, esse quarto pilar da agência permanecesse não declarado, pois era algo óbvio. Contudo, com base no surgimento das mulheres no ambiente de trabalho e o aparente vão de agência que existe, acredito que a agência pessoal é um pilar necessário para o sucesso na sociedade contemporânea.

Com base nessa convicção, meu trabalho com os líderes está centrado em ajudá-los a desenvolver normas pessoais de modo a melhorar intencionalmente a agência e reivindicá-la com base em sua autenticidade. O que eles descobrem é que quando desenvolvem e aplicam normas pessoais que refletem seus valores, prioridades, preferências e crenças, ficam mais propensos a agir com uma agência melhorada.

Para seguir seus próprios sonhos, você precisa de agência. A maioria das coisas não cai em nosso colo ou permanece lá a menos que você seja muito sortudo. Se acredita que uma vida cheia de paixão e propósito é possível, você batalhará com todas suas forças e fará o que for necessário para fazê-la acontecer. Como as normas pessoais refletem nossos interesses mais verdadeiros (lembre-se de Benjamin Franklin), podemos usá-las de forma deliberada como uma ferramenta que nos prepara para agir com uma agência maior.

Vimos exemplos de paixão e propósito inabaláveis neste livro — no compromisso de Isabel Allende para escrever, na devoção de Shirley Chisholm aos desafortunados que ela representava, na recusa de Rosa Parks a sair do ônibus e na dedicação de Maria Tallchief a suas raízes indígenas.

Pelo que você é apaixonado? Qual é seu propósito? Como pode canalizar seu propósito em ação? Quais normas pessoais você pode criar que podem ser veículos para usar sua paixão para alimentar a agência? E como dizer não pode ajudá-lo a conquistar o propósito de sua vida?

Uma mulher que participou de um de meus cursos compartilhou que ela escolheu a carreira de corretora de imóveis, pois estava comprometida com sua crença de que todos deveriam ter a segurança de possuir um teto sob o qual viver. Quando era criança, seu pai morreu prematuramente, deixando ela, sua mãe e seus irmãos sem nada, nem mesmo uma casa onde morar. Alimentada por sua paixão, ela trabalhou incansavelmente em favor de seus clientes para garantir que pudessem ter uma casa. Por fim, ela chegou à liderança da associação de imóveis em sua comunidade e assumiu outros projetos relacionados a serviços. Defender a si mesmo e aquilo que você acredita é agência, e como Maya Angelou disse: "não apenas tenho o direito de me defender, mas também a responsabilidade de fazer isso. Não posso pedir a ninguém que me defenda se eu não defender a mim mesma."[51]

Aproveitando Todo Nosso Potencial com a Recusa Empoderada

A linda aspiração de Ralph Waldo Emerson para si mesmo e para toda a humanidade está retratada em seu ensaio de 1841 intitulado "Autoconfiança". No texto, ele identifica a necessidade de todos evitarem seguir cegamente as regras da sociedade e se conformar com as expectativas que os outros têm de nós. Em vez disso, precisamos fazer o que acreditamos ser o certo e que nos traga alegria. Em suas palavras, nosso objetivo deveria ser "...fazer intensamente, diante do Sol e da Lua, o que me alegra interiormente e o que o coração me determina."

Vamos revisitar alguns dos temas gerais deste livro que nos permitirão levar uma vida que nos "alegra interiormente".

Comece com você. Como escreveu Robert Pirsig, autor de *Zen e a arte da manutenção de motocicletas,* "o lugar para melhorar o mundo é, em primeiro lugar, em seu próprio coração, mente e mãos para, depois, trabalhar externamente a partir daí." Precisamos investir em autorreflexão e ganhar uma autoconsciência profunda e valiosa. Uma das coisas que pode ter notado neste livro é que não lhe ofereço um conjunto de regras fixas a seguir. Em vez disso, disponibilizei princípios, estruturas e insights, e também o encorajei a desenvolver suas próprias regras com base em sua constelação distinta (às vezes peculiar) de valores, prioridades, princípios, preferências e crenças. Para criar um futuro melhor, em que nos sentimos empoderados e no comando, precisamos ter uma visão claríssima de nosso propósito (o porquê de nossa existência) e uma visão de como é para nós uma vida significativa e autêntica.

Diga não às coisas que não importam. Vale a pena repetir isso mais uma vez. Aceite que cada decisão que tomamos envolve uma perda.

Precisamos proteger nosso tempo e energia para fazer o que fomos colocados nesta Terra para fazer. Lembre-se de que as pessoas que fazem coisas significativas em sua vida têm uma singularidade ávida de propósito e praticam a super-habilidade de dizer não às coisas que não se alinham com esse propósito. Às vezes, pode parecer um pouco egoísta, mas tudo bem. Como a cantora de ópera Sarah Brightman afirmou pragmaticamente: "você precisa ser razoavelmente egoísta quando tem um dom. Não pode se dar ao luxo de deixar muitas coisas externas entrarem no caminho."

Ser humano significa estar preocupado com as consequências de nossas escolhas e ações para nós mesmos e para os outros. Em vez de olhar para fora para agradar aos outros, a recusa empoderada envolve olhar internamente para avaliar cada pedido ao considerar se ele está alinhado com nosso propósito e se envolverá a realização de algo significativo. Precisamos separar as atividades que "são boas para mim", que nos energizam, daquelas que "não são boas para mim", que nos esgotam. Quando fazemos isso usando uma ótica orientada ao propósito, a decisão de dizer não fica óbvia, e seu raciocínio subjacente é convincente.

Use a recusa empoderada. Ela é uma forma de dizer não que dá voz aos nossos valores. Visto que se origina de nossa identidade, ela transmite convicção e determinação, não recebemos reação, permanecemos seguros em nosso relacionamento com o solicitante e nossa reputação continua intacta. Compartilhei insights baseados em pesquisas para explicar como usamos palavras que "lhe dão confiança", como "eu não faço", para empregar deixas não verbais que melhoram a eficácia de sua recusa, e para fazer uso de normas pessoais, e não desculpas, para explicar por que você está recusando o pedido. A recusa empoderada é uma resposta negativa *justificada* e *orientada ao propósito* que reflete quem somos e com o quê nos importamos, e não uma rejeição à outra pessoa.

Reveja regularmente as competências A.R.T. As três competências de **A**utoconsciência, **R**egras, não decisões, e **T**otalidade do eu precisam de comprometimento e prática. Essas são as habilidades que podemos e devemos aprimorar, desenvolver e dominar. Precisamos refinar nosso *coup d'oeil* à la Napoleão para nos ajudar a categorizar rapidamente os pedidos que nos fazem. Vamos nos tornar adeptos a identificar os pedidos do tipo "faça sua famosa lasanha" ou os deveres do tipo "e-mail, tuíte, publicação" que sugam nosso tempo e esgotam nossa energia, nos compensando muito pouco pelo esforço. Vamos também escolher apenas os pedidos do tipo "jornada do herói" que causam alegria. Você descobrirá que quando abraçar a autoconsciência, criar um sistema de normas pessoais significativas que moldam como você vive, e se tornar adepto de usar a comunicação verbal e não verbal para refletir seus valores, preferências, prioridades e crenças, tal trio formidável de competências o ajudará a navegar pelas águas mais problemáticas.

Desenvolva um sistema de normas pessoais. Você também poderá achar que vale a pena investir no desenvolvimento de um sistema de normas pessoais que funcionem para você com base na estrutura DREAM para avançar sua agência pessoal em todas as áreas de sua vida. Você descobrirá que ter uma norma pessoal em prática é libertador. Isso pode fazer com que sua decisão de dizer não seja livre de culpa e você pode reorientar suas energias nas coisas que lhe são significativas. Quando nossa vida está embelezada com as cordas de veludo vermelho das normas pessoais para guiar nossas decisões, a toxicidade das nogueiras terá menos chances de nos atingir.

Faça um "huddle". Helen Keller refletiu: "sozinhas, podemos fazer pouco; juntas, podemos fazer muito." Uma das maiores forças que as mulheres podem aproveitar para aumentar sua agência pessoal (incluindo a habilidade de dizer não) é sua comunalidade. O jornalista e autor Brooke Baldwin denomina os grupos de mulheres que apoiam umas às outras de "*huddle*", descrevendo isso como "um lugar em que as mulheres se tornam energizadas pelo simples fato de sua coexistência. Um "*huddle*" é o local em que podemos animar uns aos outros para ter sucesso, prosperar, e, com desculpe o linguajar, fazer coisas boas para caralho."[52] Em um artigo da *Harvard Business Review*, Brian Uzzi levantou a questão: "há alguma diferença entre as redes de contato de homens e mulheres que são líderes de sucesso?" A resposta foi um ressoante sim. O que as pesquisas descobriram foi que, para os homens terem sucesso, eles precisavam ter um lugar central na rede de contatos — conectados com as principais pessoas (hubs) que, por sua vez, têm muitos contatos em diversos grupos diferentes. As pesquisas mostram que as mulheres precisam de duas redes: as mulheres de sucesso têm uma centralidade, bem como um círculo mais íntimo de amigas próximas em quem confiam para obter informações e suporte. Ou seja, as mulheres de sucesso precisam de um "*huddle*" para dar suporte à sua ascensão ao topo.[53] Considere encontrar um para si. Pode ser um clube do livro ou outra coisa parecida. Pode até ser um grupo de WhatsApp, LinkedIn ou Facebook. Encontre as calêndulas em sua vida para ajudar você a prosperar, e as roseiras para proteger você dos perigos do comprometimento excessivo. É isso que os *huddles* podem fazer.

Aceite com elegância a recusa empoderada dos outros. Esta é minha penúltima chamada à ação. Aprendamos a aceitar os nãos que recebemos com elegância, generosidade e compaixão. Isso é crucial se quisermos substituir uma cultura de sins relutantes por uma de nãos empoderados. Obviamente, é fácil ficar irritado quando alguém diz não a algo que pedimos. Mas também precisamos dar um passo atrás e evitar responder de forma espontânea às recusas dos outros com uma toxicidade igual a das nogueiras. Em vez disso, precisamos respeitar a pessoa que está disposta a ser dona de seu não com base em uma norma pessoal. Quando alguém diz não, agradeça à pessoa por considerar seu pedido e procure determinar, com um interesse genuíno, como ela prefere empregar seu tempo e energia, para que você possa ajustar seus pedidos com os talentos e interesses dela. À medida que nos desenvolvemos como líderes em nosso ambiente de trabalho e comunidade, nos beneficiaremos com o uso da regra "primeiro quem, depois o quê": faça com que as pessoas certas entrem no ônibus, ajude as pessoas certas a encontrar seus assentos e, depois, assuma o volante para ir a algum lugar lindo.

Alcance uma nova harmonia. Mahatma Gandhi observou certa vez: "um 'não' proferido com uma convicção profunda é melhor do que um 'sim' proferido para agradar, ou pior, para evitar problemas." Mohandas Karamchand Gandhi, comumente conhecido como "*Mahatma*" (que significa "Grande Alma"), foi uma figura central na luta da Índia pela independência do governo britânico. Ele apresentou o inovador conceito de *satyagraha*, uma palavra em sânscrito que significa "segurar-se à verdade", que envolvia tomar um caminho determinado, mas não violento, para buscar a verdade com um espírito de compaixão e paz, resistindo ao mal e ao erro. O interessante sobre *satyagraha* e o motivo de tal conceito ter atraído a atenção de líderes que vão de Nelson Mandela a Martin Luther King Jr., é que não era apenas uma tática que Ghandi usou para afastar os britânicos da Índia, mas também uma filosofia que abarcava todos os aspectos de sua vida, e que se originava na reflexão e no autoescrutínio profundos. Seu livro *Minha vida e minhas experiências com a verdade* ilustra como as experiências de discriminação pelas quais passou quando era um jovem advogado na África do Sul, assim como as sementes religiosas plantadas em sua infância, alimentaram sua convicção para "conquistar por meio da conversão: no fim, não há derrota nem vitória, mas uma nova harmonia."

Com a arte (e a ciência) da recusa empoderada, espero que possamos encontrar uma harmonia semelhante. Um ambiente de trabalho em que o chefe não dita o resultado final das coisas; lares e comunidades em que o fardo do trabalho é compartilhado e a alegria redobrada; uma sociedade na qual todos têm voz sobre seu próprio futuro. Ao dizer não para as coisas que não importam e ao aceitar os nãos dos outros sem ressentimento, podemos criar um ambiente de trabalho, uma comunidade e até um mundo em que as pessoas vivam de forma mais positiva e produtiva, porque estão dando o seu melhor naquilo que são excelentes — as coisas que são mais importantes para elas.

GLOSSÁRIO DE TERMOS DA RECUSA EMPODERADA

Usar uma linguagem compartilhada para descrever e rotular nossas experiências aumenta nossa expertise, reforça nosso próprio aprendizado e facilita uma comunicação mais fluída com os outros. Os participantes de minhas aulas descrevem suas próprias regras como normas pessoais, contam histórias de tarefas frustrantes do tipo "e-mail, tuíte, publicação", usam as nogueiras como um código para aquelas pessoas não tão legais que encontram pelo caminho e ao se referirem às pessoas que os apoiam e os protegem, eles as chamam de calêndulas. Agora, após ter lido este livro, você também pode fazer o mesmo. Espero que esta lista prática com esses termos o ajude em sua maestria da arte da recusa empoderada.

Armadilha "só você pode fazer isso": o uso de bajulação e elogios para fazer você dizer sim a um pedido.

Armadilha "você não pode voltar atrás agora": ficar atado a um compromisso (com uma nogueira) do qual é difícil de escapar.

Armadilha do castelo de cartas: assumir mais demandas do que você realmente é capaz de lidar.

Armadilha da galinha: dizer sim a diversos pedidos de baixo custo que começam a se acumular, tornando-se imensos.

Armadilha do futuro repleto de tempo: a crença equivocada de que teremos mais tempo no futuro do que temos agora.

Armadilha dos conhecidos: a dificuldade de dizer não a pessoas com quem você tem um relacionamento provisório.

Calêndulas: as pessoas em nossa vida que nos ajudam a ter sucesso, nos animam, escutam, dão apoio ao que fazemos e possuem em seus corações tudo aquilo que mais valorizamos.

Cordas de veludo vermelho: normas pessoais que estabelecemos para nós mesmos e que servem como barreiras psicológicas gentis. Elas moldam o caminho para alcançarmos a vida que desejamos e nos impedem de aceitar coisas que nos desviem de nosso propósito.

Efeito holofote: o sentimento de estar no centro das atenções, com todos os olhares sobre você.

Jornada do herói: pedidos que exigem esforço na realização (alto custo para nós), mas devido ao impacto real ou potencial que podem causar no mundo (alto benefício aos outros), talvez valha a pena empreendê-los.

Momento de pedido de casamento em um estádio: uma situação que o coloca em uma posição constrangedora, de modo que não consiga dizer não.

Nogueiras: aquelas pessoas com o espírito corrompido e que sabotam nosso sucesso, nos fazem sentir desprezados e impotentes, sugam nossa energia com sua negatividade opressora e fazem com que apenas pensar em ter qualquer tipo de interação com elas seja o suficiente para nos causar um mal-estar. (Também é um código para babacas, escrotos, tiranos e bullies).

Normas pessoais: conjunto estabelecido de regras simples que propomos a nós mesmos, fundamentadas em nossa identidade singular. Elas refletem nossos valores, prioridades, preferências e crenças para guiar nossas decisões e moldar nossas ações.

Palavras de confiança: linguagem empoderada, como "eu não", "eu nunca" ou "eu sempre", que expressa convicção e determinação. Além disso, elas mantêm sua cabeça erguida.

Pedidos do tipo e-mail, tuíte, publicação: pedidos que são relativamente fáceis de cumprir (baixo custo para nós), mas que não causam uma diferença perceptível no mundo (baixo benefício aos outros). (Ou, em outras palavras: um trabalho de merda).

Pedidos do tipo faça sua famosa lasanha: pedidos que são desproporcionalmente tediosos e que consomem tempo (alto custo para nós) em comparação ao impacto que exercem (baixo benefício aos outros).

Pedidos do tipo passe o sal: pedidos muito fáceis de serem cumpridos (baixo custo para nós), mas que podem fazer muita diferença aos outros (alto benefício aos outros).

Recusa empoderada: uma maneira persuasiva de dizer não que reflete sua identidade, expressa convicção e determinação e não deixa margem para reação.

Tarefas que não levam à promoção: tarefas no trabalho que não aumentam o salário, que consomem tempo, mas não são desafiadoras, e não são reconhecidas ou incluídas nas avaliações de desempenho.

AGRADECIMENTOS

Como alguém que ama livros e gosta mais de ler do que de fazer praticamente qualquer outra coisa, escrever meu próprio livro é um sonho se transformando em realidade!

Quando comecei esta jornada, porém, o que eu não sabia era o quão recompensador seria o processo, em grande parte por causa das muitas calêndulas em minha vida que fizeram exatamente o que as calêndulas fazem: oferecer com bondade e apoio um colo quentinho, proteger da negatividade e compartilhar seu conhecimento, histórias, recursos e sabedoria com generosidade. Esta nota de agradecimento não captará de forma adequada o quanto a experiência de escrever este livro foi transformadora para mim ou o quanto sou grata a todos aqueles que a possibilitaram. Mas tentarei mesmo assim.

A força motriz para escrever este livro veio dos líderes que participaram de meus cursos ao longo dos anos. Seu interesse e curiosidade sobre a recusa empoderada, bem como seu desejo de criar normas pessoais que os fizessem viver e liderar melhor, me trouxeram a inspiração necessária para colocar a caneta no papel de uma forma que seja (eu espero) implementável e útil. Agradeço a eles por terem me dito "preciso do seu livro", pois foi o empurrãozinho que eu precisava para começar a escrevê-lo, e o motivo pelo qual continuei.

Este livro está fundamentado em pesquisas, e minhas perspectivas foram moldadas por inúmeras conversas acadêmicas que tive com coautores, doutorandos e participantes de seminários. Tenho enorme gratidão pelos coautores da minha pesquisa sobre autorregulação, com quem aprendi muito: Julia Bayuk, Nicole Mead, Debbie MacInnis, Anirban Mukhopadhyay, Sonja Prokopec, Melanie Rudd e Alex Tawse. Um agradecimento especial ao meu primeiro aluno de doutorado e colaborador de pesquisa de longa data, Henrik Hagtvedt, que escreveu os artigos sobre recusa empoderada comigo. Também gostaria de agradecer aos meus outros alunos de doutorado que me levaram a direções distintas de pesquisa e, consequentemente, enriqueceram minha vida intelectual: Anoosha Izadi, Mahdi Ebrahimi, Zhe Zhang e Rita To.

Fui imensamente beneficiada pelo ambiente solidário da Bauer College of Business, onde atuei como reitora associada de pesquisa. Sou grata por trabalhar em Houston (uma cidade fantástica, na minha humilde opinião!), em uma comunidade vibrante de pesquisa, acompanhada por pessoas incríveis: Dean Paul Pavlou, antes Dean Latha Ramchand, Ed Blair, Roger Barascout, Norm Johnson, Amy Vandaveer, Saleha Khumawala, Tom George, Jessica Navarro, Amanda Sebesta, Marla Molony, Adina Dawoodi, Marie Tighe, Linda Monita e Jennifer Coppock, só para citar algumas. Um alô especial para minhas "coconspiradoras" e amigas do Women in Leadership: Dusya Vera, Jamie Belinne, Je'Anna Abbott e Erika Henderson. Vocês todas tornam o trabalho significativo e divertido!

Há inúmeras pessoas que colocaram a mão na massa para tornar este livro uma realidade. Um agradecimento caloroso e especial a Jonah Berger, Dolly Chugh, Ryan Hawk, Peter McGraw, Mike Norton, Dave Nussbaum, Raj Raghunathan, Sunita Sah e Zoe Chance por fornecer insights valiosos ao processo de publicação do livro e por ter compartilhado generosamente seu conhecimento e experiência. Enquanto escrevia, nem sempre fazia isso sozinha. Sou muito grata pelo apoio e camaradagem (especialmente durante a pandemia de Covid-19) dos meus amigos escritores virtuais dos grupos de escrita UH FED (Faculty and Engagement) e WOB (Women of Organizational Behavior), em particular aos anfitriões das sessões cujas disposições positivas e amigáveis sempre estabeleceram um tom maravilhoso para nossas manhãs de escrita: Leslie Coward, Rita Shea-Van Fossen, Beth Campbell, Phani Radhakrishnan, Bobbi Thomason e Mai Trinh. Agradeço muito pelo esforço investido por Tom Tolan e Simone Patrick, que leram os primeiros manuscritos e deram um feedback cuidadoso, construtivo e criativo. Pela excelente assistência nas pesquisas, gostaria de agradecer Kota Nagase, Michael Fulfs, and Elizabeth Sells.

Quanto à equipe central de publicação do livro, acredito que ganhei na loteria! Foi um deleite completo trabalhar com Laurie Abkemeier, uma agente extraordinária que me mostrou como fazer as coisas e cujos insights astutos me ajudaram a navegar nessas novas águas que são a publicação de um livro. Sou incrivelmente grata a Anna Michels, da Sourcebooks, que compartilhou minha visão para o livro. Suas sugestões, orientações e ideias deixaram o livro muitíssimo melhor. Devo agradecer à talentosa equipe da Sourcebooks, que capitaneou o processo de publicação de forma impecável e profissional, incluindo Lauren Harms e Jillian Rahn pelo design de capa, Emily Proano como editora de produção e à equipe de marketing e publicidade, com Liz Kelsch, Brittney Mmutle e Madeleine Brown.

Por seu apoio e amizade incondicionais durante todos esses anos, pelas diversas caminhadas longas e conversas ainda mais longas, por suas orações e mensagens, sou agradecida aos meus queridos amigos: Seemantini Pathak, Naina Barretto, Deepa Chandrasekaran, Cathy Horn, Candice Hollenbeck, Lorraine Paul, Olivia Miljanic, Reshma Khemlani, Cheryl-Ann Monteiro, Melanie Larsen, Kamal Hirani, Swathi Balaji, Nina Godiwala, Ryan Lobo, Shashi Matta, Mary Lou Daly e Tina Carpenter. Fui muito agraciada pelas estimulantes interações com o grupo de liderança CCLA, conduzido pela maravilhosa Idahlynn Karre, o grupo WiBE (Women in Business Education) com a adorável Lisa Leander e o grupo de líderes de pensamento GHWCC (Greater Houston Women's Chamber of Commerce) com as fenomenais lideranças femininas de Houston, incluindo Bambi McCullough, Suzan Deison, Janette Marx, Tracey Shappro e Cindy Jennings.

Por último, mas certamente não menos importante, agradeço a minha família extensa: Patrick, Ralhan, Rodrigues e Kawauchi. Sou quem sou por causa da minha mãe, Ruby (de quem sinto falta todos os dias e que ficaria muito orgulhosa!) e do meu pai, Ashley. Nos últimos dois anos, meu pai vestiu a camisa de torcedor invicto, e em nossas conversas diárias, sempre que minha atenção se desviava ele gentilmente me fazia voltar à escrita. Sou grata ao meu marido, Sanjay, que ofereceu sua perspectiva sóbria e pragmática de "mente de estrategista" para todas as principais decisões relacionadas ao livro que precisei tomar, e pelo olhar minucioso que dedicou à criação dos gráficos e figuras destas páginas.

Fui abençoada por ter a minha volta mulheres tão fortes, resilientes e incríveis, que me inspiram e me orientam rumo a minha melhor versão: Maria e Queenie, minha mãe, Ruby, minha sogra, Hiroko, minhas incríveis irmãs (e melhores amigas), Nicole e Simone, e a jovem senhorita a quem este livro é dedicado, minha doce filha Zoe.

NOTAS

Capítulo 1: Por que Dizemos Sim Quando Queremos Dizer Não

1. Esta história foi retirada de um ensaio de George Orwell, "Shooting an Elephant", publicado inicialmente em 1936. O fato de ser ou não autobiográfico é algo que nunca foi revelado de maneira definitiva, mas a fins de ilustração, presumirei que foi. Depois do período na Baixa Birmânia, Orwell (seu nome artístico; na época dessa história, ele era Eric Arthur Blair) teve uma brilhante carreira literária.

2. [Downthubing, no original]. O Urban Dictionary registrou a palavra *downthumbing* como o ato de discordar de alguém online, e *downthumber* como a pessoa que discorda. Aaron Peckham, "Downthumber", *Urban Dictionary: Fularious Street Slang Defined*, sem data http://downthumber.urbanup.com/4862925.

3. Russell Cropanzano e Marie S. Mitchell, "Social exchange theory: An interdisciplinary review", *Journal of Management* 31, nº 6 (2005): 874-900.

4. Roy F. Baumeister e Mark R. Leary. "The need to belong: Desire for interpersonal attachments as a fundamental human motivation". *Interpersonal Development* (2017): 57-89.

5. Mark R. Leary, Kristine M. Kelly, Catherine A. Cottrell e Lisa S. Schreindorfer, "Construct validity of the need to belong scale: Mapping the nomological network", *Journal of Personality Assessment* 95, nº 6 (2013): 610-624.

6. Robert B. Cialdini, *Influence: The Psychology of Persuasion*, rev. ed. (Nova York: William Morrow, 2006).

7. Ernst Fehr e Urs Fischbacher, "Third-party punishment and social norms", Evolution and Human Behavior 25, nº 2 (2004): 63-87.

8. Xinyue Zhou, Liwei Zheng, Lixing Zhou e Nan Guo, "The act of rejecting reduces the desire to reconnect: Evidence for a cognitive dissonance account", *Journal of Experimental Social Psychology* 45, nº 1 (2009): 44-50.

9. Natalie J. Ciarocco, Kristin L. Sommer e Roy F. Baumeister, "Ostracism and ego depletion: The strains of silence", *Personality and Social Psychology Bulletin* 27, nº 9 (2001): 1156-1163.

10. Jaishree Umale, "Pragmatic failure in refusal strategies: British versus Omani interlocutors", *Arab World English Journal* 2, nº 1 (2011): 18-46.

11. Nick J Enfield, *How We Talk: The Inner Workings of Conversation* (Nova York: Basic Books, 2017).

12. Derek D. Rucker, Adam D. Galinsky e Joe C. Magee, "The agentic-communal model of advantage and disadvantage: How inequality produces similarities in the psychology of power, social class, gender, and race", *Advances in Experimental Social Psychology* 58 (2018): 71-125.

13. Estudos clássicos da psicologia social sobre obediência e concordância demonstram consistentemente a disposição das pessoas em obedecer à autoridade e em concordar com seu grupo social. Referidos resumidamente como o Experimento de Milgram, esses estudos demonstram que quando um pesquisador ordenava que os participantes machucassem outras pessoas com choques elétricos, eles obedeciam, sob o poder da autoridade. Nos estudos de Solomon Asch sobre concordância com normas grupais, os participantes foram iludidos para dar respostas erradas sobre qual era a linha mais comprida, dentre três. Em vez de confiar no que viram como a mais longa, um número notável de pessoas simplesmente seguiu os líderes do grupo (os colegas do experimentador, a propósito, que foram instruídos a dar a resposta errada), demonstrando a tendência humana de desconfiar de seu próprio julgamento e se conformar com a opinião do grupo.

14. Jia Jiang, "Day 3 Rejection Therapy Ask for Olympic Symbol Doughnuts. Jackie Delivers!", *Rejection Therapy with Jia Jiang* (blog), 18 nov. 2021, https://www.rejectiontherapy.com/blog/2012/11/18/

day-3-rejection-therapy-ask-for-olympic-symbol-doughnuts-jackie-delivers.

15. Amy J. C. Cuddy, Susan T. Fiske e Peter Glick. "Warmth and competence as universal dimensions of social perception: The stereotype content model and the BIAS map", *Advances in Experimental Social Psychology* 40 (2008): 61–149.

16. Roy F. Baumeister e Mark R. Leary, "The need to belong: desire for interpersonal attachments as a fundamental human motivation", *Psychological Bulletin* 117, nº 3 (1995): 497.

17. Adam Grant, "8 Ways to Say No Without Hurting Your Image", LinkedIn, 11 mar. 2014, https://www.linkedin.com/pulse/201403 11110227-69244073-8-ways-to-say-no-without-hurting-your-image/.

18. Gail M. Williamson, Margaret S. Clark, Linda J. Pegalis e Aileen Behan, "Affective consequences of refusing to help in communal and exchange relationships", *Personality and Social Psychology Bulletin* 22, nº 1 (1996): 34–47.

19. Raveena Tandon, "Women's Day 2021: Raveena Tandon writes about adopting and raising daughters at 21", *Free Press Journal*, 7 mar. 2021, https://www.free pressjournal.in/entertainment/womens-day-2021-raveena-tandon-writes-about-adopting-and-raising-daughters-at-21.

20. Robert Zinko, Gerald R. Ferris, Fred R. Blass e Mary Dana Laird, "Toward a Theory of Reputation in Organizations", *Research in Personnel and Human Resources Management* (Bingley, West Yorkshire: Emerald Group Publishing Limited, 2007).

     Esse grupo de pesquisadores define a reputação como "uma identidade perceptual formada a partir de percepções coletivas de outros, que reflete a combinação complexa de características e realizações pessoais salientes, comportamento demonstrado e imagens pretendidas, apresentados ao longo de certo período e observados diretamente e/ou reportados de fontes secundárias, o que reduz a ambiguidade sobre o comportamento futuro esperado."

21. Erving Goffman, "The moral career of the mental patient", *Psychiatry* 22, nº 2 (1959): 123–142.

22. Jari J. Hakanen e Arnold B. Bakker, "Born and Bred to Burn Out: A Life-Course View and Reflections on Job Burnout", *Journal of Occupational Health Psychology* 22, nº 3 (2017): 354.

23. Vanessa Van Edwards, Captivate: *The Science of Succeeding With People* (Nova York: Penguin, 2018).

24. Para proteger a identidade dessas pessoas, mudei todos os nomes. A menos que seja um autor cujo livro eu referencie ou uma pessoa em um artigo que eu cite, nenhum nome que usei nos exemplos é real.

25. Oprah Winfrey, "What Oprah Knows for Sure About Saying 'No'", Oprah.com. Acesso em: 16 mar. 2022. https://www.oprah.com/omagazine/what-oprah-knows-for-sure-about-always-saying-yes.

26. Mara Reinstein, "Educated Author Tara Westover Reflects on Her Success, Her Regrets and Her Advice from Oprah", *Parade*, 6 fev. 2019, https://parade.com/777230/maramovies/educated-author-tara-westover-reflects-on-her-success-her-regrets-and-her-advice-from-oprah/.

27. Paulo Coelho, publicação no Twitter, 5 mar. 2014, 11:47, https://twitter.com/paulocoelho/status/441268849871454208?lang=en.

Capítulo 2: O Efeito Holofote

1. Roy F. Baumeister e Mark R. Leary, "The Need to Belong: Desire for Interpersonal Attachments as a Fundamental Human Motivation", *Psychological Bulletin* 117, nº 3 (1995): 497.

2. Elliot Aronson, ed. *Readings About the Social Animal* (Macmillan, 2003).

3. Robert B. Cialdini e Melanie R. Trost, "Social influence: Social norms, conformity and compliance", *The Handbook of Social Psychology* (1998).

4. Ibid.

5. Thomas Gilovich, Victoria Husted Medvec e Kenneth Savitsky, "The Spotlight Effect in Social Judgment: An Egocentric Bias in Estimates of the Salience of One's Own Actions And Appearance", *Journal of Personality and Social Psychology* 78, nº 2 (2000): 211.

6. Michael Ross e Fiore Sicoly, "Egocentric Biases in Availability and Attribution", *Journal of Personality and Social Psychology* 37, nº 3 (1979): 322.

7. Miron Zuckerman, Michael H. Kernis, Salvatore M. Guarnera, John F. Murphy e Lauren Rappoport. "The egocentric bias: Seeing oneself as cause and target of others' behavior". *Journal of Personality* 51, nº 4 (1983): 621–630.

8. Allan Fenigstein, "Self-Consciousness and the Overperception of Self as a Target", *Journal of Personality and Social Psychology* 47, nº 4 (1984): 860.

9. Martha Beck, "The Cure for Self-Consciousness", Oprah.com, jul. 2007, http://www.oprah.com/spirit/Martha-Becks-Cure-for-Self-Consciousness#ixzz2WMHdNyT4.

10. Para aqueles de vocês que são pesquisadores, os cenários tiveram êxito em expressar que o objetivo era dizer não, e que o pedido era social, e não solo. Ou seja, as manipulações experimentais funcionaram.

11. Katharine Ridgway O'Brien, "Just Saying 'No': An Examination of Gender Differences in the Ability to Decline Requests in the Workplace", (2014) Diss., Rice University. https://hdl.handle.net/1911/77421.

12. Linda Babcock, Maria P. Recalde, Lise Vesterlund e Laurie Weingart, "Gender Differences in Accepting and Receiving Requests for Tasks with Low Promotability", *American Economic Review* 107, nº 3 (2017): 714–747.

13. Chris Argyris e Donald A. Schon, *Theory in Practice: Increasing Professional Affectiveness* (São Francisco: Jossey-Bass, 1974).

14. Audre Lorde, *Sister Outsider: Essays and Speeches* (Berkley, CA: Crossing Press, 2012).

Capítulo 3: A Arte (e a Ciência) da Recusa Empoderada

1. Sua história foi obtida de *Maria Tallchief: America's Prima Ballerina* (Nova York, Henry Holt and Company, 1997). Além disso, fiz referência a:

    Jack Anderson, "Maria Tallchief, a Dazzling Ballerina and Muse for Balanchine, Dies at 88", *The New York Times*, 12 abr. 2013, https://www.nytimes\.com/2013/04/13/arts/dance/maria-tallchief-brilliant-ballerina-dies-at-88.html.

Sarah Halzack, "Maria Tallchief, Ballet Star Who Was Inspiration for Balanchine, Dies at 88", *Washington Post*, 12 abr. 2013, https://www.washingtonpost.com/local/obituaries/maria-tallchief-ballet-star-who-was-inspiration-for-balanchine-dies-at-88/2013/04/12/5888f3de-c5dc-11df-94e1-c5afa35a9e59_story.html.

2. Aprendi sobre o conceito de encobrir na newsletter de Dolly Chugh. https://us19.campaign-archive.com/?u=f881146700e09f49303435 ca1&id=6818685cdf

3. Bruce Markusen, "Clemente Overcame Societal Barriers en route to Superstardom", Baseball Hall of Fame. Acesso em: 21 mar. 2022. https://baseballhall.org/discover/baseball-history/clemente-overcame-societal-barriers-en-route-to-superstardom.

4. Horst W. J. Rittel e Melvin M. Webber, "Dilemmas in a General Theory of Planning", *Policy Sciences* 4, nº 2 (1973): 155–169.

5. Muita pesquisa tem sido feita sobre essas três qualidades. O poder pessoal reflete estar no controle, ter a liberdade e a autonomia de agir independentemente de outras pessoas. Autenticidade significa fazer o que fala. Integridade é simplesmente fazer o que você fala e ser sincero no que diz. Formalmente definida, integridade é "a consistência de uma agência em aplicar palavras e ações" com base em uma estrutura de virtude e ética.

6. Ruolei Gu, Jing Yang, Yuanyuan Shi, Yi Luo, Yu LL Luo e Huajian Cai, "Be Strong Enough to Say No: Self-Affirmation Increases Rejection to Unfair Offers", *Frontiers in Psychology* 7 (2016): 1824.

7. David K. Sherman e Geoffrey L. Cohen, "The Psychology of Self-Defense: Self-Affirmation Theory", *Advances in Experimental Social Psychology* 38 (2006): 183–242.

8. Adam D. Galinsky, Joe C. Magee, Deborah H. Gruenfeld, Jennifer A. Whitson e Katie A. Liljenquist, "Power Reduces the Press of the Situation: Implications for Creativity, Conformity, and Dissonance", *Journal of Personality and Social Psychology* 95, nº 6 (2008): 1450.

9. Jennifer R. Overbeck, Larissa Z. Tiedens e Sebastien Brion, "The Powerful Want to, the Powerless Have to: Perceived Constraint Moderates Causal Attributions", *European Journal of Social Psychology* 36, nº 4 (2006): 479–496.

10. Joe C. Magee, Adam D. Galinsky e Deborah H. Gruenfeld, "Power, Propensity to Negotiate, and Moving First in Competitive Interactions", *Personality and Social Psychology Bulletin* 33, nº 2 (2007): 200–212.

11. M. Weber, *The Theory of Social and Economic Organization*, trad. A. M. Henderson e Talcott Parsons (Nova York: Oxford University Press, 1947).

12. Marianne Schmid Mast, Klaus Jonas e Judith A. Hall, "Give a Person Power and He or She Will Show Interpersonal Sensitivity: the Phenomenon and Its Why and When", *Journal of Personality and Social Psychology* 97, nº 5 (2009): 835.

13. Vanessa M. Patrick e Henrik Hagtvedt, "I 'Don't' Versus 'I Can't': When Empowered Refusal Motivates Goal-Directed Behavior", *Journal of Consumer Research* 39, nº 2 (2012): 371–381.

    John Langshaw Austin, *How to Do Things with Words* (Oxford, Reino Unido: Oxford University Press, 1975).

14. John R. Searle e John Rogers Searle. *Speech Acts: An Essay in the Philosophy of Language*, Vol. 626 (Cambridge, Reino Unido: Cambridge University Press, 1969).

15. Vanessa M. Patrick e Henrik Hagtvedt, "How to Say 'No': Conviction and Identity Attributions in Persuasive Refusal", *International Journal of Research in Marketing* 29, nº 4 (2012): 390–394.

16. Holly Weeks, "Taking the Stress Outof Stressful Conversations", *Harvard Business Review*, jul. 2001, https://hbr.org/2001/07/taking-the-stress-out-of-stressful-conversations.

17. Charles R. Snyder e Raymond L. Higgins, "Excuses: Their Effective Role in the Negotiation of Reality", *Psychological Bulletin* 104, nº 1 (1988): 23.

18. Vanessa M. Patrick e Henrik Hagtvedt, "'I Don't' Versus 'I Can't,'" 371–381.

19. Lee Ross e Richard E. Nisbett, *The Person and the Situation: Perspectives of Social Psychology* (Londres: Pinter & Martin Publishers, 2011).

20. Christopher J. Bryan, Gregory M. Walton, Todd Rogers e Carol S. Dweck, "Motivating Voter Turnout by Invoking the Self", *Proceedings of the National Academy of Sciences* 108, nº 31 (2011): 12653–12656.

21. James J. Bradac e Anthony Mulac, "A Molecular View of Powerful and Powerless Speech Styles: Attributional Consequences of Specific Language Features and Communicator Intentions", *Communications Monographs* 51, nº 4 (1984): 307–319.

22. Karen M. Douglas e Robbie M. Sutton, "When What You Say About Others Says Something About You: Language Abstraction and Inferences About Describers' Attitudes and Goals", *Journal of Experimental Social Psychology* 42, nº 4 (2006): 500–508.

23. Grant Packard e Jonah Berger, "How Concrete Language Shapes Customer Satisfaction", *Journal of Consumer Research* 47, nº 5 (2021): 787–806.

Capítulo 4: Olhando Internamente para Desenvolver a Autoconsciência

1. George Herbert Mead, *Mind, Self and Society*, vol. 111 (University of Chicago Press, 1934).

    Shelley Duval e Robert A. Wicklund, *A Theory of Objective Self Awareness* (Nova York, Academic Press, 1972).

2. Charles S. Carver, "Self-awareness", in *Handbook of Self and Identity*, ed. M. R. Leary e J. P. Tangney (Nova York: The Guilford Press, 2012), 50–68.

3. Charles Horton Cooley, "Looking-glass self", *The Production of Reality: Essays and Readings on Social Interaction* 6 (1902): 126–128.

4. Paul J. Silvia e Maureen O'Brien, "Self-Awareness and Constructive Functioning: Revisiting 'the Human Dilemma,'" *Journal of Social and Clinical Psychology* 23, nº 4 (ago. 2004): 475–489.

5. Kenneth N. Wexley, Ralph A. Alexander, James Greenawalt e Michael A. Couch, "Attitudinal Congruence and Similarity as Related to Interpersonal Evaluations in Manager-Subordinate Dyads", *Academy of Management Journal* 23, nº 2 (jun. 1980): 320–330.

6. Vanessa M. Patrick e Henrik Hagtvedt, "'I don't' versus 'I can't': When Empowered Refusal Motivates Goal-Directed Behavior", *Journal of Consumer Research* 39, nº 2 (2012): 371–381.

7. Jennifer Porter, "Why You Should Make Time for Self-Reflection (Even if You Hate Doing It)". *Harvard Business Review* 21 (2017).

8. Jon M. Jachimowicz et al., "Commuting as Role Transitions: How Trait SelfControl and Work-Related Prospection Offset Negative Effects of Lengthy Commutes", (working paper, Harvard Business School, 2016).

9. Laura Morgan Roberts, Jane E. Dutton, Gretchen M. Spreitzer, Emily D. Heaphy e Robert E. Quinn, "Composing the Reflected Best-Self Portrait: Building Pathways for Becoming Extraordinary in Work Organizations", *Academy of Management Review* 30, nº 4 (2005): 712-736.

10. Ron Ashkenas, "How to Overcome Executive Isolation", *Harvard Business Review*, 2 fev. 2017, https://hbr.org/2017/02/how-to-overcome-executive-isolation.

11. Doris Kearns Goodwin, *Team of Rivals: The Political Genius of Abraham Lincoln* (Londres: Penguin, 2009).

12. William Damon, *The Path to Purpose: Helping Our Children Find Their Calling in Life* (Nova York: Simon and Schuster, 2008).

13. Simon Sinek, "How Great Leaders Inspire Action", TED, publicado em: set. 2009, TED vídeo, 17:48, https://www.ted.com/talks/simon_sinek_how_great_leaders_inspire_action.

14. Howard Gardner, Mihaly Csikszentmihalyi e William Damon, *Good Work: When Excellence and Ethics Meet* (Nova York: Basic Books, 2001).

15. Eleanor Roosevelt, *You Learn by Living: Eleven Keys for a More Fulfilling Life* (Nova York: Harper and Row, 1960).

16. Greg McKeown, *Essentialism: The Disciplined Pursuit of Less* (Nova York: Currency, 2020).

17. James M. Buchanan, "Opportunity Cost", *The New Palgrave Dictionary of Economics Online* (2008).

18. Richard P. Larrick, James N. Morgan e Richard E. Nisbett, "Teaching the Use of Cost-Benefit Reasoning in Everyday Life", *Psychological Science* 1, nº 6 (1990): 362-370.

19. Stephen A. Spiller, "Opportunity Cost Consideration", *Journal of Consumer Research* 38, nº 4 (2011): 595-610.

20. Em todas as palestras ou workshops sobre psicologia positiva que Bob Peterson deu, ele distribuía um adesivo com a frase-chave:

"outras pessoas importam". Quando pensamos sobre o que é uma vida humana, isso envolve outras pessoas. Lembre-se do mantra Maori: "são os outros. São os outros. São os outros".

21. Niklas Göke, "Why You Really Should Say 'No' More Often", Medium, 2 fev. 2019, https://ngoeke.medium.com/why-you-really -should-say-no-more-often-fc2482e1f54a.

22. William Duggan, *Napoleon's Glance: The Secret of Strategy* (Nova York: Nation Books, 2002).

23. David Graeber, *Bullshit Jobs: A Theory* (Nova York: Simon & Schuster, 2018).

24. Roy F. Baumeister, Kathleen D. Vohs, Jennifer L. Aaker e Emily N. Garbinsky, "Some Key Differences Between a Happy Life and a Meaningful Life", *The Journal of Positive Psychology* 8, nº 6 (2013): 505–516.

25. Linda Babcock, Maria P. Recalde e Lise Vesterlund, "Why Women Volunteer for Tasks That Don't Lead To Promotions", *Harvard Business Review* (2018).

26. Linda Babcock, Maria P. Recalde, Lise Vesterlund e Laurie Weingart, "Gender Differences in Accepting and Receiving Requests for Tasks With Low Promotability", *American Economic Review* 107, nº 3 (2017): 714–747.

Capítulo 5: Crie Regras, Não Decisões

1. Alison Beard, "Life's Work: An Interview with Isabel Allende", *Harvard Business Review*, maio 2016, https://hbr.org/2016/05/ isabel-allende.

2. Gretchen Rubin, "A Little Happier: For Writer Isabel Allende, January 8 Is the Right Day to Begin", *Gretchen Rubin* (blog), 30 ago. 2021, https://gretchenrubin.com/podcast-episode/ little-happier-isabel-allende-right-day-to-begin/.

3. Vanessa Patrick, "Getting to Gutsy: Using Personal Policies to Enhance (and Reclaim) Agency in The Workplace", *Rutgers Business Review* 6, nº 2 (2021).

4. Jennifer Wallace e Vanessa Patrick, "Life in lockdown is Testing Parents' Bandwidth, but There Are Ways to Protect Your Mental Energy", *Washington Post*, 27 abr. 2020.

5. Tasha Eurich, *Insight: The Surprising Truth About How Others See Us, How We See Ourselves, and Why the Answers Matter More Than We Think* (Nova York: Currency, 2017).

6. Ruchika Tulshyan, "The 'I Just Can't Say No' Club Women Need to Advance in Their Careers", *Forbes*, 30 jun. 2016, https://www.forbes.com/sites/ruchikatulshyan/2016/06/28/the-i-just-cant-say-no-club-women-need-to-advance-in-their-careers/?sh=7303ea454917.

7. Peter Karoff e Jane Maddox, *The World We Want: New Dimensions in Philanthropy and Social Change* (Lanham, MD: AltaMira 2007).

8. Stewart D. Friedman, *Leading the Life You Want: Skills for Integrating Work and Life* (Boston: Harvard Business Press, 2014).

9. Mario Mikulincer e Orif Marshand, "An Excuse Perspective of the Learned Helplessness Paradigm: The Self-Protective Role of Causal Attributions", *Journal of Social and Clinical Psychology* 10 (1991): 134–151.

10. Vanessa M. Patrick and Henrik Hagtvedt, "'I Don't' Versus 'I Can't,'" 371–381.

11. Vanessa M. Patrick, "Own It: Identity-based Refusals are More Effective than Situational Constraints to Say No to Interpersonal Requests", (working paper, 2022).

Capítulo 6: Entregando-se Inteiramente à Sua Própria Recusa Empoderada

1. "Madeleine Albright's Jewelry-Box Diplomacy", NPR, 29 set. 2009, https://www.npr.org/templates/story/story.php?storyId=113278807.

2. Megan Gambino, "Madeleine Albright on Her Life in Pins", *Smithsonian Magazine*, jun. 2010, https://www.smithsonianmag.com/arts-culture/madeleine-albright-on-her-life-in-pins-149191/.

3. Brian Caulfield, "Steve Jobs Tried To Get Apple Employees To Wear Uniforms", *Forbes*, 11 out. 2011, https://www.forbes.com/sites/briancaulfield/2011/10/11/steve-jobs-tried-to-get-apple-employees-to-wear-uniforms/?sh=24397ecb7d6c.

4. Jonathan Glancey, "'I don't do nice,'" *The Guardian*, 9 out. 2006, https://www.theguardian.com/artanddesign/2006/oct/09/architecture. communities.

5. Gavin Meikle, "Six Elements of Vocal Variety and How to Master Them Part 1", inter-activ, 18 jul. 2017, https://www.inter-activ. co.uk/presentation-skills/six-elements-of-vocal-variety-and-how -to-master-them-part-1-volume/.

6. Stephanie C. Lin, Rebecca L. Schaumberg e Taly Reich, "Sidestepping the Rock and the Hard Place: The Private Avoidance of Prosocial Requests", *Journal of Experimental Social Psychology* 64 (2016): 35–40.

7. John R. Sparks, Charles S. Areni e K. Chris Cox, "An Investigation of the Effects of Language Style and Communication Modality on Persuasion", *Communications Monographs* 65, nº 2 (1998): 108–125.

8. John Antonakis, Marika Fenley e Sue Liechti, "Learning Charisma. Transform Yourself into the Person Others Want to Follow", *Harvard Business Review* 90, nº 6 (2012): 127–130.

9. Norah E. Dunbar, "Power and Dominance in Nonverbal Communication", *The International Encyclopedia of Interpersonal Communication* (2015): 1–5.

10. Myra Brooks Welch, "The Old Violin"; ou "The Touch of the Masters Hand", https://www.onlythebible.com/Poems/the-Touch-of-the- Masters-Hand--Old-Violin.html

11. Pierre Philippot, Gaëtane Chapelle e Sylvie Blairy, "Respiratory Feedback in the Generation of Emotion". *Cognition and Emotion* 16, nº 5 (2002): 605–627.

12. Juan David Leongómez, Viktoria R. Mileva, Anthony C. Little e S. Craig Roberts, "Perceived Differences in Social Status Between Speaker and Listener Affect the Speaker's Vocal Characteristics", *PloS One* 12, nº 6 (2017): e0179407.

13. Elisabeth André, Elisabetta Bevacqua, Dirk Heylen, Radoslaw Niewiadomski, Catherine Pelachaud, Christopher Peters, Isabella Poggi e Matthias Rehm, "Non-Verbal Persuasion and Communication in an Affective Agent", em *EmotionOriented Systems* (Berlim, Heidelberg: Springer, 2011), 585–608.

14. Adrian F. Ward, Kristen Duke, Ayelet Gneezy e Maarten W. Bos "Brain Drain: The Mere Presence of One's Own Smartphone Reduces Available Cognitive Capacity", *Journal of the Association for Consumer Research* 2, nº 2 (2017): 140-154.

15. Shiri Melumad e Michel Tuan Pham, "The Smartphone as a Pacifying Technology", *Journal of Consumer Research* 47 nº 2 (2020): 237-255

16. Ze Wang, Huifang Mao, Yexin Jessica Li e Fan Liu, "Smile Big or Not? Effects of Smile Intensity on Perceptions of Warmth and Competence", *Journal of Consumer Research* 43, nº 5 (2017): 787-805.

17. Marianne LaFrance and Andrea C. Vial, "Gender and Nonverbal Behavior", em *APA Handbook of Nonverbal Communication* (Washington DC: American Psychological Association, 2016), 139-161.

18. Ao discutir essas diferenças de gênero, LaFrance e Vial destacam a importância de adotar a ótica da psicologia de gênero em vez do gênero biológico para entender tais efeitos. Ou seja, o fato de que um homem ou uma mulher aceite a definição social de masculinidade e feminilidade é mais relevante do que se são biologicamente masculinos ou femininos.

19. Nancy M. Henley, *Body Politics: Power, Sex and Nonverbal Communication* (Englewood Cliffs, NJ: Prentice-Hall, 1986).

20. Kristen M. Shockley, Allison S. Gabriel, Daron Robertson, Christopher C. Rosen, Nitya Chawla, Mahira L. Ganster e Maira E. Ezerins, "The Fatiguing Effects of Camera Use in Virtual Meetings: A Within-Person Field Experiment", *Journal of Applied Psychology* 106, nº 8 (2021): 1137-1155.

21. Lara L. Jones, Lee H. Wurm, Gregory A. Norville e Kate L. Mullins, "Sex Differences in Emoji Use, Familiarity, and Valence", *Computers in Human Behavior* 108 (2020): 106305.

22. Raquel Laneri, "In Pictures: Seven Common Body Language Mistakes", *Forbes*, 23 jun. 2009, https://www.forbes.com/2009/06/23/body-language-first-impression-forbes-woman-leadership-communication_slide.html?sh=408db1d53933.

23. Lane Strathearn, Jian Li, Peter Fonagy e P. Read Montague, "What's in a Smile? Maternal Brain Responses to Infant Facial Cues", *Pediatrics* 122, nº 1 (2008): 40-51.

24. Barbara Wild, Michael Erb, Michael Eyb, Mathias Bartels e Wolfgang Grodd, "Why are Smiles Contagious? An f MRI Study of the Interaction Between Perception of Facial Affect and Facial Movements", *Psychiatry Research: Neuroimaging* 123, nº 1 (2003): 17–36.

25. Robin Roberts, "Robin Roberts", Rock'n' Robin. Acesso em: 12 fev. 2022, https://www.rocknrobin.tv/robin-roberts.

26. CorkySiemaszko, "Michelle Obama Embraces George W. Bush: Why That Photo Was So Moving", NBC News, 26 set. 2016, https://www.nbcnews.com/news/us-news/michelle-obama-embraces-george-w-bush-why-photo-was-so-n654451.

27. Clint Rainey, "The Power Huggers", *New York Magazine*, 27 set. 2013, https://nymag.com/news/intelligencer/topic/huggers-2013-10/.

28. "Barbara Jordan: A Voice For Democracy", Texas Women's Foundation. Acesso em: 21 fev. 2022, https://txwf.org/barbara-jordan-a-voice-for-democracy/.

29. Alex Tawse, Vanessa M. Patrick e Dusya Vera, "Crossing the Chasm: Leadership Nudges to Help Transition From Strategy Formulation to Strategy Implementation", *Business Horizons* 62, nº 2 (2019): 249–257.

Capítulo 7: Administrando a Oposição de Solicitantes Difíceis

1. Suzanne Simard, *Finding the Mother Tree: Uncovering the Wisdom and Intelligence of the Forest* (Nova York: Penguin Random House, 2021).

2. Nannette Richford, "The Best Marigold as a Vegetable Garden Companion", SFGATE, 3 set. 2019, https://homeguides.sfgate.com/marigold-vegetable-garden-companion-35309.html. Também adaptado a partir desta publicação sobre o efeito calêndula: Jennifer Gonzales, "Find Your Marigold: The One Essential Rule for New Teachers", *Cult of Pedagogy* (blog), 29 ago. 2013, https:// www.cultofpedagogy.com/marigolds/.

3. Jessica Bennett, "Welcome to the 'No' Club", *The New York Times*, 6 ago. 2019, https://www.nytimes.com/2019/08/06/us/welcome-to-the-no-club.html.

4. "Black Walnut Toxicity", The Morton Arboretum. Acesso em: 26 mar. 2022, https://mortonarb.org/plant-and-protect/tree-plant-care/plant-care-resources/black-walnut-toxicity/.

5. Daqui em diante, com o propósito de simplicidade, usarei o termo "nogueira(s)" para me referir especificamente à variedade nogueira-preta americana.

6. Muitos livros e estudos de pesquisa abordaram a questão de pessoas tóxicas e insistentes em nossa vida pessoal e profissional. Por exemplo, em, *The No Asshole Rule: Building a Civilized Workplace and Surviving One that Isn't* (Nova York: Business Plus, 2007), Bob Sutton, professor de Stanford, documenta as características das pessoas escrotas. Ele conclui que algumas são escrotas de carteirinha (babacas crônicos) enquanto outras são escrotas temporárias (babacas uma vez só). Ele inclui o Autoexame para Ranking de Escroto (ARSE, sigla do exame em inglês, que também significa "escroto") para determinar se você é um escroto de carteirinha ou está prestes a se tornar um. O novo livro da professora da Universidade de Nova York, Tessa West, *Jerks At Work: Toxic Coworkers and What to Do About Them* (Portfolio Press, 2022), identifica sete tipos dos piores ofensores — o trator, o gaslighter, o ladrão de crédito etc. — e fornece formas de responder a eles e superá-los.

7. Richard Carpenter e John Baites. "Top of the World", de *A Song for You*. A&M Studios, álbum em vinil, 1972.

8. Carl R. Rogers, "Empathic: An Unappreciated Way of Being", *The Counseling Psychologist* 5, nº 2 (1975): 2–10.

9. Gerald R. Ferris, Fred R. Blass, Ceasar Douglas, Robert W. Kolodinsky e Darren C. Treadway, "Personal Reputation in Organizations", em *Organizational Behavior: The State of the Science*, 2ª ed., editor J. Greenburg (Mahwah, NJ: Lawrence Erlbaum, 2003), 211–246.

10. Peter Bregman, "Nine Practices to Help You Say No", *Harvard Business Review* 7 (2014).

11. M. Mahdi Roghanizad e Vanessa K. Bohns, "Ask in Person: You're Less Persuasive Than You Think Over Email", *Journal of Experimental Social Psychology* 69 (2017): 223–226.

12. PrestonNi, "14 Signs of Psychological and Emotional Manipulation", *PsychologyToday*, 11 out. 2015, https://www.psychologytoday.com/us/blog/communication-success/201510/14-signs-psychological-and-emotional-manipulation.

13. Michael Schrage, "Is It OK to Yell at Your Employees?" *Harvard Business Review*, 8 nov. 2013, https://hbr.org/2013/11/is-it-ok-to-yell-at-your-employees.

14. Donald E. Gibson e Ronda Roberts Callister, "Anger in Organizations: Review and Integration", *Journal of Management* 36, nº 1 (2010): 66–93.

15. Jeffrey Z. Rubin e Bert R. Brown. *The Social Psychology of Bargaining and Negotiation* (Nova York: Elsevier, 2013).

16. Adam Grant, *Give and Take: A Revolutionary Approach to Success* (Londres: Penguin, 2013).

17. Robin M Kowalski, *Behaving Badly: Aversive Behaviors in Interpersonal Relationships* (Washington, DC: American Psychological Association, 2001).

18. Andrew K. Przybylski, Kou Murayama, Cody R. De Haan e Valerie Gladwell, "Motivational, Emotional, and Behavioral Correlates of Fear of Missing Out", *Computers in Human Behavior* 29, nº 4 (2013): 1841–1848.

19. Kipling D. Williams, Wendelyn J. Shore e Jon E. Grahe, "The Silent Treatment: Perceptions of Its Behaviors and Associated Feelings", *Group Processes and Intergroup Relations* 1, nº 2 (1998): 117–141.

20. Deborah South Richardson, "Everyday Aggression Takes Many Forms", *Current Directions in Psychological Science* 23, nº 3 (2014): 220–224.

21. Leah E. LeFebvre e Xiaoti Fan, "Ghosted?: Navigating Strategies for Reducing Uncertainty and Implications Surrounding Ambiguous Loss". *Personal Relationships* 27, nº 2, (2020): 433–459.

22. Bill Knaus, "Protect Yourself From Pushy People", *Psychology Today*, 30 mar. 2012, https://www.psychologytoday.com/us/blog/science-and-sensibility/201203/protect-yourself-pushy-people.

23. Cheguei a essas cinco estratégias principais com base em pesquisas sobre bullying no ambiente de trabalho e estudos sobre formas de lidar com gente difícil e com babacas no trabalho. No intuito de corroborar com tais descobertas sobre o meio profissional, somando a elas os modos de lidar com nogueiras no dia a dia, fiz uma pesquisa

(N = 327) e analisei as respostas. Esta seção se fundamenta em uma síntese de diversas fontes.

24. Como este é um estudo que se baseia em memórias, não é surpresa que os participantes se lembrem de oposições ativas mais prontamente do que as passivas. Minha intuição é que dependendo do tipo de pessoa que a nogueira está tentando influenciar, sua estratégia de oposição será alterada. Os estudantes, em geral os mais novos, tendem a sofrer mais oposições ativas, enquanto estratégias de oposição passiva são empregadas a pessoas mais velhas e experientes.

25. No livro *A erva do diabo: ensinamentos de Don Juan*, Carlos Castaneda descreve uma conversa em que o narrador chega a essa percepção chocante.

26. Bill Knaus. "Protect Yourself From Pushy People", *Psychology Today*, 30 mar. 2012, https://www.psychologytoday.com/us/blog/science-and-sensibility/201203/protect-yourself-pushy-people.

27. Grant E. Donnelly, Anne V Wilson, Ashley V Whillans e Michael I Norton, "Communicating Resource Scarcity and Interpersonal Connection", *Journal of Consumer Psychology* 31, nº 4 (2021): 726–45. https://doi.org/10.1002/jcpy.1226.

28. Neal R. Norrick e Alice Spitz, "Humor as a Resource For Mitigating Conflict In Interaction", *Journal of Pragmatics* 40, nº 10 (2008): 1661–1686.

29. Marian Friestad e Peter Wright, "Everyday Persuasion Knowledge", *Psychology and Marketing* 16, nº 2 (1999): 185–194.

30. Melody Wilding, "How to Say 'No' After Saying 'Yes'", *Harvard Business Review*, 20 set. 2021, https://hbr.org/2021/09/how-to-say-no-after-saying yes.

31. Daniel T. Gilbert, Elizabeth C. Pinel, Timothy D. Wilson, Stephen J. Blumberg e Thalia P. Wheatley, "Immune Neglect: A Source of Durability Bias in Affective Forecasting", *Journal of Personality and Social Psychology* 75, nº 3 (1998): 617.

Timothy D. Wilson e Daniel T. Gilbert, "Affective Forecasting", *Current Directions in Psychological Science* 14, nº 3 (2005): 131.

Capítulo 8: Saindo de Nossa Zona de Conforto

1. "The Electric Ben Franklin", UShistory.org, 4 jul. 1995, https:// www.ushistory.org/franklin/autobiography/page40.htm. A redação é exatamente como Franklin documentou em sua autobiografia.

2. "Visiting the Benjamin Franklin Museum", National Park Service, 21 mar. 2022, https://www.nps.gov/inde/planyourvisit/ benjaminfranklinmuseum.htm.

3. John Adams, autobiografia, parte 2, "Travels, and Negotiations", 1777-1778, folha 26 de 37 [edição eletrônica]. *Adams Family Papers: An Electronic Archive*. Massachusetts Historical Society. http://www. masshist.org/digitaladams/

4. Mark Muraven, Dianne M. Tice e Roy F. Baumeister, "Self-Control as a Limited Resource: Regulatory Depletion Patterns", *Journal of Personality and Social Psychology* 74 (1998): 774–89.

5. Amos Tversky e Daniel Kahneman, "Rational choice and the framing of decisions", *Journal of Business* 59, (1986): 251–28.

6. Janet Metcalfe e Walter Mischel. "A Hot/Cool-System Analysis of Delay of Gratification: Dynamics Of Willpower". *Psychological Review* 106, nº 1 (1999): 3.

7. Vanessa M. Patrick, Matthew Lancellotti e Henrik Hagtvedt, "Getting a Second Chance: The Role of Imagery in the Influence of Inaction Regret on Behavioral Intent", *Journal of the Academy of Marketing Science* 37, nº 2 (2009): 181–190.

8. Aprendi essa versão da história a partir dos escritos do grande mestre de meditação budista Thich Nhat Hanh em seu livro *Being Peace*.

9. Ethan Kross, Emma Bruehlman-Senecal, Jiyoung Park, Aleah Burson, Adrienne Dougherty, Holly Shablack, Ryan Bremner, Jason Moser e Ozlem Ayduk. "Selftalk as a Regulatory Mechanism: How You Do It Matters". *Journal of Personality and Social Psychology* 106, nº 2 (2014): 304.

10. Christopher J. Bryan, Gregory M. Walton, Todd Rogers e Carol S. Dweck, "Motivating Voter Turnout by Invoking the Self", *Proceedings of the National Academy of Sciences* 108, nº 31 (2011): 12653–12656.

11. Nicole Mead e Vanessa M. Patrick "The Taming of Desire: Unspecific Postponement Reduces Desire for and Consumption of Postponed Temptations", *Journal of Personality and Social Psychology* (2015): 1–59.

12. Yannis Theodorakis, Stiliani Chroni, Kostas Laparidis, Vagelis Bebetsos e Irini Douma, "Self-Talk in a Basketball-Shooting Task", *Perceptual and Motor Skills* 92, nº 1 (2001): 309-315.

13. Ethan Kross, Emma Bruehlman-Senecal, Jiyoung Park, Aleah Burson, Adrienne Dougherty, Holly Shablack, Ryan Bremner, Jason Moser e Ozlem Ayduk, "SelfTalk as a Regulatory Mechanism: How You Do it Matters", *Journal of Personality and Social Psychology* 106, nº 2 (2014): 304.

14. Lindsey Streamer, Mark D. Seery, Cheryl L. Kondrak, Veronica M. Lamarche e Thomas L. Saltsman, "Not I, but She: The Beneficial Effects of Self-Distancing On Challenge/Threat Cardiovascular Responses", *Journal of Experimental Social Psychology* 70 (2017): 235-241.

15. Diana Nyad, "Never, Ever Give Up", TED, publicado em: dez. 2013, vídeo TED, 15:23, https://www.ted.com/talks/diana_nyad_never_ever_give_up?language=en.

16. Colin Powell, *It Worked For Me: In Life and Leadership* (Nova York: Harper Collins, 2012).

17. Ziva Kunda, "The Case For Motivated Reasoning", *Psychological Bulletin* 108, nº 3 (1990): 480.

18. Thomas Gilovich, *How We Know What Isn't So* (Nova York: Simon and Schuster, 2008).

19. Higgins E. Tory, "Self-Discrepancy: A Theory Relating Self and Affect", *Psychological Review* 94, nº 3 (1987): 319.

20. Theodore A. Powers, Richard Koestner, Nathalie Lacaille, Lisa Kwan e David C. Zuroff, "Self-Criticism, Motivation, and Goal Progress of Athletes And Musicians: A Prospective Study", *Personality and Individual Differences* 47, nº 4 (2009): 279-283.

21. Theodore A. Powers, Richard Koestner e David C. Zuroff, "Self-Criticism, Goal Motivation, And Goal Progress", *Journal of Social and Clinical Psychology* 26, nº 7 (2007): 826-840.

22. Juliana G. Breines e Serena Chen, "Self-Compassion Increases Self-Improvement Motivation", *Personality and Social Psychology Bulletin* 38, nº 9 (2012): 1133-1143.

23. Christa Smith, "3 Ways to Outsmart Your Inner Critic", *Psychology Today*, 30 abr. 2015, https://www.psychologytoday.com/us/blog/shift/201504/3-ways-outsmart-your-inner-critic.

24. TEDx Talks, "Sport Psychology -Inside the Mind of Champion Athletes: Martin Hagger at TEDxPerth", TEDx Talks, publicado em: 23 jan. 2013, vídeo do YouTube, 12:01, https://www.youtube.com/watch?v=yG7v4y_xwzQ.

25. Gordon Tredgold, "50 Inspirational Pieces of Wisdom From Muhammad Ali", *Inc.*, 7 jun. 2016, https://www.inc.com/gordon-tredgold/muhammad-ali-50-inspiring-thoughts-from-the-greatest-of-all-time.html.

26. Metcalfe e Mischel, "A Hot/Cool-System Analysis of Delay of Gratification: Dynamics of Willpower", Psychological Review 106, nº 1 (1999): 3.

Capítulo 9: Explore Seu Potencial Inovador

1. Richard L. Maddens, "Mrs. Chisholm Gets Off House Farm Committee", *The New York Times*, 30 jan. 1969, 16.

2. Chisholm, Shirley, *Unbossed and Unbought* (Boston: Houghton Mifflin, 1970), 82–83. As citações dessa história são desta autobiografia de Chisholm.

3. *Chisholm '72*, dirigido por Shola Lynch (PBS, 2005).

4. Gerhard Peters e John T. Woolley, "Remarks on Presenting the Presidential Medal of Freedom", The American Presidency Project, 24 nov. 2015, https://www.presidency.ucsb.edu/documents/remarks-presenting-the-presidential-medal-freedom-16.

5. Nanette Gartrell, *My Answer Is No...If That's Okay With You: How Women Can Say No With Confidence* (La Jolla, CA: Atria Publishing, 2009).

6. Caitlyn Collins, professora de sociologia na Universidade de Washington em St. Louis, que estuda a desigualdade de gênero no trabalho em casa.

7. Katharine Ridgway OBrien, *Just Saying "No": An Examination of Gender Differences in the Ability to Decline Requests in the Workplace* (tese de doutorado, Rice University, 2014), https://scholarship.rice.

edu/bitstream/handle/1911/77421/OBRIEN-DOCUMENT-2014.pdf
?isAllowed=y&sequence=1.

8. Jim Fultz, C. Daniel Batson, Victoria A. Fortenbach, Patricia M. McCarthy e Laurel L. Varney, "Social Evaluation and the Empathy-Altruism Hypothesis", *Journal of Personality and Social Psychology* 50, nº 4 (1986): 761.

9. Madeline E. Heilman e Tyler G. Okimoto, "Why are Women Penalized For Success at Male Tasks?: The Implied Communality Deficit", *Journal of Applied Psychology* 92, nº 1 (2007): 81.

10. Madeline E. Heilman e Julie J. Chen, "Same Behavior, Different Consequences: Reactions to Men's and Women's Altruistic Citizenship Behavior", *Journal of Applied Psychology* 90, nº 3 (2005): 431.

11. Linda Babcock, Maria P. Recalde, Lise Vesterlund, e Laurie Weingart, "Gender Differences in Accepting and Receiving Requests For Tasks With Low Promotability", *American Economic Review* 107, nº 3 (2017): 714–47.

12. No filme, Kevin Doyle, o escritor da coluna de anúncios de casamento e possíveis interesses românticos, faz uma observação astuta: "você prefere dar mais atenção para que os outros saiam bem na foto do que criar suas próprias memórias!". https://www.quotes.net/mquote/107652

13. Herminia Ibarra, Nancy M. Carter, e Christine Silva, "Why Men Still Get More Promotions Than Women", *Harvard Business Review* 88, nº 9 (2010): 80–85.

14. Priya Fielding-Singh, Devon Magliozzi e Swethaa Ballakrishnen, "Why Women Stay Out of the Spotlight at Work", *Harvard Business Review* 28 (2018).

15. Elena Greguletz, Marjo-Riitta Diehl e Karin Kreutzer, "Why Women Build Less Effective Networks Than Men: The Role of Structural Exclusion and Personal Hesitation", *Human Relations* 72, nº 7 (2019): 1234–1261.

16. Lindsay Dodgson, "Men Are Getting the Credit for Women's Work through Something Called 'Hepeating'—Here's What It Means", *Business Insider*, 8 mar. 2018, https://www.businessinsider.com/what-is-hepeating-2017-9.

17. Mahdi Ebrahimi, Maryam Kouchaki e Vanessa M. Patrick, "Juggling Work and Home Selves: Low Identity Integration Feels Less Authentic and Increases Unethicality", *Organizational Behavior and Human Decision Processes* 158 (2020): 101–111.

18. Josie Cox, "Why Women are More Burned Out Than Men", BBC, 3 out. 2021, https://www.bbc.com/worklife/article/20210928-why-women-are-more-burned-out-than-men.

19. Mary E. Wade, "Women and Salary Negotiation: The Costs of Self-Advocacy", *Psychology of Women Quarterly* 25, nº 1 (2001): 65–76.

20. Ashley V Whillans, Jaewon Yoon, Aurora Turek e Grant E. Donnelly, "Extension Request Avoidance Predicts Greater Time Stress Among Women", *Proceedings of the National Academy of Sciences* 118, nº 45 (2021).

21. Barbara A Carlin, Betsy D. Gelb, Jaime K. Belinne e Latha Ramchand, "Bridging the Gender Gap in Confidence", *Business Horizons* 61, nº 5 (2018): 765–774.

22. Claire Shipman e Katty Kay, *Womenomics: Write Your Own Rules for Success: How to Stop Juggling and Struggling and Finally Start Living and Working the Way You Really Want* (Nova York: HarperCollins, 2009).

23. Tara S. Mohr, "Why Women Don't Apply For Jobs Unless They're 100% Qualified", *Harvard Business Review* (2014): 8.

24. Moira Forbes, "PepsiCo CEO Indra Nooyi on Why Women Can't Have It All", *Forbes*, 7 jul 2014, https://www.forbes.com/sites/moiraforbes/2014/07/03/power-woman-indra-nooyi-on-why-women-cant-have-it-all/?sh=812854036bc7.

25. Michelle C. Haynes e Madeline E. Heilman, "It Had to Be You (Not Me)!: Women's Attributional Rationalization of Their Contribution to Successful Joint Work Outcomes", *Personality and Social Psychology Bulletin* 39, nº 7 (2013): 956–969.

26. Pauline R. Clance e Suzanne A. Imes, "The Impostor Phenomenon in High Achieving Women: Dynamics and Therapeutic Intervention", *Psychotherapy: Theory, Research, and Practice* 15, nº 3 (1978): 241–247.

27. Tomas Chamorro-Premuzic, "Why Do So Many Incompetent Men Become Leaders", *Harvard Business Review* (2013): 22.

28. Erensto Reuben, Pedro Rey-Biel, Paola Sapienza e Luigi Zingales, "The Emergence Of Male Leadership In Competitive Environments", *Journal of Economic Behavior & Organization* 83, nº1 (2012): 111-117.

29. Laurie L Cohen e Janet K. Swim, "The Differential Impact of Gender Ratios on Women and Men: Tokenism, Self-Confidence, And Expectations", *Personality and Social Psychology Bulletin* 21, nº 9 (1995): 876-884.

30. Katty Kay e Claire Shipman", The Confidence Gap", *The Atlantic*, maio 2014, https://www.theatlantic.com/magazine/archive/2014/05/the-confidence-gap/359815/.

31. Linda Babcock e Sara Laschever, *Women Don't Ask* (Princeton, NJ: Princeton University Press, 2009).

32. "Salary and compensation statistics on the impact of COVID-19", Randstad. Acesso em: nov. 2022. https://www.randstadusa.com/business/salary-insights/?utm_campaign=rusa_Salary+Guide+2020.

33. Andreas Leibbrandt e John A. List, "Do Women Avoid Salary Negotiations? Evidence From a Large -Scale Natural Field Experiment", *Management Science* 61, nº 9 (2015): 2016-2024.

34. Christine L. Exley e Judd B. Kessler, *"The Gender Gap in Self-Promotion"*, National Bureau of Economic Research, Nº w26345 (maio 2021), https://www.nber.org/papers/w26345.

35. Mary E. Wade, "Women and Salary Negotiation: The Costs of Self-Advocacy", *Psychology of Women Quarterly* 25, nº 1 (2001): 65-76.

36. Peggy Klaus, *Brag! The Art of Tooting Your Own Horn Without Blowing It.* (Hachette UK, 2008).

37. Kenneth D. Locke, "Agentic and Communal Social Motives", em *Agency and Communion in Social Psychology* (Nova York: Routledge, 2018), 65 78.

38. Robert J. Hogan e Brent W. Roberts, "A Socioanalytic Perspective on PersonEnvironment Interaction", em *Person-Enviroment Psychology: New Directions and Perspectives*, 2ª ed. (Mahwah, NJ: Lawrence Erlbaum Associates, 2000), 1-24.

39. Erik L. Knight e Pranjal H. Mehta, "Hormones and Hierarchies", em *The Psychology of Social Status* (Nova York: Springer, 2014), 269-301.

40. Ruth Feldman, Aron Weller, Orna Zagoory-Sharon e Ari Levine, "Evidence For a Neuroendocrinological Foundation of Human Affiliation: Plasma Oxytocin Levels Across Pregnancy and the Postpartum Period Predict Mother-Infant Bonding", *Psychological Science* 18, nº 11 (2007): 965–970.

41. Jochen E. Gebauer, Jenny Wagner, Constantine Sedikides e Wiebke Neberich, "Agency-Communion and Self-Esteem Relations Are Moderated By Culture, Religiosity, Age, and Sex: Evidence For the "Self-Centrality Breeds SelfEnhancement" Principle", *Journal of Personality* 81, nº 3 (2013): 261–275.

42. Jon K. Maner, "Dominance and Prestige: A Tale of Two Hierarchies", *Current Directions in Psychological Science* 26, nº 6 (2017): 526–531.

43. Brittany Cohen-Brown, "From Top to Bottom, Chimpanzee Social Hierarchy is Amazing!", Jane Goodall's Good For All News, 10 jul. 2018. https://news.janegoodall.org/2018/07/10/top-bottom-chimpanzee-social-hierarchy-amazing/.

44. "Women in the Workplace 2021". McKinsey & Company, 28 fev. 2022, https://www.mckinsey.com/featured-insights/diversity-and-inclusion/women-in-the-workplace.

45. Jack Zenger e Joseph Folkman, "Women Score Higher Than Men In Most Leadership Skills", *Harvard Business Review* (2019): 1-8.

46. Sheryl Sandberg, *Lean In: Women, Work, and the Will To Lead* (Nova York: Random House, 2013).

47. Brené Brown, *Daring Greatly: How the Courage To Be Vulnerable Transforms the Way we Live, Love, Parent, and Lead* (Nova York: Penguin, 2015).

48. Aimee LaPointe Terosky, KerryAnn O'Meara e Corbin M. Campbell, "Enabling Possibility: Women Associate Professors' Sense of Agency in Career Advancement", *Journal of Diversity in Higher Education* 7, nº 1 (2014): 58.

49. Vanessa M. Patrick, "Getting to Gutsy: Using Personal Policies to Enhance (and Reclaim) Agency in The Workplace", *Rutgers Business Review* 6, nº 2 (2021).

50. Max Baron Aitken Beaverbrook, *Success*. vol. 4586. (Boston: Small, Maynard and Company, 1922).

51. "Oprah talks to Maya Angelou". Oprah.com. 15 dez. 2000, https:// www.oprah.com/omagazine/oprah-interviews-maya-angelou/.

52. Brooke Baldwin, Huddle: *How Women Unlock Their Collective Power* (Nova York: Harper Business, 2021).

53. Brian Uzzi, "Research: Men and Women Need Different Kinds of Networks to Succeed", *Harvard Business Review* (2019), https://hbr. org/2019/02/research-men-and-women-need-different-kinds-of-networks-to-succeed.

×✕×

SOBRE A AUTORA

 A Dra. Vanessa Patrick é professora de marketing e reitora associada de pesquisa na Bauer College of Business, na Universidade de Houston. Tem doutorado em administração pela Universidade do Sul da Califórnia, e MBA em marketing e bacharelado em microbiologia e bioquímica pela Universidade de Mumbai, Índia. Ela publicou dezenas de artigos de pesquisa nos principais periódicos acadêmicos sobre psicologia, marketing e gestão, e relatos populares sobre seu trabalho apareceram em jornais e revistas como *New York Times*, *Wall Street Journal*, NPR, *Los Angeles Times*, *Business Week*, *Fast Company*, *Forbes*, *Huffington Post* e *Washington Post*. Em sua pesquisa, ela investiga estratégias para alcançar a maestria pessoal, inspirando a conquista da excelência diária em si mesmo e nos outros. Além disso, Patrick é pioneira no estudo das estéticas cotidianas de consumidores. Ela vive com sua família em Houston, Texas, EUA.

ÍNDICE

Este livro foi impresso nas oficinas gráficas da Editora Vozes Ltda.,
Rua Frei Luís, 100 – Petrópolis, RJ.